Recht Aktiv – Erfolgreich durch das Examen

Recht Aktiv – Erfolgreich durch das Examen

von
Prof. Dr. Anne Sanders, M.Jur, Bielefeld
und
Prof. Dr. Dr. hc. Barbara Dauner-Lieb, Köln

unter Mitwirkung von
Bianca Scraback
Jessica Holzkämper
Rafael Harnos
Susanne Gössl
Linda Ernst

und 174 Absolvent*innen der ersten juristischen Staatsprüfung

Bibliografische Information der Deutschen Nationalbibliothek
Die Deutsche Nationalbibliothek verzeichnet diese Publikation in der Deutschen Nationalbibliografie; detaillierte bibliografische Daten sind im Internet über http://dnb.d-nb.de abrufbar.

Reguvis Fachmedien GmbH · Amsterdamer Str. 192 · 50735 Köln
www.reguvis.de

Beratung und Bestellung:
Tel.: +49 (0) 221 97668 315
Fax: +49 (0) 221 97668 271
E-Mail: wirtschaft@reguvis.de

ISBN (Print): 978-3-8462-0281-4
ISBN (E-Book): 978-3-8462-0282-1

© 2021 Reguvis Fachmedien GmbH
Covergestaltung mit freundlicher Unterstützung von www.wortwolken.com.
Alle Rechte vorbehalten. Das Werk einschließlich seiner Teile ist urheberrechtlich geschützt. Jede Verwertung außerhalb der Grenzen des Urheberrechtsgesetzes bedarf der vorherigen Zustimmung des Verlags. Dies gilt auch für die fotomechanische Vervielfältigung (Fotokopie/Mikrokopie) und die Einspeicherung und Verarbeitung in elektronischen Systemen. Hinsichtlich der in diesem Werk ggf. enthaltenen Texte von Normen weisen wir darauf hin, dass rechtsverbindlich allein die amtlich verkündeten Texte sind. Zahlenangaben ohne Gewähr.

Herstellung: Günter Fabritius
Satz: MainTypo, Reutlingen
Druck und buchbinderische Verarbeitung: Digital Print Group O. Schimek GmbH, Nürnberg

Printed in Germany

Danksagung

Nicht nur wir haben an diesem Büchlein mitgewirkt. Wesentlicher Bestandteil sind die Erfahrungen und Tipps von 174 jungen Jurist*innen, die seit 2012 unseren Examensfragebogen ausgefüllt haben. Hinzukommen die Ergebnisse unserer Corona-Umfrage aus dem Frühjahr 2020. Ihnen allen sei sehr herzlich gedankt.

Gedankt sei aber auch den Mitarbeitenden der Prüfungsämter, die so freundlich waren, unsere Fragen zu beantworten und insbesondere einem erfahrenen Prüfer und Referendarausbilder, der seinen schier unerschöpflichen Fundus an Erfahrungen und Tipps mit uns geteilt hat.

Außerdem geht ein großer Dank an die Teams der Juniorprofessur für Zivilrecht und Rechtsvergleichung in Bonn bzw. am Lehrstuhl Sanders in Bielefeld, allen voran Linda Ernst für ihren Einsatz bei der Rekrutierung von Absolvent*innen für die Umfrage, bei der Auswertung der Fragebögen, für die Gestaltung der Graphiken und für ihre Fragen und Anmerkungen beim Korrekturlesen.

Schließlich sei dem Verlag herzlich für seine Geduld und Mithilfe bei diesem Projekt gedankt.

Bielefeld und Bergisch Gladbach, im Februar 2021

Inhaltsverzeichnis

Danksagung	5
Ein paar Worte zu den verwendeten Daten	15
Einleitung: Warum dieses Büchlein?	16

1 Basics der Examensorganisation 19

Gibt Antworten auf die Fragen: Wie bereite ich mich auf die Examensvorbereitung vor? Wieviel Zeit sollte ich für die Vorbereitungszeit einplanen? Welche Basics des Lernens sollte ich berücksichtigen?

Am Anfang steht die Recherche	19
Was kann ich aus dem Grund- und Hauptstudium mitnehmen?	20
Wie lange ins Trainingscamp?	23
Freischuss? Nicht unbedingt, aber Endtermin planen!	24
Abschichten?	25
Schwerpunkt vor oder nach dem staatlichen Teil?	28
Basics in Sachen Lernen	28
Nur aktives Lernen ist effektiv	29
Ein paar Worte zum Thema „Intelligenz und Dummheit"	29
Welcher Lerntyp bin ich?	30
Die eigenen Stärken und Schwächen	32
Welche Vorbereitung?	33
Crashkurs: Basics der Examensvorbereitung	34

2 Rep, Nicht Rep, Uni-Rep 35

Gibt Antworten auf die Fragen: Soll ich ein kommerzielles Repetitorium besuchen oder dem Uni-Rep eine Chance geben? Oder soll ich die Vorbereitung mithilfe einer Lerngruppe allein organisieren?

Repetitorium – was ist das?	35
Kommerzielles Repetitorium	36
(Fast) alle gehen zum Rep	36
Nähe des Repetitors und des Uni-Reps zum Examen	38
Treffen Sie eine bewusste Entscheidung	39
Welches Rep passt zu mir?	39
Zentral: die Dozenten	40
Wie gut passt das Rep in Ihren Tagesablauf?	41
Es kommt auf SIE an!	41
Vorsicht, unseriöse kommerzielle Angebote	42
Examen ohne Repetitor	42

	Examinatorium an der Universität	43
	Informieren Sie sich über das Angebot des Uni-Reps	44
	Probleme mit dem Uni-Rep	45
	Wissenschaft in der Examensvorbereitung – Fluch oder Segen?	46
	Aktives Lernen in Rep und Uni-Rep	47
	Finden Sie Ihren persönlichen Coach	49
	Crashkurs: Rep, Nicht-Rep oder Uni-Rep	49
3	**Kaffeekränzchen oder Trainingsgruppe**	51

Gibt Antworten auf die Fragen: Was bringt eine private Lerngruppe, wie viele Teilnehmende sollte so eine Gruppe haben? Was sind sinnvolle AG-Aktivitäten?

	Nützliche Aktivitäten in der Lerngruppe	52
	Gemeinsam lernen nach dem Rep	55
	Klausurenschreiben	56
	Vor der mündlichen Prüfung	56
	Gegenseitige Kontrolle und Unterstützung	56
	Probleme mit der Lerngruppe	57
	Crashkurs: Lerngruppe	59
4	**Der Weg zur Superklausur**	60

Gibt Antworten auf die Fragen: Warum ich nur schreiben sollte, was ich auch wirklich verstanden habe. Warum Struktur und Arbeit am Gesetz so wichtig sind. Mit Tipps erfahrener Prüfer*innen. Wie viele Probeklausuren sollte ich schreiben? Wie lerne ich optimal aus meinen Fehlern (auch wenn sich das blöd anfühlt)?

	Wie entsteht eine Examensklausur? Hat das Prüfungsamt ein System?	60
	Was macht eine gute Klausur aus?	62
	Die fünf Gebote der Klausurenbearbeitung „in a nutshell"	63
	Was sagen die Prüfungsämter zur guten Klausur?	67
	Was macht eine gute Klausur aus?	67
	Welche typischen Fehler sollte man vermeiden?	67
	Worauf sollte man bei der Vorbereitung achten?	68
	Merkmale einer guten Examensklausur von einem erfahrenen Prüfer aus der Praxis	68
	Zeiteinteilung	68
	Schwerpunktsetzung	68
	Weiteres	69
	Häufige Fehler	69
	Der Klausurenkurs: Die wichtigste Art der Vorbereitung	69
	Warum ist der Klausurenkurs wichtig?	71
	Wie viele Probeklausuren?	72

	Kommerzieller Klausurenkurs oder Uni-Klausurenkurs?	74
	Mit oder ohne Hilfsmittel?	76
	Aus Probeklausuren lernen?!	77
	Tipps zum Lernen aus Klausuren	78
	Lernen durch Korrigieren	81
	Problemlisten und Besprechungen	82
	Crashkurs: Der Weg zur Superklausur	83
5	**Zeitmanagement**	84

Gibt Antworten auf die Fragen: Wie erstelle ich einen Lernplan? Wie viele Stunden sollte ich täglich arbeiten? Wie sollte ich meinen Tag strukturieren? Kann ich mir jurafreie Zeit leisten, ohne meinen Examenserfolg zu gefährden?

	Arbeitsorganisation von Bianca Scraback	85
	Langzeitplanung	85
	Stundenplan	85
	Die wöchentliche To-do-Liste	87
	Keine Angst vor Änderungen	87
	Disziplin und Freiheit	88
	Nebenjobs	90
	Familiäre Verpflichtungen	91
	Wie viele Stunden täglich lernen?	91
	Tagesplanung: Biorhythmus nutzen	93
	Arbeitszeiten und Pausen: Routine und Flexibilität	95
	Feste Arbeitszeiten und die Pomodoro-Technik	95
	Flexible Zeitplanung	96
	Was hilft mir? Vom Wert der Routine	97
	Der Wert der Pause	98
	Wie viele Rechtsgebiete pro Tag?	99
	Wochenende und jurafreie Zeit	100
	Sie sind mehr als nur Jurist*in!	102
	Crashkurs Zeitplanung	104
6	**Lerntipps für die Einzelvorbereitung**	105

Gibt Antworten auf die Fragen: Was lernen? Wie lernen? Womit lernen? Was mache ich, wenn ich keine Lust zum Lernen habe? Warum Wiederholung so wichtig ist.

	Verschiedene Lernmethoden	106
	Was folgt daraus für Sie?	106
	Was soll ich lernen?	107

Gesetzlicher Prüfungsstoff	107
Was tun mit der Stofffülle? Auf das juristische Handwerkszeug konzentrieren!	107
Details mit Blick auf das Gesamtsystem!	109

Womit lernen? Die Toolbox 111
    Wie lesen? 111
    Selbst geschriebene Unterlagen 111
    Wie lernt man mit Karteikarten? 112
    Vom Wert der Wiederholung 113

Vergleich Karteikarten-Programme Anki und Phase 6 von Linda Ernst 115

Das Internet: keine Panik! 119

Wo lernen? 120
    Wechsel des Lernorts 121
    Pro Bibliothek 121
    Lernen im Homeoffice 122
    Lernen im Homeoffice, wenn die Bib zu hat (z.B. wegen Corona) 122

Wie erreicht man die nötige Konzentration? 127
    Disziplin, Rituale und gute Zeitplanung 127
    Pausen und Mini-Ziele 129
    Weitere Tipps zu Konzentration und Motivation 130
        Begeisterung für den Stoff 130
        Werden Sie kreativ 131
        Belohnungen und Fernziele 132
        Angst vorm Examen 132
        Gegenseitige Kontrolle und Unterstützung 133
        Lernen in Bewegung 134

Schlaf, Wasser, Ernährung, Koffein und anderes 134

Ablenkungen digital und analog 135
    Die Macht des Smartphones 136
    Andere Ablenkungen 138

Crashkurs Lerntipps 140

7   Body and Soul 141
Gibt Antworten auf die Fragen: Wie gehe ich mit Stress und Prüfungsangst um? Wie schaffe ich einen Ausgleich von der täglichen Lernerei, ohne meinen Examenserfolg zu gefährden? Wie wichtig sind Sport und Schlaf?

    Alle haben Angst 141
    Kontinuierliches Lernen 144
    Positiv denken und gelassen bleiben 145
        Kontakt mit Familie und Freunden 147

	Anderen helfen	149
	Seelenhygiene	149
	Vergleichen Sie sich nicht mit anderen	149
	Kopfkino managen	150
	Yoga, Religion und Co	150
	Selfcare und Entspannung vor den Klausuren	152
	Musik hilft	153
	Tipps zum seelischen Gleichgewicht von der Fachfrau Jessica Holzkämper, M. Sc. (Psychologische Psychotherapeutin i.A.)	154
	Psychologische Beratung und Einstellung in den Staatsdienst	156
	Lernen im Schlaf	157
	Warum Schlaf gerade für Examenskandidat*innen wichtig ist	157
	Schlafprobleme	158
	Stress	158
	Schlafhygiene	159
	Vorsicht mit der Chemie	159
	Sport und Schlaf	159
	Licht und Schatten	159
	Einschlafrituale	160
	Mittagsschlaf wirkt Wunder!	160
	Kein Sport ist Mord	161
	Essen und Trinken	162
	Crashkurs: Body and Soul	163
8	**Die Klausurphase**	164
	Gibt Antworten auf die Fragen: Wie bereite ich mich am Tag selbst auf die Klausuren vor? Was mache ich hinterher?	
	Vorbereiten	164
	Gemütlich oder Poweroutfit?	164
	Positiv denken!	165
	Kleine Routinen	166
	Powernahrung	166
	Und danach?	167
	Crashkurs: Die Klausurphase	167
9	**Die mündliche Prüfung**	169
	Gibt Antworten auf die Fragen: Wie bereite ich mich vor? Wie übe ich den Vortrag? Wie nutze ich Protokolle? Wie präsentiere ich mich der Kommission?	
	Vorbereitung vor der mündlichen Prüfung	169

Vorbereitung planen	169
Mündliche Prüfung besuchen	170
Prüfungstraining	170
Der Weg zum guten Vortrag	171
Der zivilrechtliche Kurzvortrag in der mündlichen Prüfung von Prof. Dr. Susanne Gössl, LL.M. (Tulane) & PD Dr. Rafael Harnos	172
Sprache und Vortragsstil: Gutachtenstil in Vortragsform	172
Mängel im materiellen Recht	173
Zeiteinteilung	173
Vortragstempo	173
Lösungsskizze und Umgang mit dem Gesetz	174
Körperhaltung und Blickkontakt	174
Rechtzeitige Vorbereitung und Übung	175
Zusammenfassung	175
Was lernen für die mündliche Prüfung?	177
Nach der Ladung	178
Termin und Prüfer*innen	178
Die Vorbesprechung	180
Lebenslauf	181
Die mündliche Prüfung	182
Davor	182
Das Outfit	182
Das Prüfungsgespräch	183
Was sagen die Prüfungsämter?	184
Fragen vorausahnen?	184
Nachfragen	185
Crashkurs: Mündliche Prüfung	185
10 Der universitäre Schwerpunkt	186

Gibt Antworten auf die Fragen: Worauf achte ich bei der Planung? Welchen Schwerpunkt sollte ich wählen? Was ist bei der Schwerpunktarbeit und den Schwerpunktklausuren zu beachten?

Zeitplan erstellen und gut informieren!	186
Welchen Schwerpunktbereich wähle ich?	186
Die Schwerpunktarbeit	188
Formalien	191
Literaturverzeichnis/Recherche	191
Struktur und Inhalt	192
Sprache	193

Zeitplan		193
Vortrag		194
Zeit einhalten!		194
Format und Publikum		194
Schwerpunktklausuren		196
Crashkurs: Schwerpunkt		196

11 Noch einmal ... 198

Gibt Antworten auf die Fragen: Soll ich einen Verbesserungsversuch machen? Wie gehe ich damit um, wenn ich durchgefallen bin?

Verbesserungsversuch ...	198
Durchgefallen – Was nun? ...	199
Ergänzungen ...	200

12 Wie geht es weiter? ... 202

Sie haben es geschafft?! Großartig! Wir sind stolz auf Sie und freuen uns sehr!

Ausklang ...	203

Anhang mit weiterführender Literatur ... 204

Ein paar Worte zu den verwendeten Daten

Die hier verwendeten Daten wurden in Fragebögen seit Mitte 2012 gesammelt. Dafür dienten zunächst Word-Dokumente mit den Fragen, die ausgefüllt und per E-Mail zurück geschickt wurden. Seit 2017 bzw. 2018 wurde ein elektronischer Fragebogen auf der Plattform SoSci Survey mit teilweise etwas detaillierteren Fragen verwendet. Die Teilnehmenden wurden über den Zweck der Datensammlung informiert und gebeten, einen Vornamen bzw. Aliasnamen zu nennen, der bei der Verwendung von Zitaten verwendet werden konnte. Der Fragebogen kann auf der Internetseite des Lehrstuhls Sanders eingesehen werden.

Die Teilnehmenden wurden zunächst unter Studierenden und Mitarbeitenden an verschiedenen Universitäten rekrutiert, die wiederum Bekannte und Freunde für das Projekt warben. Auch Kolleg*innen waren sehr hilfreich, insbesondere Prof. Dr. Thomas Lobinger aus Heidelberg.

Im Aufsatz „Lernlust statt Examensfrust", JuS 2013, 380 wurden die ersten Ergebnisse veröffentlicht und neue Teilnehmende geworben. Seit der Verwendung des elektronischen Fragebogens wurden weitere Teilnehmende über die sozialen Medien und Fachschaften rekrutiert. Hier setzte sich besonders Linda Ernst ein.

Nach den angegebenen Noten handelt es sich bei den Teilnehmenden um extrem leistungsstarke junge Jurist*innen. Eine Überprüfung der Angaben der Teilnehmenden fand, da die Fragebögen anonymisiert behandelt wurden, natürlich nicht statt. Trotzdem liegt es nahe, dass sich eher engagierte Personen auf das Ausfüllen des langen Fragebogens einlassen.

Die Zitate wurden entweder danach ausgewählt, ob die gemachte Aussage besonders repräsentativ war oder besonders ungewöhnlich. Darauf wird jeweils im Text hingewiesen. Zum 01.11.2020 haben 174 Personen den Fragebogen soweit ausgefüllt, dass verwertbare Antworten vorlagen. Allerdings hat nicht jeder jede Frage beantwortet. Dies erklärt, dass nicht bei jeder Frage 174 Antworten vorliegen. Berücksichtigt wurden außerdem die Ergebnisse unserer Umfrage zu Herausforderungen von Examenskandidat*innen während der Covid19-Pandemie. Dazu Näheres auf der Seite des Lehrstuhls Sanders.

Die gesammelte Datenmenge ist wohl zu klein und zu wenig repräsentativ, um wissenschaftliche Aussagen auf der Grundlage einer quantitativen Auswertung treffen zu können. Ein wissenschaftliches Ziel verfolgt das Büchlein aber auch nicht. Dafür hätten die Autorinnen ihre eigenen Erfahrungen und Überzeugungen zur guten Vorbereitung nicht in dieser Weise einbringen dürfen. Ziel ist vielmehr, mit den hier gesammelten Tipps und den in den Daten erkennbaren Tendenzen interessante und unterhaltsame Anregungen für Studierende zu schaffen, über ihre eigene Vorbereitung zu reflektieren.

Einleitung: Warum dieses Büchlein?

Das Staatsexamen ist wichtig. Das wissen Sie, sonst hätten Sie dieses Buch nicht zur Hand genommen. Das Staatsexamen ist wie eine Aufnahmeprüfung in den Stamm der Juristen. Über das Staatsexamen werden viele Schauergeschichten verbreitet. Manche stimmen. Wir sagen Ihnen trotzdem: keine Panik! Die Examensvorbereitung ist eine fordernde Zeit und das Examen selbst ist eine schwierige Prüfung, aber entgegen verbreiteter Schauermärchen muss man kein Genie mit übermenschlichen Kräften sein, um es mit respektablem Erfolg zu bestehen. Genies sind in der Juristerei ziemlich selten und das ist auch gut so. Es haben schon eine ganze Menge Menschen vor Ihnen das Examen bestanden, die weniger begabt und weniger fleißig waren als Sie. Glauben Sie uns, es stimmt.

Dieses Buch enthält keine Diskussion zu Sinn und Unsinn, Umfang und Bedeutung des Examens, aka die Erste Juristische Prüfung, oder zur Arbeit der Prüfungsämter, auch wenn man zu alledem viel sagen könnte. Es geht auch nicht um juristische Fragen wie die, wie man am besten §§ 280, 281 BGB[1] prüft, wie man Raub und räuberische Erpressung voneinander abgrenzt oder wie viel man zur Frage der Eröffnung des Verwaltungsrechtswegs schreiben sollte (meist weniger als man denkt). In diesem Buch geht es uns vielmehr darum, wie Sie das Examen, so wie es jetzt nun einmal ist, optimal meistern können. Dafür beschäftigt es sich mit den verschiedenen Schritten auf dem Weg zum Examen.

Sie können das Büchlein von vorn nach hinten durchlesen, wenn Sie noch am Anfang der Vorbereitung stehen, aber auch gezielt die jeweiligen Kapitel lesen, die Sie interessieren. Damit jedes Kapitel für sich allein funktioniert, kommen einige Themen wie die Bedeutung des juristischen Handwerkszeugs, konzentrierte Arbeit und ein guter Lernrhythmus mit Pausen immer wieder vor.

Das Examen ist wie ein Marathon. Hart und fordernd, aber mit der richtigen Vorbereitung und Einstellung ist es zu schaffen. Dieses Buch soll Ihnen helfen, bestmöglich zu trainieren, damit Sie zeigen können, was in Ihnen steckt. Dafür haben wir die besten Tipps von Menschen gesammelt, die dazu wirklich etwas sagen können. Wir beide (Barbara Dauner-Lieb, „die Stimme der Prüferin" und „ich", Anne Sanders) sind begeisterte Professorinnen. Wir lieben es zu unterrichten und wollen jungen Jurist*innen so gut es geht auf ihrem Weg helfen. Zudem haben wir beide großes Interesse für die Lernforschung und lassen deren Erkenntnisse in die folgenden Lerntipps einfließen. Ich zeige eine geradezu peinliche Begeisterung für die Lektüre US-amerikanischer College Guides und Populärwissenschaftlichem zum Thema Produktivität. Wir unterrichten beide im Examinatorium an den Universitäten zu Köln und in Bielefeld, und Frau Dauner-Lieb hat jahrzehntelange Erfahrung als Prüferin und Vorsitzende Prüferin im Staatsexamen. Sie und weitere Prüfer*innen sagen Ihnen, worauf es in der guten Examensklausur ankommt und wie Sie sich am besten in der mündlichen Prüfung und beim Vortrag präsentieren. Schließlich geben wir Hinweise für das optimale Absolvieren des Schwerpunkts.

Aber wir wollten nicht, dass hier nur lauter Leute zu Wort kommen, die ihre Examina lange hinter sich haben. Jeder fragt in seinem Umfeld, wie es die anderen gemacht haben. In

---

[1] Da beide Autorinnen im Zivilrecht unterwegs sind, enthält das Buch eine Reihe zivilrechtlicher Beispiele.

zahlreichen Internetforen tauscht man sich über mögliche Klausurthemen und die richtige Vorbereitung aus. Nicht selten wird hier aber vor allem Prüfungsangst geschürt. Manche Unis bieten Beratungsangebote an, aber leider nicht alle. An Mentor*innen auf dem Weg zum Examen fehlt es oft. Hier wollen wir helfen. Daher haben wir eine Studie gestartet, in der wir Absolvent*innen zu ihrem Examen befragt haben. 174 Teilnehmende aus zwölf verschiedenen Bundesländern haben sich durch unseren ewig langen Fragebogen gekämpft, damit Sie von ihren Erfahrungen, Tipps und Tricks lernen können. Im Durchschnitt haben die Teilnehmer **Examensnoten** von **9,92 Punkten (vollbefriedigend)** erreicht, davon im Staatsteil: **9,38 Punkte (vollbefriedigend)** und im Schwerpunkt: **11,41 (vollbefriedigend)**. Die niedrigste Gesamtnote lag bei **4,49** Punkte **(ausreichend)** nach Verbesserungsversuch **7,35 (befriedigend)** und die beste bei beeindruckenden **14,75 (sehr gut)**. Die schlechteste Note im Schwerpunkt lag bei **5,5 (befriedigend)** die beste bei **16,5 Punkten (sehr gut)**. Jede*r Jurist*in weiß: das sind zum großen Teil weit überdurchschnittliche Ergebnisse, die nur wenige erreichen. Was auch immer die Teilnehmenden also getan haben, offenbar hat es funktioniert! Solche Noten können wir Ihnen nicht versprechen, aber Sie können aus den Erfahrungen und Tipps der Teilnehmenden lernen. Nicht jeder Tipp (von uns und den Teilnehmenden) ist allerdings für jeden geeignet. Der am häufigsten wiederholte Tipp ist sogar, dass jeder seinen eigenen Weg finden muss.

So rät Daisy:

„Den eigenen, richtigen Lernweg finden und sich von anderen nicht reinreden lassen. Anregungen holen bei anderen, aber letztendlich selbst entscheiden, wie man am besten zurechtkommt."

Dieses Büchlein soll Ihnen dabei helfen, diesen Weg zu finden. Dabei können Sie von Ideen von Absolvent*innen aus ganz Deutschland profitieren. Gemeinsam führen wir eine Art Gruppengespräch, das Ihnen Orientierung gibt. Auch wenn Sie Angst haben und Ihnen die Vorbereitung manchmal schwerfällt: Sie sind nicht allein!

Christina:

„Nicht verunsichern lassen – es ist nicht so schlimm, wie alle sagen!"

Die Vorbereitung muss nicht „weh tun", um zu funktionieren, sondern muss konzentriert und strukturiert erfolgen. Damit es keine Frage des Geldes ist, dass Sie auf unsere Tipps zugreifen können, möchten wir jeder juristischen Fakultät in Deutschland ein Exemplar für die Bibliothek spenden.

Wir würden uns freuen, wenn Sie uns nach Ihrem Examen auch Ihre Erfahrungen zugänglich machen. Die besten Tipps werden wir in die nächsten Auflagen dieses Büchleins aufnehmen.

Alle, die an diesem Büchlein mitgewirkt haben, drücken Ihnen die Daumen.

1 Basics der Examensorganisation

Gibt Antworten auf die Fragen: Wie bereite ich mich auf die Examensvorbereitung vor? Wieviel Zeit sollte ich für die Vorbereitungszeit einplanen? Welche Basics des Lernens sollte ich berücksichtigen?

Matthias:

„Meiner Meinung nach genügt es nicht, sich nur auf das Examen vorzubereiten. Man sollte sich auch ein wenig auf die Examensvorbereitung vorbereiten. Keins der verschiedenen Angebote zur Examensvorbereitung hat ein Patentrezept für gute Ergebnisse, wichtig ist also, eigene Vorlieben, Stärken und Schwächen in Bezug auf eine sehr lange Lernphase herauszufinden und sich ein entsprechendes Konzept zurechtzulegen."

Am Anfang steht die Recherche

Schon im ersten Semester fängt man im Zivilrecht mit den vier W-Fragen an: Wer will Was von Wem Woraus? Mit dieser Frage soll man sich im Gewühl des Falles orientieren und überlegen, wie man die Prüfung angeht. Auch bei der Examensvorbereitung muss man sich am Anfang orientieren. Nehmen Sie sich dafür ausreichend Zeit. Sogenannte „Ultralearner" – das sind Leute, die innerhalb kürzester Zeit mit maximaler Intensität erstaunliche Dinge lernen, z.B. in drei Monaten eine Sprache fließend sprechen lernen oder in einem Jahr den Lehrplan eines Informatikstudiums am MIT – raten, vor einem Lernprojekt ungefähr 10% der Lernzeit mit der Recherche und Vorbereitung zu verbringen.[2] Das würde bedeuten, dass Sie bei einer Lernzeit von 12 Monaten über einen Monat allein mit Recherche verbringen! So lang muss es nicht sein, aber es ist sinnvoll, nicht blindlings in die Vorbereitung zu stolpern und einfach alles so zu machen, wie es das Umfeld macht.[3]

Tipp von Stefanie:

„Sie [die Studierenden] sollen sich Zeit nehmen, die richtige Vorbereitung zu finden; nicht das machen, was alle machen, nur weil alle es machen; sich nicht von anderen nervös machen lassen (es gibt immer Leute, die durch die Bib rennen und schreien, dass sie das Examen nicht schaffen und die dann trotzdem 10 Punkte haben); viele Klausuren schreiben und Fälle lösen; Veranstaltungen, die einem nichts bringen, nicht aus ‚Pflichtgefühl' durchlaufen, sondern die Zeit besser nutzen."

---

2 Vgl. *Scott Young*, Ultralearning, 2019, Chapter IV – First draw a map.
3 Zur Planung des Jurastudiums: *Barbara Lange*, Jurastudium erfolgreich, 8. Aufl. 2015, 5 ff., 143 ff.

1 Basics der Examensorganisation

Bei der Vorbereitung sollten Sie zunächst einmal die Rahmendaten der Vorbereitung klären. Und mit „klären" meinen wir, dass Sie ein richtiger Experte werden sollen. Ein „irgendwie weiß ich Bescheid" reicht nicht. Sicher wissen Sie alle, dass das Staatsexamen aus einem staatlichen Teil und dem universitären Schwerpunkt besteht, und dass im staatlichen Teil eine bestimmte Anzahl von Klausuren in den drei Rechtsgebieten Zivilrecht, Öffentliches Recht und Strafrecht zu schreiben und eine mündliche Prüfung abzulegen ist. Es gibt dabei aber durchaus Unterschiede in den Bundesländern. Um die Fragen deutlich zu machen, auf die Sie Antworten finden müssen, dient die folgende Checkliste:

Checkliste Examen

Der **staatliche Teil** in meinem Bundesland:
- Was ist Prüfungsstoff? → Gesetz Ihres Bundeslandes, z.B. in NRW § 11 JAG NRW
- Wie sieht die Prüfung zum staatlichen Teil aus? D.h.
  - wie viele Klausuren müssen in welchem Rechtsgebiet geschrieben werden,
  - wie werden Klausuren und mündliche Prüfung für die Endnote gewichtet,
  - gibt es einen Vortrag in der mündlichen Prüfung?
- Kann man „abschichten"? Wenn ja, wie lang sind die Abstände zwischen den Klausuren?
- Wann sind die Anmeldefristen?
- Wie sieht es mit Wiederholungs- und Verbesserungsmöglichkeiten aus, wenn man durchgefallen bzw. mit der Note nicht zufrieden ist?

Der **Schwerpunkt**:
- Welche Uni kommt in Betracht?
- Welche Schwerpunkte gibt es? Welchen will ich machen?
- Wie ist „mein" Schwerpunkt strukturiert? Wie viele Klausuren sind zu bewältigen? Hausarbeit? Vortrag?

Was kann ich aus dem Grund- und Hauptstudium mitnehmen?

Die meisten von Ihnen sind wahrscheinlich schon recht weit im Studium. Für die von Ihnen, die sich aber noch in den unteren Semestern befinden: **Ihre Examensvorbereitung hat mit dem ersten Semester begonnen.** Je mehr Ihnen das bewusst ist, desto mehr können Sie in die unmittelbare Vorbereitungszeit mitnehmen.

Dazu gehören:

- Das **juristische Handwerkszeug der Rechtsanwendung**. Die Prüfung dient dazu festzustellen, dass Sie „das Recht erfassen und mit Verständnis anwenden"[4] können. Was heißt das? Sie müssen das Gesetz auf Fälle anwenden, also nicht abstraktes Wissen hinschreiben. Manchmal haben Sie sich mit bestimmten Konstellationen schon vorher beschäftigt und das hilft Ihnen, aber meist ist der Fall ein kleines bisschen anders gelagert. Und genauso gut kann es sein, dass Ihnen der Fall völlig unbekannt ist. Egal ob Sie meinen zu wissen, wo der Fall hingeht, oder aber ob Sie so etwas noch nie gesehen haben, immer müssen Sie den Fall mit ihrem juristischen Handwerkszeug lösen: Schauen, welche Rechtsfolge sich aus einem Gesetz für den vorliegenden Fall ergeben kann (Obersatz), die dafür nötigen Tatbestandsmerkmale aus dem Gesetz ableiten und prüfen, ob sie im vorliegenden Fall vorliegen (Subsumtion) und schließlich das Ergebnis feststellen. Vielleicht sagen Sie jetzt, was ist das für ein Tipp, das mache ich seit dem ersten Semester! Stimmt, aber glauben Sie es uns, schlechte Klausuren und mündliche Prüfungen machen ganz genau das nicht. Machen Sie sich also immer wieder bewusst, dass es das ist, worum es geht.

- **Grundwissen** aus den examensrelevanten Fächern (siehe zum Prüfungsstoff oben, z.B. JAG NRW, ja: auch Sachenrecht und ZPO!) aneignen. Wer aus den wichtigsten Fächern solide Basics mitnimmt, tut seinem zukünftigen Ich einen ähnlich großen Gefallen, wie wenn man für den Urlaub Geld anspart.

Felix auf die Frage, was er in der Examensvorbereitung anders machen würde:

„Sachenrecht früher richtig machen und nicht erst für den Verbesserungsversuch."

Annika II:

„Früh genug anfangen, sich ein solides Grundwissen auf jedem Gebiet anzueignen, dann ist es später überhaupt nicht nötig, ein kommerzielles Rep zu besuchen."

Christina I:

„Ich habe von Anfang im Studium gut mitgelernt, mir aber trotzdem noch genug Zeit für außeruniversitäre Aktivitäten in der Freizeit genommen. Durch das Mitlernen hatte ich bereits eine recht gute Basis, sodass ich in der Examensvorbereitung zumindest in den meisten Fächern (natürlich gab es auch manche, in denen ich kaum Vorwissen hatte) nicht alles von Beginn an lernen musste."

---

4 Vgl. § 2 Abs. 2 JAG NRW.

1 Basics der Examensorganisation

Die Stimme der Prüferin:

„Nehmen Sie sich Zeit für eine Bilanz Ihres bisherigen Studiums. In welchen Fächern haben sie regelmäßig mit- und nachgearbeitet, sodass Sie auf eine solide Grundlage aufbauen können. Wo fehlen noch Basics (hoffentlich nicht im Mobiliarsachenrecht)? Dann müssen Sie noch einmal investieren und entsprechend mehr Zeit in der Examensvorbereitung ansetzen."

- Dazu gehört auch **Materialien** identifizieren, die man weiterverwenden kann oder die man aussortiert, wenn man weiß, dass sie nichts taugen.

Die Stimme der Prüferin:

„Mit welchen Quellen arbeiten Sie gern, Skripten, Bücher, Fallsammlungen, Aufsätze? Meistens funktioniert ein Mix am besten. Ich kenne Absolvent*innen, die im Zivilrecht als Ausgangstext den Medicus/Petersen gewählt haben, um dann zur Vertiefung noch Urteile und Aufsätze zu lesen. Damit kann man sicherlich hervorragende Ergebnisse erzielen, man kann aber etwa auch eine Lehrveranstaltung besuchen und die dort behandelten Themen dann im Medicus/Petersen nacharbeiten. Im Sachenrecht schätze ich persönlich die kleinen Jura Kompakt-Bände von Helms/Zappernik, weil sie alles, was in Klausuren drankommt, auf knappem Raum sehr anschaulich darstellen, nicht oberflächlich, aber auch nicht unnötig theoretisierend. Es gibt sehr ordentliche Skripten, tendenziell sind die typischen nichtakademischen Skripten aber zu lang, vor allem wird viel zu viel Ballast zu breit mitgeteilt und nicht genug erklärt. Für Einzelprobleme können sich Großkommentare als Geheimtipp erweisen, hier steht zu echten Klausurthemen häufig mehr als in Lehrbüchern oder Skripten, hier kann man sich insbesondere in den Einleitungen häufig schnell und präzise einen Eindruck von den großen Entwicklungslinien in einem Gebiet verschaffen. Bleiben Sie nicht aus Bequemlichkeit immer beim selben Medium, probieren Sie etwas aus, finden Sie heraus, was für Sie selbst gut passt."

- **Lernstrategien** finden, die bei Ihnen gut funktionieren und die eigenen Stärken und Schwächen berücksichtigen.[5]
- **Juristisches Handwerkszeug und Gutachtenstil** in den Klausuren im Studium üben. Beides ist für die Examensklausuren ganz genauso wichtig. Wer das schon kann, hat schon einen ganz wesentlichen Schritt gemacht.
- Begeisterung oder zumindest **Interesse für Jura**.

Nein, wir verlangen nicht, dass Sie so begeistert von Ihrem Fach sind wie wir beide. Aber Sie sollten sich schon im Studium immer wieder fragen: Ist das hier das Richtige für mich?

---

[5] Zur Reflektion über Ihre Art zu Lernen und zu Arbeiten empfehlen wir das Projekt „reflexive Praxis" (https://www.reflexive-praxis-jura.de/), das im Kompetenzzentrum für juristisches Lernen und Lehren von Dr. Jens Prömse unter Beratung von Prof. Dr. Dr. h.c. Barbara Dauner-Lieb entwickelt worden ist.

Interessiert mich diese Art zu denken? Möchte ich gern in einem juristischen Beruf arbeiten? Interesse und Freude sind wichtige Schlüssel zum Erfolg. Das Examen ist eine harte Zeit und wenn man kein Interesse für das hat, was man da macht, dann wird man sich kaum dazu motivieren können, sich so mit dem Stoff zu beschäftigen, wie das nötig ist. Zudem kommt nach dem bestandenen Examen noch das zweite Staatsexamen. Die Lernerei hört also nicht auf. Es ist kein Problem, wenn man mal in einer Klausur durchfällt. Aber: wenn Sie sich durch alle Klausuren mit dem Maximum der Versuche hindurchquälen mussten, dann fragen Sie sich ehrlich, woran das liegt. Haben Sie nicht genug getan oder kotzt Sie das Ganze einfach an? Wenn Letzteres der Fall ist, dann suchen Sie sich besser ein anderes Studienfach. Das ist kein Zeichen von Dummheit – Juristen sind nicht die Krone der Schöpfung –, sondern im Gegenteil erfordert es Mut und Selbsterkenntnis, einen neuen Anlauf zu machen. Machen Sie den lieber früher als später.

Wie lange ins Trainingscamp?

Wenn Sie gut Bescheid wissen, was im Examen auf Sie zukommen wird, dann können Sie sich der Frage zuwenden, wann Sie die einzelnen Prüfungen ablegen und wie lange Sie dafür ins „Trainingscamp" wollen.

Checkliste: Mein Examen

- Wann will ich die Klausuren schreiben?
- Freischuss: Ja oder Nein?
- Will ich abschichten (wenn das geht)?
- Schwerpunkt vor oder nach dem staatlichen Teil?

Die Antworten auf diese Fragen hängen natürlich in erster Linie von Ihren Vorkenntnissen und der Zeit ab, die Sie für die Vorbereitung investieren wollen und können. Wer praktisch alle examensrelevanten Fächer (siehe Prüfungsstoff oben) an der Uni gehört, gut nachgearbeitet und sogar schon Klausuren dazu erfolgreich geschrieben hat, kann anders in die Examensvorbereitung gehen als jemand, der zentrale Fächer, wie z.B. Sachenrecht oder Grundrechte, in der Examensvorbereitung ganz neu lernen muss. Diese Entscheidung kann Ihnen niemand abnehmen. Hier hilft es nur, mit einem Blick auf den Prüfungsstoff ehrlich zu sich selbst zu sein.

Zur Frage, wie lange erfolgreiche Kandidaten für die Vorbereitung ins Trainingscamp gegangen sind, hat unsere Umfrage unterschiedliche Ergebnisse erbracht. Die kürzeste Examensvorbereitung dauerte 3 Monate bzw. 15 Monate mit Verbesserungsversuch, die längste 24, bzw. 36 Monate nach Verbesserungsversuch. Im Durchschnitt dauerte die Examensvorbereitung 15,99 Monate ohne Verbesserungsversuch und 20,5 Monate nach Verbesserungsversuch. Viele unserer Teilnehmenden fanden es praktisch, einen Jahreskurs eines kommerziellen Repetitors oder das Uni-Rep zu besuchen und sich anschließend noch einige Monate Zeit zum eigenständigen Wiederholen zu nehmen. Es ist aber klar, dass viele von Ihnen nicht frei in der Entscheidung sind, wie und wie lange man sich vorbereitet.

1 Basics der Examensorganisation

Für viele ist es eine Geldfrage, manche sind durch familiäre und andere Gründe gehalten, weniger Zeit für die Examensvorbereitung aufzuwenden. Wenn Sie in der Situation sind, machen Sie das Beste daraus und stressen Sie sich nicht zu sehr. Auch kurze Zeit – optimal genutzt – kann Sie zum Erfolg führen! Ich (Anne Sanders) habe mich zum Beispiel nur sieben Monate vorbereitet. Das kann sogar besser funktionieren, als ewig ziellos herumzulernen.

Für viele unserer Teilnehmenden bildete der Freischusstermin den Endpunkt der Vorbereitung.

Freischuss? Nicht unbedingt, aber Endtermin planen!

Überwiegend (93 Ja, 43 Nein) haben unsere Teilnehmenden den Freischuss gemacht.

Andreas:

„Ich empfehle jedem die Teilnahme am Freischuss, einfach weil er den Stress verringert: Beim Freischuss kann man sich sagen, man habe ja noch den zweiten Versuch. Ist der Freischuss schon passabel verlaufen, kann man sich beim Verbesserungsversuch immer noch sagen, man habe ja ein ‚Sicherungsnetz'. Schließlich sollte man sich für die Examensvorbereitung genug – aber auch nicht zu viel – Zeit nehmen."

Unter unseren Teilnehmenden gab es einige, die so wie Andreas auf den Freischuss schworen. Es gibt aber auch solche, die es anders sehen. Wenn Sie einigermaßen zielstrebig studiert und den Stoff nachgearbeitet haben, dann bietet der Freischuss eine gute Option. Das ist aber nicht für alle der richtige Weg. Wenn Sie ehrlicherweise einräumen müssen, dass Sie eine Weile gebraucht haben, bis Sie mit Jura warm geworden sind, sodass Sie große Lücken haben, dann kann es Sinn ergeben, gleich mehr Lernzeit einzuplanen. Auch hier ist ehrliche Selbsteinschätzung gefragt. Wenn Sie schon wissen, dass Sie eine längere Lernzeit nur schwer effektiv füllen werden, kann es sinnvoll sein, wenn man sich durch eine kürzere Vorbereitungszeit unter Druck setzt. Diejenigen von Ihnen, die ohnehin leicht gestresst sind, sollten den zusätzlichen Druck aber vielleicht eher vermeiden. Hierbei sollte man auch bedenken, dass es eine große Kraftanstrengung bedeutet, sich nach dem Examen noch einmal für einen Verbesserungsversuch zu motivieren, selbst wenn man nicht mit dem Ergebnis zufrieden ist. Und wenn man einmal durchgefallen ist, dann ist das eine Belastung des Selbstbewusstseins, die auch nicht zu unterschätzen ist, selbst wenn es „nur" der Freischuss war.

Egal wie Sie Ihre Examensvorbereitung angehen wollen, wir ermutigen Sie, sich von Anfang an einen Zeitplan zu machen und einen festen Termin zu bestimmen, an dem Sie ins Examen gehen werden. Wenn Sie auf den Moment warten, an dem Sie sich optimal vorbereitet fühlen, um sich anzumelden, ist die Gefahr sehr groß, dass dieser Moment nie kommen wird. Vielleicht kennen Sie aus Ihrer Uni Studierende, die in den Rep-Veranstaltungen sitzen, alles wissen und trotzdem nicht ins Examen gehen. Sie können Ihr Leben damit verbringen, sich auf das Examen vorzubereiten, und das wäre aus zwei Gründen schade. Erstens, weil es im Leben sehr viel Schöneres gibt und zweitens, weil Sie im Laufe der Zeit nicht nur mehr lernen, sondern vor allem immer mehr vergessen. Klar, unter unseren Teilnehmenden und auch in unserem persönlichen Umfeld gibt es Leute, die gewartet haben, bis sie konstant über neun Punkte in den Probeklausuren schrieben und sich erst dann gemeldet haben. Wie gesagt, jeder muss seinen Weg finden. Aber seien Sie sich der Gefahr bewusst, Ihr Examen immer weiter vor sich herzuschieben.

Melina:

„Man sollte den Examenstermin nicht zu lange aufschieben. Je mehr man sich einredet, wie schlimm es ist, desto mehr Gewicht bekommt die Sache und die (lähmende) Angst nimmt zu. Man muss sich vor Augen führen, dass es letzten Endes (nur) eine Abschlussprüfung wie jede andere ist und danach noch ein zweites Examen kommt, für das man auch noch „Atem" braucht (und das von der Praxis als mindestens genauso wichtig angesehen wird). Man sollte sich über zu viel Prüfungsvorbereitung nicht die Lust an Jura nehmen lassen oder sich psychologisch kaputt arbeiten, bevor das Berufsleben überhaupt erst anfängt. Das richtige Maß darf man nicht aus den Augen verlieren."

Annika II:

„Außerdem würde ich nicht zu lange warten, weil meiner Erfahrung nach die Angst vor dem Examen immer mehr zunimmt mit der Zeit. Gerade für exotische Fälle braucht man ein bisschen jugendliche Unbefangenheit, da bringt einem ein Jahr oder ein halbes Jahr mehr Lernen auch nichts. Man sollte Respekt, aber keine Angst vor dem Examen haben. Vieles ist auch Glückssache."

Annika II hat völlig Recht! Sie können den juristischen Stoff gar nicht komplett beherrschen, und wenn Sie Pech haben, kommt etwas dran, das Sie nicht wissen, auch wenn Sie fünf Jahre im Rep saßen.

Verschieben sollten Sie den einmal gesetzten Termin nur in echten Notfällen, also bei schwerer Krankheit oder einem familiären Notfall. Verschieben, weil Sie sich nicht richtig vorbereitet fühlen, sollte grundsätzlich nicht in Betracht kommen. Arbeiten Sie lieber von Anfang an konsequent.

Abschichten?

In vielen Bundesländern gibt es die Möglichkeit, abzuschichten, also die Klausuren nicht alle auf einmal, sondern nach den einzelnen Fächern zeitlich versetzt zu schreiben. In unserer zweiten Umfragerunde haben wir die Teilnehmenden gefragt, ob sie abgeschichtet haben:

1 Basics der Examensorganisation

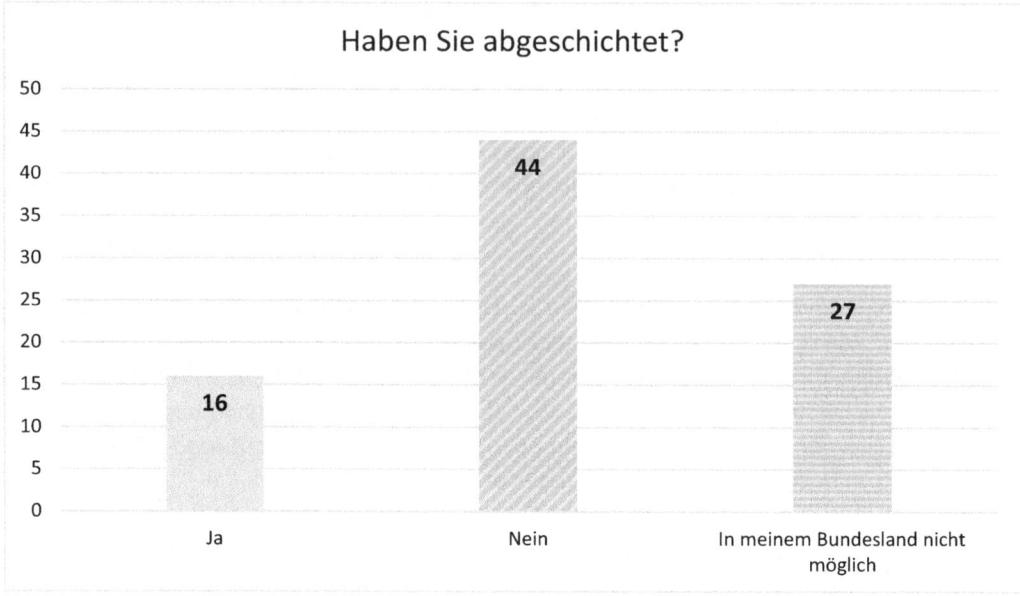

Das Abschichten bietet nach Meinung einiger Teilnehmenden die wertvolle Möglichkeit, deutlich spezieller vorbereitet in die einzelnen Rechtsgebiete zu gehen.[6] Es ist dann nicht nötig, alles auf einmal zu wissen. Man kann z.B. zuerst nur Zivilrecht lernen, dies dann schreiben und vier Monate später Ö-Recht schreiben, das man in der Zwischenzeit gelernt hat und dann zum Abschluss Strafrecht. So kann sich auch die Vorbereitungszeit entsprechend der Klausurzahl verteilen.

Kevin:

„Ich konnte mich so an die Prüfungssituation herantasten, weil ich zunächst nur eine Klausur geschrieben habe."

Maya:

„Ich habe mit dem Fach angefangen, das mir am besten lag. So war der psychische Druck etwas geringer. Ich habe aber nicht wie für Abschichter typisch nur jeweils für das Fach gelernt, sondern alles parallel gelernt. Öffentliches Recht habe ich ans Ende gesetzt, um dann noch mal 2 Monate intensiv für ein Fach zu lernen, in dem ich die größten Lücken hatte."

---

6   Dies wird auch durch die Studie von *Towfigh/Traxler/Glöckner*, ZDRW 2014, 8, 21 gestützt.

Fabian:

„Ich habe das Examen bewusst auf drei Termine aufgeteilt, um mich fokussiert auf die einzelnen Fächer vorbereiten zu können. So war es mir möglich, auch in Nebengebieten gut vorbereitet ins Examen zu gehen. Ich habe die Fächer so aufgeteilt, dass die Anzahl der erforderlichen Klausuren von Termin zu Termin abgenommen hat. So hatte ich nach dem ersten Termin bereits die Hälfte des Examens geschafft und konnte mich auf diese Weise hervorragend motivieren."

Aber es gibt auch gute Gründe gegen das Abschichten: Man fokussiert ggf. zu stark auf Detailwissen statt auf das „große Ganze". Es zieht das Examen und damit auch den Druck sehr in die Länge. Das kann Energie für die Vorbereitung kosten; man will es irgendwann nur noch hinter sich haben.

Simon:

„Ich habe mich bewusst gegen das Abschichten entschieden, um eine derart ausgedehnte Prüfungsphase mit entsprechend zeitlich ausgedehntem massivem psychologischem Druck zu vermeiden. Des Weiteren hätte sich dann der weitere zeitliche Ablauf meines Studiums (daran anschließendes Auslandssemester und dann der Schwerpunktbereich) entsprechend verzögert."

Franziska:

„Ein Abschichten hätte eine nach Zeit und Umfang angemessene Vorbereitung auf das jeweilige Rechtsgebiet erschwert und zudem über mehrere Monate eine Schwebesituation aufrechterhalten. So konnte der Prüfungsdruck auf zwei Wochen konzentriert werden."

Oliver:

„Die Phase des Abschichtens war mit über einem Jahr viel zu lang. So wurde die gesamte Examensphase bis zur mündlichen Prüfung auf ziemlich genau zwei Jahre gestreckt. Es stellte sich letztlich als Trugschluss dar, dass die Möglichkeit, mit vielen Freisemestern lange abschichten zu können, einen Vorbereitungsvorteil darstellen würde. Es führte zu einer dauerhaften psychischen Belastung mit permanentem Examensdruck, was äußerst viel Lebensfreude nimmt. Aus heutiger Sicht würde ich nur noch ein Rechtsgebiet abschichten und das höchstens über einen Zeitraum von sechs Monaten."

Für die mündliche Prüfung muss man dann alle Rechtsgebiete beherrschen und das kann schwierig werden, wenn das Lernen für ein Gebiet schon sehr lange zurückliegt. Für Leute, die sich gern wegen vergangener Klausuren verrückt machen, bietet die lange Zeit zwischen den Klausuren noch mehr Gelegenheit, sich Horrorszenarien auszumalen. In NRW besteht die Möglichkeit, die Ergebnisse der ersten Klausuren schon zwischendurch zu erhalten. Ob Sie diese Option wahrnehmen, will gut überdacht sein. Ein gutes Zwischenergebnis kann natürlich motivieren. Wer aber nicht damit umgehen kann, im ersten Block schlechte Noten zu erhalten, weil er/sie sich dann nicht mehr motivieren kann, sollte diese Option nicht ergreifen oder gleich ganz auf das Abschichten verzichten. Im schlimmsten Fall brechen Sie dann ab und können sich nicht mehr für den nächsten Versuch aufraffen. Das ist bitter.

Schätzen Sie also ein, welcher Ansatz für Sie besser funktioniert, und dann los!

Schwerpunkt vor oder nach dem staatlichen Teil?

Die meisten unserer Studierenden absolvierten den Schwerpunkt nach dem staatlichen Teil. Typisch dazu die Einschätzung von

Aline:

„Ich hätte nebenbei mehr auf die Basics schauen sollen. Durch die 2 Semester im Schwerpunkt hatte ich viele Dinge vergessen, weil ich sie schlichtweg nicht brauchte in dieser Zeit. Dadurch erschwerte ich mir den Einstieg in die Examensvorbereitung. Dieses Problem lässt sich lösen, indem man den Schwerpunkt nach dem Examen macht oder während des Schwerpunkts nicht die anderen Rechtsgebiete aus den Augen verliert und auch diese weiter wiederholt."

Der Schwerpunkt kann Ihnen allerdings auch für den staatlichen Teil Sicherheit geben, gerade wenn die Schwerpunktklausuren – wie teilweise in Bielefeld – fünf Stunden dauern.

Annika II:

„Ich habe ihn im Freischuss vor dem staatlichen Teil geschrieben und das hat mir schon eine kleine Hürde genommen und ich konnte mich mental besser auf den staatlichen Teil vorbereiten, da der Schwerpunkt in RLP sehr ähnlich ausgestaltet ist."

Auch hier müssen Sie also Ihren Weg finden! Zur Wahl des richtigen Schwerpunkts etc. kommen wir später noch. Jetzt geht es erstmal darum, ein paar weitere Basics zu klären. Zum Beispiel, worauf es beim Lernen wirklich ankommt.

Basics in Sachen Lernen

In diesem Buch geht es um das Lernen. Daher wollen wir gleich zu Anfang ein paar Basics dazu loswerden. Dazu gehören die Bedeutung von aktivem Lernen, das richtige Mindset und schließlich die Frage des Lerntyps.

Nur aktives Lernen ist effektiv

Sie werden diesem Punkt immer wieder in diesem Buch begegnen. Wenn Sie für Ihre Klausuren lernen, reicht es nicht, dass Sie Ihren Kopf mit Wissen vollstopfen wie eine Garage mit Umzugskisten voller altem Kram. Was Sie lernen, müssen Sie auch anwenden können. Sie müssen in der Lage sein, Ihr Wissen zu aktivieren und es als Werkzeug gerade für den Fall zu nutzen, der da vor Ihnen liegt. Das zu schaffen, macht die guten Jurist*innen aus. Eigentlich wissen Sie das, denn das ist nicht nur in Jura so. Keiner von Ihnen käme auf die Idee, Autofahren allein als Beifahrer und durch Auswendiglernen der Betriebsanleitung zu lernen oder Fußballspielen durch Zusehen von der Tribüne und Studium der Spielregeln.

Die Lernforschung bestätigt das. Am effektivsten ist das Lernen in den Fällen, in denen man das zu Lernende selbst reproduzieren muss.[7] Je mehr Sie beim Lernen aktiv sind, desto besser. Das ist z.B. beim Abfragen mit Karteikarten der Fall. Effektiv ist es auch, anderen etwas zu erklären, denn auch dabei muss Wissen möglichst verständlich für andere reproduziert werden. Besonders effektiv ist das Klausurenschreiben – wenn man es ohne Hilfsmittel macht –, weil man hier Wissen reproduzieren und so anwenden muss, wie es dann im Ernstfall nötig ist. Darum ist das Schreiben von Probeklausuren auch so wichtig. Passives Lernen wie das wiederholte Durchlesen bringt praktisch wenig. Aktives, anwendungsorientiertes Lernen ist also wichtig. Das funktioniert aber nur, wenn man konzentriert dabei ist.

Ein paar Worte zum Thema „Intelligenz und Dummheit"

Ich weiß, dass viele von Ihnen an sich selbst zweifeln. Das tue ich auch immer wieder. Daher hier ein paar Worte dazu: Bitte streichen Sie den Satz „ich bin zu dumm für Jura/fürs Klausurenschreiben/für die mündliche Prüfung/für die Schwerpunktarbeit" (und Sätze mit vergleichbarem Inhalt) für immer aus ihren Gedanken. Sie blockieren sich damit selbst.

Dazu gibt es das kluge Buch „Mindset" von *Carol Dweck*.[8] Die Autorin identifiziert darin zwei Sorten Selbstbild oder innere Einstellung (Mindset). Personen, die ein **Fixed Mindset** haben, glauben, dass Intelligenz eine feste Größe ist. Wenn man gute Noten bekommt, dann beweist das, dass man intelligent ist. Wenn man schlechte bekommt, heißt das, man ist dumm und kann das auch nicht ändern. Noten sind sozusagen die Stelle, wo die verborgene Intelligenz sichtbar wird. Darum versucht man besser erst gar nichts Schwieriges, weil man es nicht gleich kann. Dass man was nicht kann, zeigt ja nur, dass man dumm ist und immer dumm war. Na, erkennen Sie sich? Ich hoffe nicht zu sehr!

Personen, die ein **Growth Mindset** haben, glauben dagegen, dass sich Fähigkeiten entwickeln können. Wenn man eine schlechte Note bekommt, sagt das nichts über die eigenen Fähigkeiten aus, sondern nur, dass man ein Konzept noch nicht verstanden hat oder sich schlecht ausdrückt etc. Daran kann man arbeiten. Menschen mit Growth Mindset geben darum nicht schnell auf, sondern beißen sich durch schwierige Aufgaben durch.

---

7   Vgl. dazu *Scott Young*, Ultralearning, 2019, Chapter VII Retrieval: Test to learn; *Thad A. Polk*, Great Courses: The Learning Brain, 2018.
8   *Carol Dweck*, Mindset, 2017 = Selbstbild, 2017.

Vielleicht erkennen Sie sich selbst im Fixed Mindset wieder – wenn Sie gut in der Schule waren, dann ist das nur verlockend. Da waren Sie vielleicht „die schlaue Schülerin"[9], die alles konnte, und verdienten dafür die besten Noten. Wenn dann die schlechten Juranoten kommen, dann kriegt das Selbstbewusstsein leicht einen Knick. Und in der Examensvorbereitung wird es manchmal noch schlimmer, weil man Probeklausuren schreibt (jedenfalls, wenn man sich gut vorbereitet), die man nicht gut in den Griff bekommt. Versuchen Sie, das Growth Mindset für Ihre Examensvorbereitung zu kultivieren. Das werden Sie brauchen, denn die Examensvorbereitung ist schwierig. Und um besser zu werden, müssen Sie bereit sein, aus Fehlern zu lernen. Das klappt aber nur, wenn Sie nicht jeden Fehler als Angriff auf Ihr Ego verstehen.[10] Das ist nicht so einfach. Aber es ist nötig, damit Sie sich auf Ihrer Reise zum Examen nicht selbst im Weg stehen. Und glauben Sie es uns: Sehr viele Menschen, die sehr viel erreicht haben, haben Lernschwächen, schwere Schicksalsschläge und persönliche Probleme auf ihrem Weg gemeistert. Egal womit Sie zu kämpfen haben, Sie sind nicht allein damit. Mit Fleiß und Interesse kann man Schwächen wettmachen.

Welcher Lerntyp bin ich?

Rabea:

„Jeder lernt anders: Was für den einen gut ist, gilt für andere noch lange nicht. Wichtig ist es, sich zu fragen und zu erkennen, welcher Lerntyp man ist, und sein eigenes Lernprogramm danach auszurichten."

Was Rabea hier sagt, ist Ihnen idealerweise schon während des Studiums aufgefallen. Sie haben sich selbst kennengelernt und wissen nun, wie Sie Inhalte am besten verstehen und erarbeiten. Manche lernen am liebsten durch Zuhören, z.B. in Vorlesungen, andere verstehen Dinge am besten, wenn sie sie allein durchdenken. Manche lernen am besten in der Lerngruppe, beim kommerziellen Repetitor oder im Examinatorium der Universität. Manche schreiben 138 Probeklausuren, andere nur 10. Hinzukommt, dass jeder Mensch seine eigenen Stärken und Schwächen hat.

Was das Richtige für Sie ist, können wir Ihnen nicht sagen. Sie müssen also selbst ausprobieren und abschätzen, was Ihnen etwas bringt. Wir sagen, was wir gut finden, aber das muss für Sie nicht passen. Das Problem ist dabei allerdings, dass man das, was einem nichts bringt und das, was einem unangenehm ist, oft schwer auseinanderhalten kann. Seien Sie daher ehrlich und verantwortungsbewusst dabei. Seien Sie Ihre eigene beste Freundin. Sie wissen schon, die, die Ihnen offen sagt, wenn Sie Mist gebaut haben und dass bestimmte Sachen nicht funktionieren, weil Sie ihr wirklich wichtig sind. Also nicht die Freundin oder der Kumpel, der Ihnen hilft, sich selbst was vorzumachen. Das gilt insbesondere dann, wenn Sie bei ehrlicher Betrachtung nie viel Energie in das Studium gesteckt und mit dem Lernen immer erst zwei Tage vor der Klausur angefangen haben.

---

9 Oder „der schlaue Schüler" natürlich.
10 Sehr empfehlenswert: *Ryan Holiday*, Ego is the Enemy, 2017 = Dein Ego ist Dein Feind, 2017.

Was steckt vonseiten der Lernforschung dahinter? Ehrlich gesagt, ist man sich nicht so ganz einig, ob und welche Lerntypen es überhaupt gibt und wenn ja, welche Rolle sie beim Lernen spielen.[11]

Ja, nicht nur unter Jurist*innen ist man über verschiedene Dinge verschiedener Auffassung.

Als Hintergrund verschiedener Lerntypen kann man *Howard E Gardners* Theorie Multipler Intelligenzen[12] sehen. Er unterscheidet sieben verschiedene Arten, wie Menschen intelligent oder „smart" sein können. Diese verschiedenen Arten bestimmen auch, wie Menschen sich die Welt lernend erschließen:[13]

- Menschen können **visuell-räumlich smart** sein. Solche Menschen nehmen Inhalte am besten optisch auf. Sie mögen gern Illustrationen, Bilder, Graphen und orientieren sich in Texten gern mit Markierungen in verschiedenen Farben. Sie sind kreativ und für sie ist es hilfreich, sich Dinge räumlich vorzustellen und einzuordnen, sich z.B. daran zu erinnern, dass etwas unten links auf der Karteikarte stand. Sie können gut mit Mind-Maps und ähnlichen Skizzen arbeiten.

- Menschen können **kinästhetisch** oder **body smart** sein. Das sind Menschen, die gern in Bewegung sind, Dinge mit den Händen machen, tanzen, schauspielern und gern im wahrsten Sinne des Wortes „begreifen". Auch der Geruchs- und Tastsinn kann wichtig sein. Wer so orientiert ist, kann gut in Bewegung lernen und sollte sich immer wieder Pausen mit Bewegung gönnen. Solche Menschen reagieren auch gut auf Stressbälle, die sie drücken können, um sich besser zu konzentrieren. Auch Schreiben – auf dem Computer oder mit der Hand – kann solchen Menschen allein aufgrund der physischen Bewegung bei der Konzentration helfen.

- Menschen können **musikalisch smart** sein. Solche Menschen mögen Musik, Rhythmen und Gesang. Sie können gut Dinge mit Rhythmen, Reimen (Raps) oder Singen behalten. Angeblich können solche Menschen gut mit Musik (ohne Worte) lernen.

- Menschen können zwischenmenschlich oder **social smart** sein. Das sind Menschen, die am besten in der Interaktion mit anderen lernen. Sie lernen gut in Diskussionen in der Lerngruppe oder auch dadurch, dass sie anderen etwas erklären. Solche Menschen lernen ungern allein, weshalb es hilfreich sein kann, das Gelernte dann dem Hund oder dem Mitbewohner zu erklären.

- Dann gibt es **reflektierende Menschen** die als **„self smart"** bezeichnet werden. Solche Menschen sind lieber allein und machen Dinge mit sich aus. Für diese Menschen ist es wichtig, Dinge für sich zu verstehen und welche Bedeutung diese in ihrem Leben haben. Für sie funktioniert es gut, den eigenen Fortschritt in Arbeitstagebücher o.Ä. zu dokumentieren. Sie reden ungern vor anderen und konzentrieren sich am liebsten auf eine Sache.

---

11 Vgl. m.w.N. *Barbara Lange*, Jurastudium erfolgreich, 8. Aufl. 2015, 337 f.
12 Vgl. z.B. *Howard E Gardners*, Frames of Mind – The Theory of Multiple Intelligences, 2011.
13 Die Darstellung hier ist an die Vorlesungsreihe von *Michael Geisen*, Great Courses How to become a Super Star Student, 2. Auflage 2019 angelehnt; vgl. auch *John Adams*, Memory Improvement, Accelerated Learning and Brain Training, 2019, 33 ff.

- Menschen, die **logisch-mathematisch smart** sind, erschließen sich Inhalte logisch. Sie verstehen und ordnen abstrakte Konzepte und Systeme durch die eigene Analyse. Solche Menschen lernen nicht auswendig, sondern erschließen sich juristische Konzepte über das Verständnis. Ein guter Freund von mir ist ein solcher Jurist im Reinformat. Er hat zwei fantastische Examen und ist dahin allein durch das Lesen von Großlehrbüchern gekommen. Ob er je eine Probeklausur geschrieben hat, bezweifle ich. Ich habe ihn immer ziemlich beneidet, aber auch ich habe meine Stärken, die eher im Visuellen und Linguistischen liegen.
- Dann gibt es Menschen, die **linguistisch** oder **word smart** sind. Menschen wie diese arbeiten mit Worten wie Künstler mit Farbe und Ton. Sie lesen, reden und schreiben gern und nehmen Inhalte lesend oder hörend, aber auch diskutierend auf.

Es gibt aber auch Leute, die meinen, es gäbe gar keine eigenen Lerntypen, sondern Techniken, die bei allen Menschen gleichermaßen mehr oder weniger funktionieren. Sicherlich richtig ist, dass viele lernfördernde Faktoren wie Umgebung, Motivation, Emotionen, individuelle Vorlieben und Assoziationen etc., Ihren persönlichen Lernerfolg mitbestimmen und man daher bestimmte Lerntypen nur sehr schwer isolieren kann.[14]

Ich würde Ihnen raten, auf jeden Fall verschiedene Techniken zusammen mit den Tipps im Kapitel 6 zu probieren und dabei auch auf andere lernfördernde Faktoren zu achten. Selbst die Anhänger der oben dargestellten Lerntypen meinen nämlich, dass es reine Ausprägungen eines dieser Typen nur sehr selten gibt. Es macht daher auf jeden Fall Sinn, verschiedene Ansätze zu nutzen und das Lernen so abwechslungsreich zu gestalten. Wenn Sie sich in dem einen oder anderen Lerntypen oben wiedererkennen, dann lohnt es sich bestimmt, Techniken auszuprobieren, die dazu passen. Schon allein das kann Ihrem Lernen neuen Schwung geben.

Die eigenen Stärken und Schwächen

Die Stimme der Prüferin:

„Denken Sie einmal über Ihre „juristische Persönlichkeit" nach. Für mich ist es immer wieder faszinierend, wie groß die Bandbreite der juristischen Persönlichkeiten ist, und wie stark die jeweilige juristische Persönlichkeit schon in einem frühen Stadium des Studiums ausgeprägt ist. Lieben und brauchen Sie feste Strukturen und werden sie nervös, wenn einem Fall nur mit etwas Freistil beizukommen ist? Oder sind Sie kreativ und analogiefreudig, haben dafür aber eine Neigung zu Flüchtigkeitsfehlern und Ungenauigkeiten im Detail? Man sollte wissen, wo die eigenen Stärken und Schwächen liegen."

---

14 Vgl. zu lernfördernden Faktoren: *Barbara Lange*, Jurastudium erfolgreich, 8. Aufl. 2015, 338 ff.

Welche Vorbereitung?

Wenn Sie geklärt haben, wie viel Zeit Sie bis zu den Klausuren im staatlichen Teil haben, und welche Stärken und Schwächen Sie beim Lernen haben, stellt sich die Frage, wie Sie sich vorbereiten wollen. Auch dafür gibt es hier eine kleine Checkliste.

Checkliste: Vorbereitung

Wie will ich mich vorbereiten?

- Kommerzielles Repetitorium? Uni-Rep oder nur Einzelvorbereitung? Dafür muss man wieder recherchieren: welche Angebote gibt es wo und wann?
- Teilnahme an welchem Klausurenkurs?
- Lerngruppe, wenn ja wie und mit wem?

Was soll man davon nun wie machen?

Hier sehen Sie, was unsere Teilnehmenden auf diese Frage geantwortet haben (Mehrfachnennungen waren möglich):

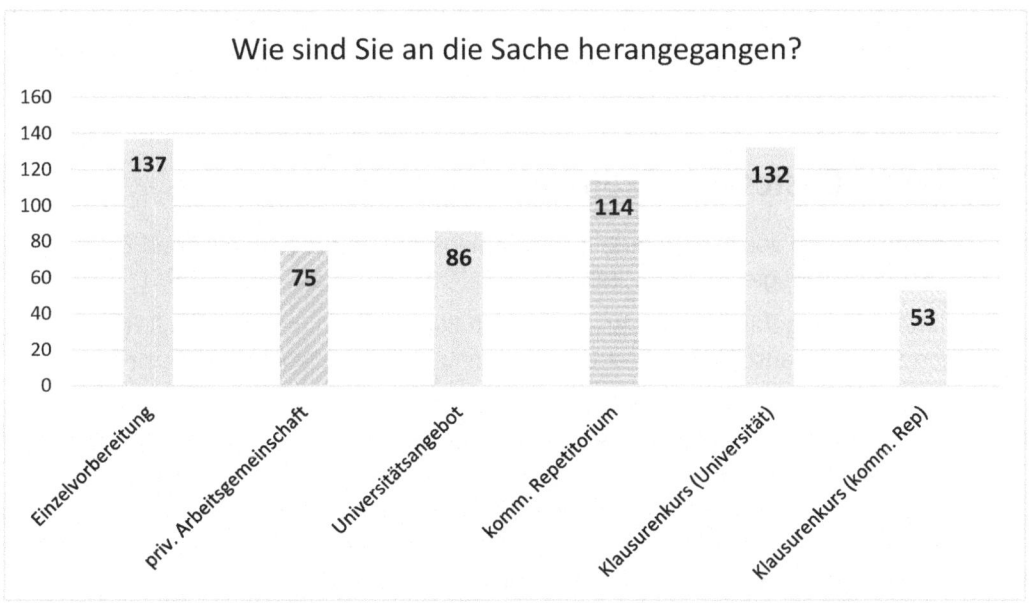

Egal wie Sie es machen, um das Lernen allein (hier: Einzelvorbereitung) und den Klausurenkurs kommt man nicht herum. Was Sie wie machen, müssen Sie aber selbst entscheiden. Viele betonten, dass gerade die Mischung verschiedener Angebote die Grundlage ihres Examenserfolges bildete:

1 Basics der Examensorganisation

Ida zur Frage, welches Lernangebot besonders hilfreich war:

„Die Kombination aller Ansätze. Der kommerzielle Repetitor hat den Lernstoff vorgegeben, den man selbst und in der Lerngruppe noch mal wiederholt hat. Durch Klausurenschreiben wurde die Anwendung geübt."

Maria I:

„Mir liegt das Eigenstudium, allerdings hat das kommerzielle Rep dem schon eine gute Struktur gegeben. Das Unitutorium hat das eigene Denken gut geschult. Unerlässlich sind die Übungsklausuren."

Die Studierenden in unserer Umfrage betonen immer wieder, dass es bei der Vorbereitung den „einen" Weg nicht gibt. Lernen – wie auch immer – und das Schreiben von Probeklausuren werden Sie allerdings kaum vermeiden können. Welchen Weg Sie gehen, hängt von Ihrer persönlichen Situation ab, z.B. ob Sie schon Familie haben, neben der Vorbereitung arbeiten müssen und auch – jedenfalls wenn Sie überzeugt sind, dass es so etwas gibt – welcher Lerntyp Sie sind.

Informieren Sie sich, auch mithilfe der folgenden Kapitel, über die Möglichkeiten und treffen Sie eine selbstbestimmte Entscheidung. Es ist Ihr Examen, ergreifen Sie Verantwortung dafür.

Crashkurs: Basics der Examensvorbereitung

- Nehmen Sie sich vor dem Beginn Ihrer Examensvorbereitung ausreichend Zeit, die für Sie richtige Strategie zu entwickeln.
- Ermitteln Sie ungefähr Ihren Wissenstand mit Blick auf den gesetzlichen Prüfungsstoff, legen Sie den Klausurtermin fest und bestimmen Sie die Dauer Ihrer Vorbereitung.
- Recherchieren Sie, wie die Prüfung aufgebaut ist und welche Leistung wieviel für Ihre Note zählt und finden Sie heraus, welche Möglichkeiten Sie bei der Gestaltung der Prüfung haben, z.B. ob Sie Abschichten können und entscheiden Sie ggf., ob Sie Abschichten und den Schwerpunkt vor oder nach dem staatlichen Teil machen möchten. Überlegen Sie, welche Lernstrategien gut zu Ihnen passen und machen Sie sich ein paar Gedanken zum Thema innere Einstellung und Motivation.
- Informieren Sie sich über die verschiedenen Herangehensweisen an die Vorbereitung z.B. durch den Besuch eines kommerziellen Repetitoriums, des Uni-Reps, Teilnahme an einem Klausurenkurs und einer privaten Arbeitsgemeinschaft und entscheiden Sie, welche Strategie Sie verfolgen möchten.
- Ergreifen Sie Verantwortung für Ihren persönlichen Weg zum Examen.

2 Rep, Nicht Rep, Uni-Rep

Gibt Antworten auf die Fragen: Soll ich ein kommerzielles Repetitorium besuchen oder dem Uni-Rep eine Chance geben? Oder soll ich die Vorbereitung mithilfe einer Lerngruppe allein organisieren?

Repetitorium – was ist das?

Die allermeisten Examenskandidat*innen lernen nicht nur allein oder mit einer Lerngruppe (dazu gibt es noch ausführliche Tipps in den folgenden Kapiteln), sondern besuchen ein Repetitorium. „Repetitorium" kommt vom lateinischen „repetere", zu deutsch wiederholen. In einem Repetitorium wiederholen Sie also den Stoff, den Sie während des Studiums schon gelernt haben (sollten).

Kommerzielle Repetitorien gibt es in Deutschland schon praktisch seit es juristische Staatsprüfungen gibt. Repetitorien gibt es in jeder Uni-Stadt mit einer juristischen Fakultät. Sie bieten kostenpflichtige Kurse an – meist neun Stunden in der Woche –, in denen der Prüfungsstoff gelehrt wird. Dafür werden Materialien zur Verfügung gestellt. Häufig wird parallel dazu auch ein Klausurenkurs angeboten. Unterlagen, Dozenten, Preise und Herangehensweise unterscheiden sich jeweils etwas. Inzwischen gibt es auch Angebote, die rein online stattfinden.

Praktisch jede juristische Fakultät bietet heute **kostenfreie universitäre Repetitorien** (auch bekannt als Uni-Rep, Examinatorium etc.) für die Studierenden an und i.d.R. auch Klausurenkurse, die mit Originalklausuren des jeweiligen JPA bestückt werden. Professor*innen und andere universitäre Mitarbeiter*innen lehren hier. Die Angebote unterscheiden sich. So gibt es an manchen Universitäten z.B. zusätzlich zu Veranstaltungen zum relevanten Stoff Kleingruppenkurse, Crashkurse, Veranstaltungen mit aktueller Rechtsprechung, Besuche der Mitglieder des örtlichen JPA, die über typische Fehler berichten, Repetentenkurse für Studierende, die einmal durchgefallen sind, und Klausurkliniken, in denen Studierende individuelles Feedback bekommen. Die jeweilige Herangehensweise bei den Lehrveranstaltungen liegt in der Hand des*der jeweiligen Professors*in oder Mitarbeiters*in, wobei einige Fakultäten hier auch Vereinheitlichungen anstreben.

Viele Studierende glauben, dass man das Examen nur mithilfe eines kommerziellen Repetitoriums schafft. Dieser Meinung sind wir nicht. Frau Prof. Dr. Dr. h.c. Dauner-Lieb engagiert sich sehr im Kölner Uni-Rep, wo sie das ganze Zivilrecht „aus einer Hand" liest. Ich bin im Bielefelder Uni-Rep aktiv und habe selbst das erste Staatsexamen in Berlin ohne kommerzielles Repetitorium gemacht. Wir wollen Sie hier aber nicht zu einem Ansatz überreden, sondern unvoreingenommen die Erfahrungen der Teilnehmenden unserer Umfrage mit Ihnen teilen. Es liegt dann an Ihnen, den für Sie richtigen Weg zu wählen.

Kommerzielles Repetitorium

(Fast) alle gehen zum Rep

Die meisten Befragten haben ein kommerzielles Repetitorium besucht (113 von 174, wobei nicht alle die Frage beantwortet haben), und die meisten meinen, sie hätten ohne kommerzielles Repetitorium schlechter abgeschnitten (82,4 %). Corinna fasst die Vorteile des Reps wie folgt zusammen:

Corinna:

- *„Gesamtüberblick über Meinungsspektrum zu einem Problemkreis, nicht nur Mindermeinung eines Dozenten*
- *Bessere Materialien: strukturiertes Gesamtkonzept aus einer Hand, auf neustem Stand, mit Anmerkungen zu Problemen und Verweisen auf andere Kursmaterialien*
- *Personelle Konzentration: Jedes Rechtsgebiet wurde von einem Dozenten gehalten; die Dozenten wechseln nicht je nach Themengebiet*
- *Klausurrelevanz: Mehr Augenmerk auf Klausurrelevanz der Themen und bessere Vermittlung der Prüfungsstandorte in der Klausur*
- *Kleinere Gruppen*
- *Strukturierter Tagesablauf"*

Zur Frage, ob er ohne Rep schlechter abgeschnitten hätte, sagte David:

„Jaein. Ich glaube, dass der organisatorische Aufwand ungleich höher gewesen wäre. Ich hätte sicherlich bestimmte Gebiete zu intensiv behandelt und andere vernachlässigt. Die Zeit, die ich nicht in die Organisation stecken musste, konnte ich auf das Lernen verwenden."

Wir haben unsere Teilnehmenden gefragt, warum sie sich für das kommerzielle Rep entschieden haben:

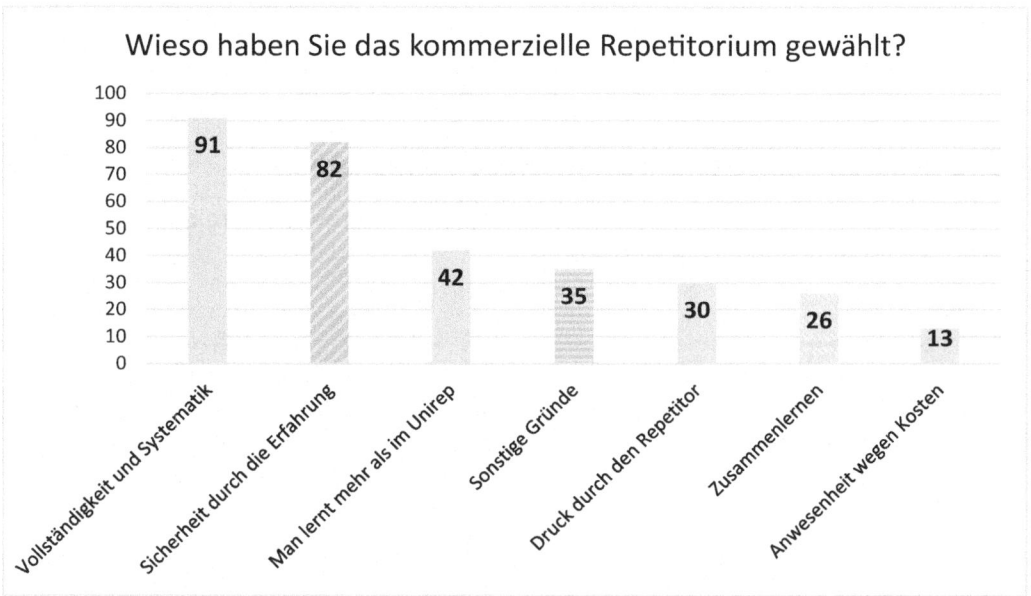

So äußerten sich unsere Teilnehmenden auch einzeln:

Tanja:

„Die Arbeit im Repetitorium hat mir das Fundament geliefert, auf das ich dann mit eigener Arbeit aufbauen konnte. Es hat mir eine Übersicht des Examensstoffes vermittelt und Zusammenhänge in der Materie hergestellt (etwas, was ich während all der Jahre an der Uni vermisst habe). In Eigenarbeit konnte ich dieses Wissen dann ausbauen und mit Details ergänzen. Als Grundlage war das Rep aber der wichtigste Ansatz in der Bewältigung des Stoffes."

Andreas:

„Der entscheidende Vorteil des kommerziellen Repetitors waren und sind seine Materialien ‚aus einer Hand', die zudem die Erfahrung von Jahrzehnten beinhalten."

Aber es gab durchaus auch kritische Stimmen:

Caroline:

„Bloß nicht zum kommerziellen Repetitor gehen! Reinste Panikmache!"

Frauke:

„War NICHT im kommerziellen Rep, weil m.E. alle diese Gründe nicht zutreffen."

Nähe des Repetitors und des Uni-Reps zum Examen

Einige Teilnehmer sahen in der Nähe des kommerziellen Repetitors zum Examen den großen Vorteil gegenüber anderen Angeboten.

Ralf:

„Die Herangehensweise des kommerziellen Repetitors ist anders. Ziel ist hier ‚die gute Klausur'. Das ist ein grundsätzlich anderer Ausgangspunkt, der Professoren/ Doktoranden/HiWis eher fern liegt. Entscheidend ist zusätzlich die Spezialisierung der kommerziellen Repetitoren. Diese beschäftigen sich seit Jahren mit Examensklausuren und wie man erfolgreich an diese herangeht. Es ist selbstverständlich, dass dies ‚nebenbei' von Professoren/Doktoranden/HiWis so nicht geleistet werden kann."

Es scheint aber auch psychologische Gründe zu geben:

Julian:

„Es war eine Art Eigendynamik: So wurde mir oft von guten Juristen (Prädikat) eindeutig [vom kommerziellen Repetitor] abgeraten. Jedoch scheint psychologisch ein Mechanismus einzusetzen, der einen dem (Irr-)Glauben vertrauen lässt, es werde im Rep alles Relevante genauso besprochen, wie man es für das Examen benötigt. Letztlich wurde dieser (Irr-)Glaube nicht zuletzt durch Materialien des Repetitors stets aufrechterhalten und gefördert. Und nun heißt es wieder ‚Problem nicht gesehen' nach einer umfangreichen Fallbearbeitung."

Julian hat nicht ganz Unrecht. Auch der kommerzielle Repetitor behandelt nicht notwendig „alles". Das ist auch kaum möglich in einem Jahr, darum studieren Sie ja auch vier bis fünf Jahre und gehen nicht nur zum Rep. Auch die Unterlagen des Repetitors sind nicht immer fehlerfrei. Sie sollten außerdem wissen, dass die vielgerühmte Nähe zum Examen, die der Repetitor für sich in Anspruch nimmt, ein Stück weit „Show" ist. Repetitoren prüfen nicht im Examen und sie bekommen keinen Einblick in die Originalklausuren, ganz im Gegensatz zur Universität. Professor*innen und Praktiker*innen korrigieren die Klausuren und die Klausurenkurse an der Universität und stellen Originalklausuren. Das Wissen, was im Examen „gelaufen" ist, sammeln Repetitoren mittelbar über die Rückmeldungen der Examenskandidaten. Die verfolgen die großen Repetitorien intensiv bundesweit und über Jahrzehnte hinweg, das will ich gar nicht in Abrede stellen. Aber wie gut erinnern Sie sich an den genauen Inhalt einer Klausur, nachdem Sie sie geschrieben haben, ganz zu schweigen davon, dass Sie die Lösungsskizze ebenso wenig kennen wie der Repetitor? Wenn Ihnen der Repetitor also erzählt, ein*e Korrektor*in wolle das eine oder andere Schlagwort hören, dann handelt es sich um eine Annahme, die er mittelbar über die Ergebnisse der von ihm auf bestimmte Schlagworte trainierten Kandidat*innen entwickeln kann. Wir kennen eine ganze Reihe Korrektor*innen, die über Klausuren stöhnen, in denen Kandidat*innen zu viel mit Schlagworten um sich werfen. Solche Klausuren bekommen gute Noten oft nicht wegen, sondern trotz der Schlagworte.

Treffen Sie eine bewusste Entscheidung

Wir wollen Ihnen den kommerziellen Repetitor nicht ausreden, auch wenn wir – wir geben es zu – als engagierte Dozentinnen im Uni-Rep gern Alternativen aufzeigen möchten. Übernehmen Sie Verantwortung für Ihr Examen und machen nicht einfach etwas, nur weil alle das so machen. Nehmen Sie sich die Zeit, eine bewusste Entscheidung für und gegen das kommerzielle Repetitorium zur treffen. Sehen Sie es nicht als Automatismus an und lassen Sie sich nicht allein von Ihrer Angst leiten.

Kevin I:

„Ein wichtiger Faktor war auch die Angst. Ich hatte den Eindruck, dass quasi jeder zum kommerziellen Repetitor geht und man es fast muss, wenn man erfolgreich abschließen möchte."

Wenn Sie einen Repetitor finden, der Sie gut unterstützt und bei dem Sie Jura wirklich verstehen, dann freuen wir uns für Sie.

Welches Rep passt zu mir?

Wählen Sie Ihren Repetitor sorgfältig aus. Es ist eine wichtige und kostspielige Entscheidung. Gehen Sie nicht irgendwo nur deshalb hin, weil Ihre Freunde dahin wollen. Nicht jedes Repetitorium ist gleich gut und passt zu Ihnen. Hören Sie deshalb unbedingt Probe. Hören Sie sich unter vertrauenswürdigen Leuten um.

Schauen Sie sich genau an, ob Ihnen die Materialien, Dozenten und die Herangehensweise zusagen. Gruppengröße und Ihr Lerntyp sind Aspekte, die Sie bei der Auswahl des richtigen Reps ebenfalls im Auge behalten sollten. Wer z.B. gut durch Hören lernt, sollte auf die gute Vermittlung in den Sitzungen achten.

Ricarda:

„Ich habe mir bewusst einen Repetitor ausgesucht, bei dem in kleineren Gruppen gearbeitet wird und so die Möglichkeit besteht, sich viel einzubeziehen."

Personen, für die der persönliche Austausch eine wichtige Motivationsquelle ist, sind in der Anonymität eines reinen Online-Angebots nicht unbedingt gut aufgehoben.

Wer lieber lesend lernt, für den sollte die Qualität der Materialien an allererster Stelle stehen.

> *David:*
>
> „Die Unterlagen bei XX sind unschlagbar gut; im Uni-Rep gab es häufig gar keine Unterlagen."

Wie steht es mit dem Schwierigkeitsgrad? Wenn Sie große Lücken in den Basics haben, sollten Sie einen Repetitor suchen, der diese gut vermittelt und wiederholt und nicht allein Details vermittelt, die nur in wenigen Spezialfällen eine Rolle spielen. Juliane hat insofern offenbar eine gute Entscheidung getroffen:

> *Juliane:*
>
> „Der Repetitor vermittelt auch Grundlagen, die man als (fauler) Student in den ersten Semestern unter Umständen nicht verstanden hat oder die auch in diesem Zeitraum gar nicht vermittelt wurden."

Zentral: die Dozenten

Das teuerste Rep nützt Ihnen nichts, wenn Sie von den Dozent*innen nichts mitnehmen können. Außerdem sind meist nicht alle Dozent*innen eines Anbieters gleich gut oder schlecht. Auch hier muss man bewusst abwägen. Was ist Ihnen wichtiger? Der Super-Strafrechtler, weil Ihnen Strafrecht immer schon viel Spaß gemacht hat? Das ist etwas riskant, wenn Sie große Lücken in anderen Gebieten haben. Dann sollten Sie lieber zu dem Anbieter mit der guten Zivilistin und dem motivierenden Ö-Rechtler gehen. Einen verschnarchten Strafrechtler können Sie als passionierte Strafrechtlerin vielleicht noch am besten verkraften und mühelos selbst ausgleichen.

Auch der Stil der Dozent*innen ist wichtig. Brauchen Sie z.B. jemanden, der strukturiert ist und Sie zum Mitmachen zwingt und Ihnen „in den A… tritt", wenn Sie sich selbst nicht motivieren können?

> *Frederic:*
>
> „Das Repetitorium bei XX hat mir mit Abstand am meisten geholfen, da mir dort zum einen die systematischen Zusammenhänge erklärt wurden und nicht, wie in der Uni sehr oft, die einzelnen Theorien, weil der Unterricht sehr (!) strukturiert war und ausschließlich examensrelevanten Stoff abgedeckt hat und weil man nach dem Zufallsprinzip selbst drangenommen wurde und so aktiv am Unterricht teilnehmen musste."

Oder sind Sie eher ängstlich und brauchen Sie jemanden, der Ihnen Mut macht?

Luisa I:

> „Ich habe mich zwar nie wohl gefühlt im Rep, aber in der Uni hatte ich immer den Eindruck, dass ich zu blöd für dieses Studium bin – das muss irgendwie an der Atmosphäre gelegen haben. Beim Rep bekommt man eher vermittelt, dass das alles gar nicht so schwer ist und das macht Mut."

Wie gut passt das Rep in Ihren Tagesablauf?

Gerade die von Ihnen, die nebenher arbeiten müssen oder schon Familie haben, müssen natürlich einen Blick auf die Kurspläne werfen und darauf achten, dass das Rep sich zeitlich mit den sonstigen Pflichten vereinbaren lässt. Die größere Flexibilität kann durchaus ein Vorteil eines Onlineangebots sein.

G. Walt:

> „XX war einer der wenigen kommerziellen Anbieter eines Onlinerepetitoriums. Günstiger als ein Standardrep. Zudem frei einteilbar und an den eigenen Bedarf anpassbar – Kompliziertes kann wiederholt werden, Bekanntes übersprungen."

Wenn Sie aber von sich selbst wissen, dass Sie Schwierigkeiten haben, routiniert und diszipliniert zu arbeiten, dann sollten Sie besser ein Angebot mit möglichst viel verpflichtender Präsenz buchen, das Ihnen einen Anreiz zur kontinuierlichen Arbeit gibt.

Es kommt auf SIE an!

Unabhängig davon, wo Sie letztlich landen, Sie sollten nie aus dem Blick verlieren, dass es auf SIE ankommt, auf Ihre Disziplin bei der Nacharbeit und beim Klausurenschreiben, Ihre Auseinandersetzung mit dem Stoff. Allein durch das Herumsitzen im Rep lernen Sie nichts, auch wenn Sie jeden Monat brav Ihre Kursgebühren entrichten.

Luisa:

> „Das Rep empfinde ich im Nachhinein als Selbstbetrug, weil man meint, man hätte etwas getan, letztlich ist es aber eine teure Berieselung. Das einzige, was gut daran ist, dass das Rep einem einen ganz klaren Fahrplan für den Lernstoff vorgibt."

Jan II:

> „Es ging mir vor allem darum, das durch das kommerzielle Repetitorium vermittelte Gefühl der Sicherheit zu bekommen, dass man fast alle examensrelevanten Probleme zumindest einmal gehört hat. Die inhaltliche Auseinandersetzung fand fast ausschließlich in Eigenarbeit statt, bei der ich mich aber auf die Fälle des Reps stützen konnte. In der Zeit des Repetitoriums habe ich weniger vor- und nachbereitet. Die inhaltliche Phase durch eigenes Erarbeiten kam eher nach Ende des Repetitoriums."

Vorsicht, unseriöse kommerzielle Angebote

Während der Arbeit an diesem Büchlein ging ein Jura Coaching Unternehmen durch die Presse. Die Geschichte ist wahrscheinlich schon wieder veraltet, wenn Sie dieses Büchlein zur Hand nehmen. Unabhängig davon ist bei der Auswahl kommerzieller Angebote Vorsicht geboten. Ein seriöses Repetitorium, das Ihnen den Stoff effektiv vermittelt, ist absolut sein Geld wert. Auch ein professioneller Coach mit entsprechender Ausbildung und Erfahrung ist eine gute Investition, wenn er Ihnen hilft, gelassener mit Leistungsdruck umzugehen oder ins Arbeiten zu kommen.

Sie sollten sich aber auch bewusst sein, dass das juristische Staatsexamen für viele Menschen ein Angstfaktor ist, und dass dies auch Leuten bewusst ist, die allein den eigenen Profit und nicht Ihr Wohl im Auge haben. Passen Sie also auf bei hochpreisigen Angeboten, die Ihnen Unrealistisches versprechen, ohne dass Sie etwas dafür tun müssen. Gegenüber der Ankündigung, Sie könnten sich allein mit der richtigen Einstellung das „VB" sichern, sollten Sie ähnlich skeptisch sein wie gegenüber einer E-Mail, die Ihnen verspricht, Sie könnten nach Teilnahme an einem dreitägigen Kurs nur mit der richtigen Einstellung reich durch Immobiliengeschäfte werden. Egal wie viel Angst Sie vor dem Examen haben: schauen Sie sich Angebote und Anbieter kritisch an, checken Sie deren Ausbildung und Erfahrungen, vereinbaren Sie Probestunden und lassen Sie sich nicht durch Äußerungen nach dem Motto „ohne uns werden Sie Ihr Examen nicht schaffen" oder „mach jetzt mit, ansonsten ist der Platz weg" unter Druck setzen. Generationen von Jurist*innen haben das Examen auch ohne solche Angebote geschafft und Sie schaffen es auch.

Examen ohne Repetitor

Für viele von Ihnen ist der kommerzielle Repetitor nicht finanzierbar oder lässt sich nicht mit familiären oder sonstigen Pflichten verbinden. Anderen liegt der Repetitor einfach nicht. Lassen Sie sich nicht entmutigen! Es geht auch ohne.

Christina I:

> *„Ich habe einmal bei kommerziellen Repetitorien probegehört, dies aber dann gleich als Examensvorbereitung ausgeschlossen, da es mir teils zu oberflächlich, teils zu unwissenschaftlich (und teils offensichtlich falsch) war, wie und was präsentiert wurde, außerdem wurde es dort nicht gerne gesehen, dass man Fragen stellt, sodass es für mich als Vorbereitungsmöglichkeit ausschied."*

Einige unserer Teilnehmenden haben die Vorbereitung ohne Repetitor gemeistert. Ich (Anne Sanders) habe das übrigens auch so gemacht und war sehr zufrieden. Ich habe von Anfang an in der Uni gut mitgearbeitet und habe während meiner Examensvorbereitung vor allem den Stoff der Vorlesungen wiederholt und ergänzt.

Wenn Sie Angst haben, dass Sie ganz allein nicht wissen, was Sie lernen sollen, dann nur Mut! Das lässt sich wirklich machen und es gibt inzwischen eine Menge Informationen dazu in Buchform und im Netz, insbesondere mit Lernplänen.

Annika:

"Besucht http://examen-ohne-rep.piranho.de/ wenn ihr euch für eine Vorbereitung ohne Repetitor interessiert."

Weitere Tipps finden Sie z.B. in folgenden Büchern:

te Haar/Lutz/Wiedenfels, Prädikatsexamen, 4. Auflage, 2016

Deppner/Feihle/Lehnert/Röhne/Wapler, Examen ohne Repetitor, 5. Auflage 2020

Berge/Rath, Examen ohne Repetitor, 2001

Ansehen sollten Sie sich die Angebote im Internet, z.B. auf iurastudent.com und jurexit.de. Hier finden Sie eine ganze Menge Informationen auch für die Vorbereitung in Lerngruppen einschließlich Lernpläne. Die meisten Unis stellen auch kostenlos Übersichten zum examensrelevanten Stoff zur Verfügung.[15]

Wenn man sich ein bisschen damit beschäftigt, sieht man schnell, dass es viele Angebote gibt und man von der Uni auch nicht allein gelassen wird.

Eine Vorbereitung ganz allein kann sehr gut zu Menschen passen, die unabhängig von anderen Konzepte durchdenken und verstehen müssen und mit Vorträgen im Rep oder Uni-Rep nichts anfangen können. Solche Typen – die man nach dem obigen Schema wahrscheinlich dem analytisch-logischen oder reflektierten Lerntyp zuordnen würde, machen sich gut als Einzelkämpfer. Trotzdem sollten auch Sie sich nicht gänzlich von anderen abschotten. Schließlich müssen Sie Ihre Lösungen immer anderen vermitteln, sei es in der Klausur, in der mündlichen Prüfung oder im Schwerpunkt. Auch eine Vorbereitung nur mit einer Lerngruppe kann sehr gut funktionieren, weil Sie hier Wissen anderen erklären müssen. Eine sehr effektive Lernmethode übrigens, weil man nur erklären kann, was man auch verstanden hat. Außerdem kann man sich so gegenseitig unterstützen und den Lernfortschritt gemeinsam überprüfen. Zur Lerngruppe finden Sie eine Menge in Kapitel 3.

Examinatorium an der Universität

Die Stimme der Prüferin:

"Es ist eine uralte Erfahrung: Studierende nehmen von allen Seiten gute und sehr schlechte Ratschläge an, nur nicht von ihren Professoren (oder ihren Eltern). Deshalb haben Argumente gegen den kommerziellen Repetitor selten eine Chance. Zu stark ist der Herdentrieb, zu groß die Sorge, man brauche den festen Rahmen, das zeitliche Korsett, die vorstrukturierte Stoffplanung und auch die Atmosphäre eines bootcamps. Dennoch: Es ist kaum zu bezweifeln, dass das Geschäftsmodell des Repetitors (ja, er ist Unternehmer, der Geld verdienen muss und will) auf der

---

15 Z.B. http://www.jura.uni-bielefeld.de/angebote/examinatoriumsbuero/dokumentenablage/gegenstandder pruefung.pdf.

> Angst der Studierenden vor dem Examen und dem Schreckgespenst der Stofffülle beruht. Außerdem ist es ganz sicher gefährlich, nur auf den kommerziellen Repetitor zu bauen und den Kontakt zur Universität zu vernachlässigen. Der Rep prüft nicht. Aus eigener Anschauung weiß er also gar nicht, was im Examen tatsächlich passiert und worauf es wirklich ankommt. Seine Informationen über Klausuren und mündliche Prüfungen hat er immer nur aus zweiter Hand und meistens aus Berichten der Examenskandidaten selbst, also nicht aus der Perspektive des Prüfers. Würden Sie sich bei der Vorbereitung einer schwierigen Bergtour ausschließlich auf einen „Bergführer" verlassen, der selbst noch nie eine Bergtour geleitet sondern nur Geschichten darüber gehört hat und diese weiter erzählt? Eigentlich liegt es auf der Hand: Suchen Sie den Kontakt zu Professoren und Praktikern, die tatsächlich in der ersten Prüfung aktiv sind. Nehmen Sie die zahlreichen Angebote der universitären Examensvorbereitung wahr, Examenskurs, Klausurenkurs, Simulation mündlicher Prüfungen. Das auch unter älteren Juristen weit verbreitete Vorurteil, die Universität leiste keine tragfähige Examensvorbereitung, ist längst überholt."

Christina I:

> „[...] Auch denke ich, dass das Uni-Rep die absolut richtige Wahl zur Examensvorbereitung war."

Praktisch alle Universitäten bieten heute ihre eigenen, kostenlosen Examinatorien an. Diese bieten ein Angebot für Studierende, die keinen kommerziellen Repetitor aufsuchen möchten, sich aber auch nicht ganz ohne Dozenten vorbereiten wollen.

Informieren Sie sich über das Angebot des Uni-Reps

Annika:

> „Schaut euch das Vorbereitungsprogramm der Uni zumindest an und rennt nicht gleich wie die Schafe zum kommerziellen Rep!"

Vielleicht finden sich an Ihrer Uni echte Juwelen, wie z.B. die Angebote des Uni-Reps in Münster, das umfangreiche Skripten anbietet und in dem die Dozent*innen umfassend evaluiert werden, HeidelPräp an der Uni Heidelberg mit Herrn Professor Lobinger oder z.B. der Repetentenkurs von Professor Schwab an der Uni Bielefeld. Barbara Dauner-Lieb liest das ganze Zivilrecht im Kölner Uni-Rep „aus einer Hand". Immer wieder gelobt werden auch die Podcasts von Professor Lorenz von der LMU.

Viele Uni-Reps bieten auch ein Probeexamen mit den Originalklausuren einer ganzen Kampagne, Vorträge der örtlichen JPAs zu häufigen Fehlern, mündliche Prüfungen zum Üben und Übungsvorträge an. Nehmen Sie sich in Ihrer Recherchephase am Anfang die Zeit, all diese Angebote auszukundschaften. Die Angebote sind leider nicht immer übersichtlich und professionell im Netz präsentiert, daher kann es Mühe machen, herauszufinden, was es gibt. Das kann sich aber wirklich lohnen!

Im Gegensatz zum kommerziellen Rep müssen Sie sich nicht kostenpflichtig anmelden und können die Angebote aussuchen, die Ihnen etwas bringen. Auffällig war in unserer Umfrage, dass viele Studierende einzelne Angebote des Uni-Reps gezielt aussuchten und erfolgreich für ihre Vorbereitung nutzten:

Ralf:

„Ich habe einzelne Kurse nach ihrer Qualität ausgewählt. Entscheidend war dafür letztlich der Referent und dessen zielführende Darstellung des Stoffs (positive Musterbeispiele: Prof. Bitter und Fritz von Mannstein an der Uni Mannheim)."

Aline:

„Ich habe alle Crashkurse vor dem Examen besucht, die von der Uni angeboten wurden. Dort wurde an einem Tag ein ganzes Rechtsgebiet durchgenommen und examensrelevante Fälle gelöst. Insbesondere im Europarecht, ZPO und StPO war das super, weil man das oft vernachlässigt beim Lernen und so zumindest das Wichtigste noch abgreifen konnte."

Probleme mit dem Uni-Rep

Eine ganze Reihe Teilnehmende machten im Uni-Rep allerdings schlechte Erfahrungen:

Patrizia:

„Examensvorbereitungskurs der Uni war leider nicht hilfreich, da eher wie eine Vorlesung aufgebaut, zum Teil zu dogmatisch, zum Teil wurde Unproblematisches zu ausführlich besprochen."

An den universitären Angeboten wurden ein zu häufiger Wechsel der Dozenten, der Ausfall von Stunden und die ungenügende Verzahnung der Inhalte bemängelt.

Kurt:

„Auch wenn bei XX nicht immer alles inhaltlich und dogmatisch perfekt ist, werden die Anforderungen an das Examen vermittelt, vor allem aber die Klausurenklassiker aufbereitet. Ein solches Konzept sucht man an der Uni vergeblich. Jeder Prof. macht das, was er für wichtig hält. So hat man manche Themen doppelt bearbeitet, andere gar nicht. Im Examen hilft breites Wissen, nicht unbedingt tiefes."

Als engagierte Dozentinnen bedauern wir diese schlechten Erfahrungen. Wir werden das an anderer Stelle thematisieren und versuchen, mit Ihrem Input die universitäre Lehre zu verbessern. Zur Ehrenrettung der Professorenschaft sollten Sie aber wissen, dass wir neben der Lehre eine ganze Menge andere Aufgaben übernehmen müssen, wie z.B. Univerwaltung, Doktorandenbetreuung und möglichst drittmittelfinanzierte Forschung. Engagement in der Lehre wird leider nicht überall so geschätzt, wie das nötig wäre.

Andererseits kann man auch aus den bestehenden Angeboten mehr machen, als es vielerorts geschieht. Wie auch im kommerziellen Rep liegt viel an Ihrem Engagement. Wenn Sie etwas nicht verstehen, fragen Sie nach! Beteiligen Sie sich aktiv! Damit haben Sie nicht selten faktisch einen Kleingruppenunterricht bei jemandem, der prüft, Klausuren stellt und meist ein ganz hervorragendes Examen hat.

Wissenschaft in der Examensvorbereitung – Fluch oder Segen?

Lukas:

„Bei einigen Dozenten im Uni-Rep besteht nach wie vor der Eindruck, dass diese zwischen ihrem wissenschaftlichen Interesse und dem Examensstoff nicht vollständig trennen können."

Ich verstehe, dass Sie die Fokussierung von Professor*innen auf Streitfragen, die sie persönlich interessieren, unsinnig finden. Allerdings ärgern sich korrigierende Professor*innen und Praktiker*innen sehr über Kandidat*innen, die offenbar auswendig gelernte Probleme und Stichworte abspulen, ohne mit dem Wortlaut und der Systematik des Gesetzes und dem Fall zu arbeiten, der da vor ihnen liegt. Punkte bekommen solche Klausuren oft trotz, nicht wegen den genannten Schlagworten, während Arbeiten mit guter, strukturierter Argumentation, die Systemverständnis und Methodenkenntnis zeigen, oft fantastische Noten bekommen, ohne dass die in Repetitorenunterlagen aufgezählten Details genannt werden. Wenn eine Professorin über ein Problem spricht, das sie interessiert, können Sie aus ihrer Herangehensweise sehr viel lernen, insbesondere wie man Argumente mithilfe der Auslegungsmethoden entwickelt. Sie können ohnehin nicht jedes Problem kennen, aber Sie können lernen, wie man mit einem Problem umgeht.

Florian:

„Systematisches Verständnis ist die halbe Miete. Spezialwissen wird überbewertet."

So wurde die wissenschaftliche Ausrichtung der Uni-Angebote auch durchaus gelobt:

Roman:

„Examenstutorium Zivilrecht. Dort wurde (ungefähr wöchentlich) über drei Stunden von einem hoch qualifizierten Habilitanden ein schwieriger Fall unter Berücksichtigung der größeren dogmatischen Zusammenhänge besprochen. Die dort erreichte dogmatische Tiefe gerade in Grundfragen wird im Repetitorium nicht hinreichend vermittelt."

Wenn Sie dogmatische Zusammenhänge verstehen, dann bringt Ihnen das nicht nur für einen Fall etwas, sondern ermöglicht Ihnen, Lösungen in einer Vielzahl von Fällen herzuleiten. Dogmatisches Verständnis ist deshalb nicht nur etwas für Nerds, sondern allgemeine Grundlage juristischer Arbeit.

Franziska:

„Keine Spezialprobleme lernen, sondern versuchen tiefergehendes Verständnis aufzubauen."

Aktives Lernen in Rep und Uni-Rep

Egal welche Angebote Sie für Ihre Vorbereitung nutzen, letztlich kommt es immer darauf an, was Sie daraus machen. Dazu gehört auch, ob und wie Sie sich aktiv beteiligen.

Interessant war, dass die Mehrheit unserer Teilnehmenden (118 von 145) in der Umfrage erklärten, sich in Rep oder Uni-Rep aktiv beteiligt zu haben. Nur eine Minderheit (28) gab an, lediglich auf gestellte Fragen geantwortet zu haben. Nur zum Spaß haben wir ausgerechnet, ob es eine Korrelation zwischen der Art der Beteiligung und Examensnote bei unseren Teilnehmenden gibt.

Aktive Beteiligung	Fragen beantwortet
Durchschnitt: 10,54	Durchschnitt: 9,22

Es ist klar, dass die Stichprobe sehr klein ist und dass unsere Teilnehmenden im Durchschnitt sehr schöne Examina abgelegt haben. Die Korrelation zwischen guten Noten und Beteiligung muss keine Kausalität sein. Trotzdem schadet es sicher nicht, sich ein paar Gedanken zum Thema aktive Mitarbeit zu machen.

Dass Personen, die sich oft melden, oft gute Examina machen, wird für viele von Ihnen vielleicht kein Wunder sein. Sie wissen sicher auch aus dem Studium und Rep, dass sich häufig starke Studierende zu Wort melden. „Wenn ich so gut wäre", denken Sie vielleicht, „würde ich mich auch trauen, mich zu melden". Haben Sie aber mal überlegt, dass diese Studierenden auch deshalb gut sind, weil sie sich melden?

Lassen Sie sich nicht unter Druck setzen. Dass der Zwang zum Reden im Hörsaal großen Druck ausüben kann, weiß man von US Law Schools, wo es im Rahmen der „Sokratischen Methode" üblich ist, Studierende über die als Hausarbeit zu lesenden Fälle zu befragen, ohne dass sie sich gemeldet haben (so genanntes „Cold calling").[16] Lassen Sie sich aber ermutigen, sich zu Wort zu melden. Denn das führt dazu, dass Sie in der Stunde wach bleiben und den Stoff gleich aktiv wiederholen und damit viel besser behalten. Damit nutzen Sie die Stunde viel besser! Außerdem schult das kleine (oder große) eingebaute Stressmoment Sie für die mündliche Prüfung.

---

16 Vgl. dazu *Kathryn M Young*, How to be sort of happy in Law School, 2018, 210 ff.

Jens:

„Aktive Beteiligung ... hat erhebliche Vorteile und sollte von jedem in der Examensvorbereitung präferiert werden. Unklarheiten werden an Ort und Stelle ausgeräumt, man ist gezwungen, in der Diskussion auch dem Dozenten Rede und Antwort zu stehen. Man verteidigt seine Ansicht vor vielen Leuten und bereitet sich dabei automatisch zugleich auf die mündliche Prüfung vor..."

Und machen Sie sich keine Sorgen, dass ein*e Dozent*in schlecht über Sie denken könnte, wenn Sie etwas nicht wissen oder falsch verstanden haben. Selbst wenn es sich dabei um echte Basics handelt: Er oder sie hat garantiert schon Schlimmeres gehört. Als Dozent*in ist man froh, dass jemand lernen möchte. Und selbst wenn die Person unwirsch und unhöflich sein sollte (auch wenn das nicht passieren sollte, auch solche Leute haben mal einen schlechten Tag, das liegt im Zweifel nicht an Ihnen, wenn Sie sich um ein Minimum an Höflichkeit bemühen), er oder sie hat es innerhalb kürzester Zeit vergessen. Glauben Sie uns, auch das stimmt! Und Sie können sich ein bisschen emotionale Hornhaut (oder auch „resilience") zulegen und sich freuen, dass Sie den Fehler in der Veranstaltung und nicht in der Klausur oder mündlichen Prüfung gemacht haben. Geben Sie sich für jedes Mal, wenn Sie eine Frage stellen oder eine Antwort geben, ein Sternchen (wenn Sie sowas mögen) – egal, ob Sie richtig oder falsch lagen.

Selbst wenn Sie aber nicht reden wollen, bleiben Sie wach und aktiv in Rep und Uni-Rep, sonst bringt es nichts und ist teure oder kostenlose Berieselung. Denken Sie mit! Wie wäre z.B. der vorliegende Fall bei einer leichten Abwandlung zu lösen? Fällt Ihnen ein weiterer Beispielsfall ein, in dem das gerade besprochene Konzept in einem anderen Kontext auftaucht? Wenn Sie sich nicht trauen, Fragen zu stellen, schreiben Sie diese auf und schauen Sie am Ende der Stunde, ob alles geklärt ist. Wenn nicht, fragen Sie die Dozentin oder den Dozenten. Wenn Sie während einer ganzen Stunde gar keine Fragen entwickeln sollten, dann überlegen Sie mal kritisch, ob Sie gedanklich dabei sind.

Ach ja, und Handy im Unterricht ausschalten! Ältere Menschen, und das sind Dozent*innen meist, finden es unhöflich, wenn Sie in ihrer Gegenwart auf dem Smartphone tippen. Abgesehen davon, dass wir es nervig finden, Fragen von Menschen zu beantworten, die uns offensichtlich nicht zuhören. Ihr Hirn kann sich nicht auf zwei Sachen gleichzeitig konzentrieren – glauben Sie es uns, das ist wissenschaftlich belegt.[17] Wenn Sie aus der Stunde etwas mitnehmen wollen, dann seien Sie konzentriert. Wenn Sie die ganze Zeit chatten, können Sie sich die Stunde auch sparen, Sie verschwenden so Ihre Zeit. Nutzen Sie Ihre Arbeitszeit fürs Lernen und die Freizeit zum Austausch mit anderen, dann haben Sie für beides genug Zeit. Work hard, play hard, nicht work kind of hard, play kind of hard. Mehr Tipps dazu gibt es in den folgenden Kapiteln.

Wenn Sie sich nicht konzentrieren können beim langen Sitzen (wie viele kinästhetische Lerntypen), dann versuchen Sie es mit einem Stressball, den Sie drücken. Oder, wenn es gar nicht geht, setzen Sie sich an die Tür und gehen Sie kurz raus, um sich zu strecken.

---

17 Vgl. dazu mit Nachweisen *Kathryn M Young*, How to be sort of happy in Law School, 2018, 215 ff.

Wenn Sie leise sind und niemanden stören, hat der Dozent in einer größeren Gruppe sicher nichts dagegen.[18] Machen Sie das aber nur, wenn es Ihnen hilft, sich besser zu konzentrieren.

Finden Sie Ihren persönlichen Coach

Unabhängig davon, ob Sie ins Repetitorium oder ins Uni-Rep gehen oder ganz ohne Unterstützung lernen, kann ein persönlicher „Coach" Sie unterstützen:

Die Stimme der Prüferin:

„Suchen Sie sich einen Coach, der Sie in der Phase der Examensvorbereitung unterstützt, berät und vor allem ermutigt. Das kann ein Professor aus dem universitären Examenskurs sein, ein Assistent, ein Referendar, ein Anwalt oder Richter, eine Tante oder eine Cousine mit juristischer Vorbildung, jedenfalls jemand, der das erste Examen bereits erfolgreich hinter sich gebracht hat. Das Wichtigste ist, dass dieser Mensch Sie unbeirrbar aufbaut und dabei unterstützt, Ängste und Sorgen abzubauen. Er sollte fachlich so kompetent sein, dass er auch zu inhaltlichen und methodischen Fragen auf Augenhöhe mit Ihnen sprechen und auch Ratschläge geben kann, welche Schwerpunkte zu legen sind, was wichtig ist, wo man den Mut zur Lücke haben muss. Er sollte Humor haben und Noten nicht allzu wichtig nehmen. Im Idealfall hat der Coach selbst Erfahrungen als Prüfer. Nur wer selbst prüft, kann realistisch und verlässlich darüber Auskunft geben, worauf es wirklich ankommt und worauf nicht."

Crashkurs: Rep, Nicht-Rep oder Uni-Rep

- Sehen Sie den Gang zum kommerziellen Repetitorium nicht als Automatismus an, sondern treffen Sie eine bewusste, eigenverantwortliche Entscheidung, wie Sie sich vorbereiten wollen.
- Informieren Sie sich sorgfältig über die Angebote kommerzieller Repetitorien und des Uni-Reps in Ihrer Stadt.
- Wenn Sie sich für einen Anbieter interessieren, hören Sie unbedingt Probe, schauen Sie sich Materialien an und überlegen Sie, ob der Zeitplan, die Dozent*innen und die Herangehensweise zu Ihren Bedürfnissen und Erwartungen passen.
- Passen Sie auf, dass Sie nicht an ein unseriöses Angebot geraten. (Teure) Wunder kann niemand versprechen.
- Egal welches Angebot Sie nutzen: es kommt auf Ihre Arbeit an. Beteiligen Sie sich am besten aktiv im Unterricht.

---

18 Dieser Tipp kommt aus *Kathryn M Young*, How to be sort of happy in Law School, 2018, 215.

2 Rep, Nicht Rep, Uni-Rep

- Ein persönlicher Coach in Ihrem Umfeld, der Sie aufbaut und unterstützt, kann Ihnen helfen, egal wie Sie sich sonst vorbereiten.

3 Kaffeekränzchen oder Trainingsgruppe

Gibt Antworten auf die Fragen: Was bringt eine private Lerngruppe, wie viele Teilnehmende sollte so eine Gruppe haben? Was sind sinnvolle AG-Aktivitäten?

Die Stimme der Prüferin:

„Einer für alle, alle für einen; geteiltes Leid ist halbes Leid. Der Einzelkämpfer gerät immer in die Gefahr, wunderlich zu werden und den Bezug zur Realität zu verlieren. Ein gutes Trainingsteam kann das Durchhalten und den Erfolg maßgeblich befördern. Nichts spricht dagegen, regelmäßig zusammen Kaffee zu trinken, Sport zu treiben, ins Kino zu gehen, sich gegenseitig aufzubauen (Dramaqueens und -kings sind nicht förderlich). Sehr viel mehr kann man aus „seiner Gruppe" herausholen, wenn man tatsächlich diszipliniert, strukturiert und regelmäßig miteinander arbeitet. Vieles kann sinnvoll sein: Diskussionen über die aktuellen Klausuren, die man im Klausurenkurs geschrieben hat, arbeitsteilige Auswertung der aktuellen Rechtsprechung anhand von Zeitschriften, arbeitsteilige Aufarbeitung bestimmter Probleme, die man nicht verstanden hat oder die man für besonders examensrelevant hält. Wichtig sind ein klarer Zeitrahmen, eine faire Aufgabenverteilung und ein respektvoller Umgang."

Eine Lerngruppe kann Ihnen aktiven Austausch mit anderen und dadurch große Fortschritte beim Lernen ermöglichen. Viele Teilnehmende (88 von 171) unserer Umfrage haben es zumindest einmal mit einer Lerngruppe versucht. Eine Lerngruppe kann aktivieren und motivieren. Im Kontext unserer während der Corona-Krise durchgeführten Umfrage „Lernen in der Krise"[19] berichtete uns

Elli:

„Mich motiviert meine Lerngruppe ungemein und jetzt ohne sie zu lernen ist schwieriger."

Da hat Elli sicher Recht. Positive persönliche Kontakte sind eine wichtige Grundlage für Produktivität und Erfolg.[20] Im Gegensatz zur verbreiteten Auffassung, dass egoistische Einzelkämpfer am erfolgreichsten im „Kampf ums Überleben" sind, legen neuere Forschungen nahe, dass man selbst sehr erfolgreich ist, wenn man mit anderen geht. Faszinierend z.B. die Studie, nach der ein Berg, den wir besteigen wollen, uns 10-20% kleiner erscheint, wenn wir ihn mit anderen zusammen betrachten.[21]

---

19 Dazu auch die Tipps auf http://www.jura.uni-bielefeld.de/lehrstuehle/sanders/Lernen_in_der_Coronavirus-Krise.
20 *Shawn Achor*, The Happiness Advantage, 2010, 171 ff = Das Happiness-Prinzip, 2020.
21 Vgl. *Shawn Achor*, Big Potential, 2018, 31.

3 Kaffeekränzchen oder Trainingsgruppe

Die Größe der Lerngruppe lag nach unserer Umfrage zwischen zwei und fünf Personen, wobei Gruppen mit drei Mitgliedern am häufigsten waren. Größer als fünf sollte eine Gruppe sicher nicht sein, weil sonst nicht jeder ausreichend drankommt.

Die meisten Lerngruppenpartner*innen kannten sich bereits vorher. Das ist verständlich. Wer will schon mit wildfremden Menschen zusammen lernen und dabei vielleicht sogar Einblick in die eigenen Schwächen geben? Andererseits kann es eine Gruppe sehr bereichern, wenn jemand dazukommt, der einen komplett anderen Blick auf die Sache hat. Gute Tipps für die private Lerngruppe, einschließlich Lernplänen und einer AG-Börse, die Teilnehmende vermittelt, finden sich auf jurexit.de.

Nützliche Aktivitäten in der Lerngruppe

Was macht man nun in so einer AG? Hierzu gibt es in der Literatur,[22] aber auch von unseren Teilnehmenden eine Menge Vorschläge. Typische Aktivitäten waren das gemeinsame Lösen oder Besprechen von Fällen.

Bettina:

„1x pro Woche Privat-AG: Den vorbereiteten Fall haben wir durchgesprochen und Probleme/Fragen aus der täglichen Lernerei geklärt."

Jennifer:

„Jede Woche waren 2 Leute mit ‚Vorbereiten dran'; sie haben den anderen dann mitgeteilt, welchen Fall sie behandeln werden und die anderen konnten sich zu Hause Gedanken machen, wie man den Fall lösen könnte. In der AG wurde der Fall dann vollumfänglich besprochen."

Beliebt war aber auch die Besprechung neuer Rechtsprechung.

Til:

„Wir haben aktuelle Rechtsprechung aus einer Ausbildungszeitschrift abwechselnd vorbereitet, dann gegliedert und die Lösung kritisch besprochen. Nach ca. 4 Monaten hatten wir die Rechtsprechung der letzten 2 Jahre besprochen. Das war extrem hilfreich denn 3 (!) von 6 Klausuren basierten auf Fällen aus der Zeit."

Es kam aber auch vor, dass neuer Stoff durch ein Mitglied der Lerngruppe vorbereitet und vermittelt wurde:

---

22 Tipps für die Privat-AG: *Thorsten Deppner/Prisca Feihle/Matthias Lehnert/Cara Röhner/Friederike Wapler,* Examen ohne Repetitor, 5. Aufl. 2020; *Barbara Lange,* Jurastudium erfolgreich, 8. Aufl. 2015, 307 ff.; *Philipp ter Haar/Carsten Lutz/Matthias Wiedenfels,* Prädikatsexamen, 4. Aufl. 2016, 49 ff. Schauen Sie auch unter jurexit.de.

Dr. B.:

„Jeder musste abwechselnd ein bestimmtes Thema vorbereiten (z.B. Bereicherungsrecht, GoA, EBV oder Kaufrecht). Dies sollte diskutiert werden: anhand von kleineren Fällen und Aufzeigen von Problemen."

Jens:

„Grundsätzlich erhielt jeder vorab ein Thema zur Vorbereitung. Die Themen wurden so vergeben, dass jeder im Wesentlichen auf dem Stand war, die Themen der anderen entweder nicht oder nur ansatzweise zu kennen. Beim Treffen wurde das Thema mit Eingangsvortrag erörtert und gewissermaßen von demjenigen, der es erarbeitet hatte, den anderen erklärt. Hierfür verwendeten wir kleine Handouts mit Merklisten, die im Anschluss jeder durchgehen konnte, um sich die Eckpunkte in jedem Fall einzuprägen."

Irma:

„Die Vorbereitung der Lerngruppe beschränkte sich bei uns grundsätzlich auf das Bereitstellen der Infrastruktur, d.h. Fälle mit Lösungen zum jeweiligen Thema der Stunde herauszusuchen. Gelöst haben wir die Fälle dann spontan ohne Vorbereitung und gemeinsam im gegenseitigen Austausch. Anderen Charakter hatte dies z.B. im Umwelt- oder Europarecht, da wir jeweils einen der beiden Schwerpunkte besucht hatten und entsprechend jeweils eine von uns beiden einen gewissen Vorteil hatte. Hier gab es natürlich eine größere Hierarchie und wir haben uns gegenseitig in einem klassischen Schülerin-Lehrerin-Verhältnis unterrichtet."

Bei diesem Ansatz lernt übrigens der Lehrende am meisten. Ich (Anne Sanders) weiß aus eigener Erfahrung, dass ich nie ein Gebiet so schnell und umfangreich verstehe, wie wenn ich es unterrichten muss. Learning by Teaching, könnte man sagen. Wer seinen Freunden etwas so erklären will, damit sie es verstehen, muss es zunächst selbst verstanden haben. Daher profitiert in einer Lerngruppe auch nicht notwendig der Schwächste am meisten, sondern die Person, die am meisten erklärt.

Jens:

„Was man überdacht und diskutiert hat, bleibt wesentlich leichter im Gedächtnis. Neues im Examenskurs oder aus Büchern, Urteilen etc. aufnehmen und sofort einem anderen erklären. Dabei ist entscheidend, dass man sich wirklich mit Sinn und Zweck, etwa einer gerichtlichen Entscheidung, im System des jeweiligen Rechtsgebiets auseinandersetzt und im Anschluss beim Lehren der dritten Person eben nicht nur das einzelne Problem, sondern immer das dahinterstehende System nahebringt... Gemeint ist, dass man einmal ein Problem erlernt, das nächste Mal lehrt, das nächste Mal diskutiert etc."

3 Kaffeekränzchen oder Trainingsgruppe

Aus den Antworten unserer Teilnehmenden bekommt man den Eindruck, dass viele davon profitierten, aufgetretene Fragen gemeinsam zu besprechen und zu diskutieren. Das liegt ja auch nahe: Weder im Rep noch im Uni-Rep wird meist viel diskutiert. Dafür sind die Gruppen entweder zu groß oder es fehlt der Mut (was schade ist). Wer eigene Gedanken formulieren muss, der durchdringt sie ganz anders, vor allem wenn er ein sozialer oder linguistischer Lerntyp ist.

Julius:

„Als besonders wertvoll empfand ich, im Rahmen der privaten Arbeitsgemeinschaft offene bzw. aufgetretene Fragen aus allen anderen Bereichen (Klausuren, Einzelvorbereitung) aufgreifen und diskutieren zu können."

Sophia:

„Jeder hat zu Beginn eine Frage gestellt, die ihm im Rahmen der eigenen Arbeit aufkam. Wir haben es besprochen und der Fragensteller sollte aufgrund unseres Gespräches nochmal recherchieren und zu Beginn der nächsten Stunde das Ergebnis präsentieren."

Tanja:

„Wir haben Stoff gemeinsam durchgesprochen, den wir vorher parallel eigenständig erarbeitet haben."

Außerdem kann man so schon etwas für die mündliche Prüfung lernen, und das tut gerade scheuen Typen gut. Die mündliche Prüfung sollte nicht der erste Termin sein, in dem Sie mit anderen über Jura reden! Zur Vorbereitung der mündlichen Prüfung in der AG kommen später noch eine Reihe guter Tipps.

Max I berichtet, was in seiner AG gemacht wurde:

„Gegenseitig Stoff abgefragt: So konnten viele Missverständnisse aufgedeckt werden."

Letzteres ist natürlich besonders gut! Wird ein Missverständnis so von einem Lerngruppenpartner aufgedeckt und geklärt, ist das viel besser, als wenn das in der Klausur passiert. Zu solchen „Missverständnissen" gehört es übrigens nicht nur, wenn man etwas wirklich falsch verstanden hat, sondern auch, wenn man es nur so halb verstanden hat und innerlich herumeiert, wenn man das Konzept auf andere Fragestellungen anwenden muss. Seien Sie dankbar, wenn man Ihnen hilft, solche Missverständnisse aufzudecken und auszuräumen! Geben Sie sich für jedes Missverständnis, das Sie klären konnten, eine kleine Belohnung. Sie haben einen Schritt nach vorne gemacht!

Unsere Teilnehmenden hatten aber auch eine Menge andere Ideen:

Friederike:

„Gemeinsam Zusammenfassungen erstellt (nach §§ sortiert und problematisiert, viele Tabellen/Schemata)."

Juliane:

„Gemeinsam Stoffgebiete durchgesprochen und Karteikarten auf ‚Vollständigkeit' überprüft."

Luisa I:

„Wir haben uns immer ein Rechtsgebiet vorgenommen und dieses dann durchgesprochen, Fragen gestellt, Argumente für ‚Klassiker-Probleme' besprochen und geguckt, ob wir es nicht nur auswendig wissen, sondern die Argumentation auch wirklich verstehen."

Gemeinsam lernen nach dem Rep

Viele schilderten positive Erfahrungen, wenn die AG nach dem Ende des Kurses beim Repetitor begonnen wurde.

Lukas:

„Die Privat-AG hat erst stattgefunden, nachdem schon alle Teilnehmer ihr Rep abgeschlossen hatten. Die Kombination aus eigenem Lernen und Privat-AG hat es ermöglicht, nach Abschluss des Reps den ganzen Stoff noch einmal zu wiederholen und entsprechend zu vertiefen."

Christine:

„Wir sind den gesamten Examensstoff zusammen durchgegangen und haben alle Probleme durchdiskutiert. Einer hat immer eine Mitschrift angefertigt und sie dann an die anderen geschickt. Den Stoff hatten wir immer alle jeweils alleine vorbereitet. Er war aber nie ‚neu', weil wir die Lerngruppe erst nach Schluss des Reps angefangen haben. Dabei haben wir auch aktuelle Rechtsprechung besprochen, wenn wir etwas zum gerade aktuellen Thema gefunden hatten."

3 Kaffeekränzchen oder Trainingsgruppe

Eva:

„Nach der Rep-Phase (zu dritt): den gesamten Stoff im ‚Turbo-Rep' noch einmal wiederholt, bzw. auf die wichtigsten Prüfungsschemata, Definitionen und Probleme zusammengefasst."

Rabea:

„Nach dem Uni-Rep haben wir zunächst detailliert geplant, wann wir was wiederholen wollen. In der Regel haben wir uns entweder 5 x 5 Stunden die Woche getroffen oder 3 Tage die Woche à 8 Stunden, wo wir Fälle gemacht haben, uns zu bestimmten Themen abgefragt haben (z.B. beim Spazieren gehen), neue Erkenntnisse geteilt haben und etwaige Fragen, die dem anderen beim Wiederholen aufgetaucht sind, gemeinsam gelöst. Zudem haben wir eine Woche ‚Strafrechtlerncamp' auf Föhr gemacht."

Klausurenschreiben

Eva:

„In der Rep-Phase (zu zweit): gemeinsam Fälle gelöst (ohne Vorbereitung) und die Lösung des Klausurenkurses mit unserer verglichen."

Super ist die Lerngruppe aber auch, um gezielt am Klausurenschreiben zu arbeiten. Korrigieren Sie Ihre Klausuren gegenseitig, das ist ein klassischer Tipp unserer Prüferin. Seien Sie möglichst konstruktiv, äußern Sie alles, was Ihnen an der Klausur des Gegenübers auffällt, positiv und negativ. Überlegen Sie, ob Sie verstehen, was der andere da schreibt. Wenn nicht, sagen Sie das ehrlich. Ist die Argumentation lückenlos und überzeugend? Das bedeutet nicht, dass alles gelehrt und geschraubt klingen soll, oder dass die Sätze lang sind, im Gegenteil! Entscheidend ist, ob da jemand eine Argumentation entwickelt, in der ein Gedanke an den anderen gereiht wird wie Perlen auf einer Schnur. Oder hat die Argumentation Lücken, weil Zwischenschritte in der Kette Obersatz, Voraussetzungen, Subsumtion, Ergebnis ausgelassen werden? So nehmen Sie die Rolle des*der Korrektors*in ein und schärfen den eigenen Blick für das, was funktioniert und was nicht.

Vor der mündlichen Prüfung

Gut ist es auch, die AG kurz vor der mündlichen Prüfung zu nutzen, indem man Prüfungen simuliert und Vorträge übt. Einzelheiten dazu im Kapitel zur mündlichen Prüfung.

Gegenseitige Kontrolle und Unterstützung

Man kann die Lerngruppe auch zur **gegenseitigen Kontrolle des Lernfortschritts nutzen**. Positive Peer-Pressure kann eine gute Sache sein, wenn man engagierte Leute um sich herum hat, die einen anspornen, auch selbst sein Bestes zu geben. Man kann sich z.B. über den Tag hinweg zum Pausenchatten verabreden, gemeinsam Konzentrationsapps nutzen, auch wenn jeder bei sich zu Hause lernt (oder in der Corona-Krise zu Hause lernen muss) und sich dabei motivieren und Arbeitszeiten vergleichen. Das sollte aber nicht in ewig lange Chats ausarten, sondern zu diszipliniertem Arbeiten anhalten. So kann man die soziale Kontrolle schaffen, die einem sonst in dieser Situation fehlt. Das ist eine gute Übung für Leute, die einen „Tritt in den A…" brauchen. Leute, die sich sowieso ständig vergleichen und in Panik verfallen, sollten aber vorsichtig sein, dass sie ihren Stress nicht noch steigern.

Probleme mit der Lerngruppe

Es wurde allerdings auch über Probleme mit der Privat-AG berichtet. Entsprechend war es eine der Vorbereitungstechniken, die am häufigsten aufgegeben wurde. Die Gründe dafür waren vielfältig. Manche erkannten, dass sie nicht der Typ für eine solche AG sind:

David:

„Dies war für mich wenig sinnvoll, da ich ein ‚Einzellerner' bin und aus der Lösung anderer für mich wenig ableiten und gewinnen kann."

Bei einigen wurde offenbar zu viel gequatscht und zu wenig getan:

Alexander I:

„Die private Arbeitsgemeinschaft wurde eingestellt, nachdem die Liebe der Teilnehmer zum geselligen Beisammensein die Motivation überwog, für das Examen zu lernen."

Dominik:

„Private AG: Verkommt zu leicht zu einer gegenseitigen psychologischen Unterstützungsgruppe ohne erkennbaren Erkenntnisgewinn."

Auch hier muss man abschätzen, was man möchte. Gegenseitige Unterstützung kann ein wichtiger Bestandteil einer Lerngruppe sein und ist gerade sozialen Menschen wichtig. Nicht selten erwähnten unsere Teilnehmenden Lerngruppenpartner als wichtige moralische Unterstützung. Wenn die Gruppe am Anfang also etwa 10 Minuten erstmal Dampf ablässt, dann ist das sicher in Ordnung. Man sollte allerdings darauf achten, dass die Lerngruppe der Arbeit dient und nicht nur ein Alibi-Termin ist, mit dem Sie sich selbst was vormachen. Dann seien Sie lieber ehrlich und machen Sie mit Ihren Freunden etwas wirklich Schönes in Ihrer Freizeit. Aus einem US-amerikanischen Lernbuch für Law School Studierende[23] stammt der Tipp, in der AG reihum einen „Taskmaster" zu bestimmen, des-

---

23 *Kathryn M Young*, How to be sort of happy in Law School, 2018, 232.

sen Aufgabe es ist, die Teilnehmenden, wenn nötig, wieder zur Ordnung und zum Thema zurückrufen.

Dazu ein Tipp von Louis II:

„Wir haben bewusst die gemeinsame Zeit auf 60-90 Minuten begrenzt. Eine bewusste Zeitbeschränkung hat dann für Disziplin – und keine endlosen Diskussionen – gesorgt."

Andere Probleme stellten sich, wenn man sich über das Konzept uneins ist oder zu große Leistungsunterschiede bestehen. Der unterschiedliche Wissensstand muss kein Hindernis sein. Wie gesagt, man lernt durch das Lehren eine Menge. Wenn die Unterschiede und das Engagement aber zu unterschiedlich sind, kann das stören.

Andreas:

„Die AG haben wir mehr aus Zeitmangel abgebrochen. Aber auch, weil wir uns über das Konzept uneins waren."

Antonia:

„Wir waren nicht im selben Repetitorium oder nicht auf demselben Stand, sodass es nicht so hilfreich war."

Auch in Sachen Privat-AG lohnt es sich also, kritisch zu sein. Vereinbaren Sie vorher, was Sie machen wollen und scheuen sie sich nicht, die AG zu verlassen, wenn es „nichts bringt". Völlig zu Recht betont jurexit.de die Bedeutung **offener Kommunikation** in einer AG. Schwierigkeiten müssen offen angesprochen werden können, das sollte man von vornherein klarstellen. Da sich vielleicht nicht jeder traut, Probleme von sich aus anzusprechen, schadet es vielleicht nicht, wenn man einmal im Monat eine Feedback-Runde vorsieht, in der jeder sagt, was für ihn oder sie gut läuft und wo man noch besser werden kann. „Nett und konstruktiv im Ton, klar in der Sache" sollte das Motto in der Gruppe immer lauten! Es hat keiner etwas davon, wenn alle unzufrieden sind und sich keiner traut, etwas zu sagen.

Lange empfiehlt, dass die Teilnehmenden einer Lerngruppe vorher einen **Vertrag** miteinander schließen und darin vereinbaren, was wie oft gemacht wird.[24] Von US-Law Schools hört man, dass diese Art Verträge offenbar teilweise sogar Schadensersatzklauseln für den Fall enthalten, dass in der Gruppe gemeinsam entwickeltes Material mit anderen geteilt wird.[25] (Und Sie dachten, nur unter deutschen Jurastudenten gäbe es Konkurrenzdenken?!) Ein solcher Vertragsschluss ist vielen von Ihnen sicher zu kompliziert. Es schadet aber nicht, wenn man sich vorher gemeinsam Gedanken gemacht hat, welche Ziele wer mit der Lerngruppe verfolgt, wie oft man sich treffen möchte, dass man Probleme offen

---

24 *Barbara Lange*, Jurastudium erfolgreich, 8. Aufl. 2015, 326 f.
25 *Kathryn M Young*, How to be sort of happy in Law School, 2018, 230.

ansprechen können muss und wieviel Vorbereitung ungefähr erwartet wird. Außerdem sollte man sich auch bereits im Vorfeld darüber verständigen, dass es in Ordnung ist, wenn man die Lerngruppe verlässt, wenn sie einem nichts bringt. Das sollte übrigens erst dann erfolgen, wenn man für die Gruppe übernommene Aufgaben erledigt hat. Andere hängen zu lassen, die sich auf Sie verlassen, ist kein schöner Zug.

Crashkurs: Lerngruppe

- Versuchen Sie es mit einer privaten Lerngruppe, in der Sie gemeinsam arbeiten und sich aktiv mit dem Stoff auseinandersetzen.
- Gründen Sie eine Lerngruppe mit ca. drei bis fünf Mitgliedern entweder mit Kommiliton*innen, die Sie schon kennen, oder suchen Sie Mitglieder über eine Lerngruppenbörse oder einfach ein schwarzes Brett.
- Informieren Sie sich über mögliche gemeinsame Aktivitäten und entscheiden Sie, was Sie machen möchten. Gute Optionen sind:
  - Examensrelevante Rechtsprechung besprechen
  - Gemeinsame Falllösung
  - Gegenseitiges Korrigieren von Klausuren
  - Erarbeitung neuen Stoffs, der reihum von einem Mitglied erklärt wird
  - Besprechen von Fragen, die beim Lernen aufgetaucht sind
  - Vorbereitung auf die mündliche Prüfung (dazu später mehr)
- Schauen Sie, dass jeder ins Reden kommt, erklärt, Fragen stellt und beantwortet.
- Einigen Sie sich gemeinsam über Herangehensweise und tauschen Sie sich über Ihre Erwartungen aus.
- Pflegen Sie offene, respektvolle Kommunikation.
- Verlassen Sie eine Lerngruppe, wenn Sie Ihnen nichts bringt.

4 Der Weg zur Superklausur

Gibt Antworten auf die Fragen: Warum ich nur schreiben sollte, was ich auch wirklich verstanden habe. Warum Struktur und Arbeit am Gesetz so wichtig sind. Mit Tipps erfahrener Prüfer*innen. Wie viele Probeklausuren sollte ich schreiben? Wie lerne ich optimal aus meinen Fehlern (auch wenn sich das blöd anfühlt)?

Dieses Kapitel interessiert Sie sicher besonders. Wir haben hier mehrere Perspektiven zusammengetragen, von uns, von den Prüfungsämtern und einem weiteren Prüfer. Es gibt in diesem Kapitel ein paar Wiederholungen, aber wir wollten die Teile auch nicht beschneiden, damit Sie drei komplette Perspektiven erfahren können. Wenn ein Punkt mehrfach auftaucht, können Sie noch sicherer sein, dass er wichtig ist. Zum Eingang ist es vielleicht ein Trost, dass 63 % der Teilnehmenden die Klausuren so fanden wie erwartet, während sie 22 % leichter und 15 % schwerer fanden als erwartet.

Wie entsteht eine Examensklausur? Hat das Prüfungsamt ein System?

Wenn man Examenskandidaten hört, die sich über Klausuren und das JPA unterhalten, hat man manchmal den Eindruck, das JPA würde jede Klausur mit jeder anderen abstimmen und dabei ein ausgeklügeltes bzw. perfides System verfolgen. Wenn drei Mal Kaufrecht gelaufen ist, so eine Überlegung, müsse doch jetzt Sachenrecht drankommen. Bitte vergessen Sie solche „Kaffesatzleserei". Es ist völlig egal, was in der Kampagne vorher gelaufen ist, die Prüfungsämter haben kein geheimes System, Klausuren auszuwählen. Die einzige Grenze ist der Prüfungsstoff.

Die Stimme der Prüferin:

> *„Die meisten Examensklausuren stammen aus den juristischen Fakultäten. Die Professor*innen werden regelmäßig angefragt, ob sie bereit sind, zu bestimmten Terminen eine Klausur zu entwerfen. Aus den verschiedenen Bereitschaftserklärungen ergibt sich dann ein Jahrestableau. Schon deshalb liegt es auf der Hand, dass es keine „unsichtbare Hand" gibt, die steuernd dafür sorgt, dass in jedem Termin ein ausgewogener Mix verschiedener Themen geprüft wird. Natürlich sollen die für einen bestimmten Termin angefragten Kollegen untereinander absprechen, dass sie nicht identische Probleme zum Gegenstand ihrer Aufgabenstellung machen, es kann aber durchaus vorkommen, dass in einem Termin zweimal Schuldrecht gefragt ist und im nächsten Termin ein weiteres Mal der Vertrag mit Schutzwirkung zugunsten Dritter. Jegliches Nachdenken, was wohl im nächsten Termin dran kommt, ist reine Spekulation. Gewisse Rückschlüsse lassen sich freilich aus den Interessen der Professorenschaft einer bestimmten Prüfungsregion ziehen: wenn Sie in einem Gebiet geprüft werden, in dem es mehrere engagierte und prüfungsaktive Arbeitsrechtler gibt, dann sollten Sie im Arbeitsrecht nicht auf Lücke setzen.*

Wie erstellt man nun als Professor*in eine Examensklausur? Ich notiere mir laufend praktische Konstellationen, die ich selbst erlebe, von denen ich in der Zeitung lese oder über die man mir erzählt, wenn ich den Eindruck habe, dass sie juristisches Potenzial haben. Ich bleibe mit meinem Auto in der Waschanlage stecken, auf einer Wanderung in den Alpen gerate ich in einer Hütte in Bettwanzenalarm, auf den Poller Wiesen hat es eine Hundebeißerei gegeben, auf einer Abi-Finanzparty wurde eine kostbare Lederjacke gestohlen. Diese vom praktischen Leben inspirierten Fälle sind spannend und praxisnah, weil sie der Realität des Amtsrichters sehr nahekommen. Sie sind aber auch besonders herausfordernd, weil es für diese Konstellationen noch keine ausgetretenen Lösungswege gibt, die die Kandidat*innen irgendwann schon einmal betreten haben könnten.

Wenn die Zeit knapp ist (und wann ist sie das nicht), gerät man leicht in Versuchung, einen Fall in Anlehnung einer aktuellen höchstrichterlichen Entscheidung zu stricken, den Sachverhalt ein wenig abzuhandeln und mit Zusatzaspekten anzureichern. Auf dieser Neigung beruht das Geschäftsmodell der RÜ, wobei die Kandidat*innen meist nicht berücksichtigen, dass die Aufgabenstellung sich ganz bewusst nie mit dem Sachverhalt der höchstrichterlichen Entscheidung decken wird.

Schließlich gibt es die klassische Problemklausur, bei der um bestimmte, häufig altbekannte Probleme (die Anfechtbarkeit der bereits ausgeübten Innenvollmacht) eine Geschichte herumgestrickt wird. Mit etwas Erfahrung im Klausurenschreiben erkennt man diese Klausuren meist daran, dass der Sachverhalt reichlich konstruiert wirkt.

Meist macht sich der Aufgabensteller ziemlich genau Gedanken, was er erwartet, was gezeigt werden soll, welche Aspekte angesprochen werden müssen, um ein ausreichend zu erreichen und welche Qualitäten eine Prädikatsklausur haben sollte. So sehr man sich auch bemüht hat, so gründlich das Prüfungsamt auch noch einmal überprüft und nachgedacht hat, es kommt immer wieder vor, dass die Kandidat*innen ganz andere Lösungswege finden, als man sich vorgestellt hat, auf Anknüpfungspunkte kommen, die man selbst für abwegig hält. Was wirklich in einer Klausur drinsteckt, kann man erst halbwegs verlässlich sagen, wenn sie von mehreren Personen wirklich ausgearbeitet worden ist, ohne Hilfsmittel. Das ist aber bisher nicht vorgesehen, obwohl man sich schon vorstellen könnte, dass jede Examensklausur zunächst einmal von einem Mitarbeiter des Prüfungsamtes oder von einem anderen Professor zur Probe geschrieben wird. Mein Leitspruch, dass die Kandidat*innen nicht können müssen, was ich selbst nicht kann, und nichts wissen müssen, was ich im Privatrecht nicht weiß, wird wahrscheinlich nicht von allen Prüfern geteilt."

Was macht eine gute Klausur aus?

Die Stimme der Prüferin:

„Im mündlichen Examen frage ich zum Einstieg oft, was eigentlich ein Gutachten sei und welche Funktion es habe. Bevor diese Frage Eingang in die Protokolle fand, löste sie bei den Kandidaten blankes Entsetzen aus. Sie waren es gewohnt, im Gutachtensstil zu arbeiten, sie kannten – etwas überspitzt – gar kein anderes Format als das Gutachten, sie hatten aber nicht darüber nachgedacht, was sie da eigentlich machen und warum. Unsere französischen Kollegen nehmen die deutsche Fixierung auf den Gutachtenstil übrigens gern auf den Arm und meinen, dass der deutsche Jurist überhaupt nichts zu Papier bringt, wenn man ihm den Gutachtenstil wegnimmt.

Wenn Sie gute Klausuren schreiben wollen, müssen Sie eine Vorstellung davon haben, was ein gutes Gutachten ist. Dafür brauchen Sie eine Vorstellung von der Funktion des Gutachtens in der professionellen juristischen Arbeit. Das Gutachten im Studium und in der Prüfung ist nämlich letztlich die Simulation einer professionellen Situation. In so gut wie allen juristischen Berufen werden permanent gutachterliche Stellungnahmen erarbeitet, nur nicht immer ganz so formalisiert wie im Studium und in der Referendarzeit.

Das Gutachten hat das Ziel, einen juristischen Fachkollegen verlässlich darüber zu informieren, welche Rechtsprobleme ein bestimmter Sachverhalt aufwirft und welche Lösungsoptionen in Betracht kommen, meist schließt sich ein eigener Lösungsvorschlag an. Diese eigene Auffassung ist aber deutlich weniger wichtig als die Herausarbeitung der Problemstellung, der verschiedenen Lösungsoptionen und der Argumente pro und contra, denn über die Lösung soll ja noch diskutiert werden, etwa in einem Spruchkörper.

Wenn Sie sich beim Schreiben von Klausuren vor Augen führen, dass es um die Simulation einer professionellen Situation geht, haben Sie auch die Antwort auf die Frage, was eine gute Klausur ist: Gute Kommunikation fachlich überzeugender Überlegungen zu einer bestimmten Fragestellung an einen Kollegen, der sein Handwerk versteht. Er will keine theoretischen Vorträge über theoretische Probleme, er will eine Stellungnahme zu einem konkreten Fall, über die man diskutieren kann, ohne selbst noch einmal in die Quellen einsteigen zu müssen. Zu lang ist lästig, lästig ist auch, wenn Unerhebliches oder ganz Fernliegendes breitgetreten wird. Die Rückbindung an das Gesetz ist wichtig, denn daraus ergibt sich die Legitimation einer Lösung, Verständlichkeit ist wichtig, Vollständigkeit ist wichtig.

Nach meiner Erfahrung haben fast alle Prüfer aus der Praxis (und das sind eben die meisten) einen ganz festen inneren Maßstab: Nicht ausreichend ist ein Kandidat dann, wenn man ihn noch nicht für befähigt hält, im Referendardienst eine Akte eigenständig zu bearbeiten und zur Vorbereitung einer Beratung eine solide gutachterliche Stellungnahme zu erarbeiten. Überdurchschnittlich bewertet wird eine Leistung, wenn man dem Autor zutraut, als Referendar nicht nur Arbeit zu machen, sondern bereits Arbeit wegzuschaffen."

Die fünf Gebote der Klausurenbearbeitung „in a nutshell"

Die Stimme der Prüferin:

„Passen in die Jackentasche, schützen vor typischen, ganz unnötigen Fehlern und sollten vor jeder Klausur durchgelesen werden.

1. Lesen Sie den Sachverhalt sorgfältig! Lesen Sie ihn noch einmal! Beachten Sie wirklich alle Besonderheiten des konkreten Falles. Achten Sie auf Daten und Zeitangaben, sie haben fast immer eine Bedeutung. Verwechseln Sie nicht die Personen. Machen Sie nicht aus einem F eine F (in einer Examensklausur über einen sehr ungeschickten Verkehrsunfall machten mehrere Kandidaten aus dem Fahrer K eine Fahrerin K, daraus könnte man wenig schmeichelhafte Rückschlüsse ziehen). Von einem Juristen wird erwartet, dass er konkrete zwischenmenschliche Konflikte mit rechtlichen Mitteln wissenschaftlich tragfähig und praktisch überzeugend lösen kann. Über nichts ärgert sich der Prüfer mehr, als wenn der Sachverhalt missverstanden oder nicht ausreichend ausgeschöpft wird.[26] Achten Sie unbedingt auf Prüfungshinweise in der Aufgabenstellung! (Wenn danach gefragt ist, welche Ansprüche der V, der möglicherweise Eigentümer eines Grundstücks ist, im Hinblick auf die Eintragung des K im Grundbuch hat, dann ist § 894 BGB zu prüfen und nicht § 985 BGB. Wenn das Prüfungsamt in freundlicher Fürsorge vermerkt, dass GoA und cic nicht zu prüfen sind, dann sind entsprechende Anspruchsgrundlagen nicht zu prüfen, Ausführungen dazu sind überflüssig, wenn nicht sogar falsch. Wenn die Aufgabenstellung einen Hinweis enthält, dass die §§ 701 ff. BGB nicht zu prüfen sind, dann sollte man das dankbar hinnehmen.)

2. Die Kernkompetenz des Juristen liegt nicht darin, bekannte Fälle zu reproduzieren, sondern unbekannte Fälle überzeugend zu lösen. Kramen Sie daher nicht in Ihrem Gedächtnis, ziehen Sie nicht voreilig die Schlussfolgerung, dass ein bestimmtes Problem im Fall vorkommt. Arbeiten Sie sich ganz behutsam und demütig an die Fragestellungen des konkreten Falls heran. Sehr häufig liegen die Dinge anders, als sie bei erster Annäherung aussehen. Lösen Sie vor allem nicht Probleme, die der Fall gar nicht aufgeworfen hat. Und denken Sie immer daran: Die klare Herausarbeitung des Problems ist wichtiger als die Lösung und Theorien zur Lösung! Wenn klar ist, wo das juristische Problem liegt, dann liegen die in Betracht kommenden Lösungsoptionen meistens schon auf der Hand.

3. Vermeiden Sie ein schematisches Abklappern von Aufbauschemata. (Ganz schrecklich: „Anspruch entstanden, Anspruch untergegangen, Anspruch durchsetzbar"[27] oder „dieser Anspruch müsste entstanden, nicht erloschen und durch-

---

[26] Ergänzung von *Anne Sanders*: Bitte verwechseln Sie nicht ein Nacherzählen des Sachverhalts mit Auswertung und Subsumtion.

[27] Ergänzung von *Anne Sanders*: Das kann man natürlich als Merkposten im Kopf haben, aber dann prüft man z.B. den Vertragsschluss, die Unmöglichkeit bzw. die Einrede der Verjährung nach dem Gesetz. Bitte schreiben Sie nicht „Der Anspruch müsste durchsetzbar sein. Durchsetzungshindernisse sind nicht ersichtlich, daher ist der Anspruch durchsetzbar". Entweder ist das so unproblematisch, dann lassen Sie es weg, oder es ist es nicht, dann ist es zu knapp.

setzbar sein". Noch schlimmer: „Vertrag, Vertrauen, Gesetz". Völlig sinnfrei: „Ein Anspruch könnte sich aus § 179 BGB ergeben, wenn dessen Voraussetzungen vorliegen") Setzen Sie auf das juristische Handwerkszeug! Gehen Sie immer (!) von Wortlaut und Systematik des Gesetzes aus. Wenn Sie die „innere Grammatik" des Gesetzes verstanden haben, ergibt sich ein sinnvoller Aufbau von selbst. Verwenden Sie den genauen Gesetzeswortlaut. Beginnen Sie mit der Rechtsfolge einer Norm und zwar genau so, wie sie im Gesetz formuliert ist. Suchen Sie nicht künstlich nach sprachlichen Variationen. Der gesetzliche Wortlaut hat hohe Legitimationskraft. Bei der Auslegung des Wortlautes sollen sie dann selbstverständlich eigene Formulierungen verwenden. Die Rechtsfolge des § 142 BGB ist eben die Nichtigkeit und nichts anderes! (Falsch daher: „V muss sich an seiner Willenserklärung nicht festhalten lassen, wenn es zur Anfechtung gekommen sein sollte." Ganz schlimm: „Die Stellvertretung könnte angefochten worden sein" oder „wegen Anfechtung ist die Stellvertretung unwirksam") Die Rechtsfolge von § 164 BGB ist, dass eine im Namen des Vertretenen mit Vertretungsmacht abgegebene Willenserklärung für und gegen den Vertretenen wirkt. (Unpräzise und gefährlich daher: „Die Willenserklärung des Vertreters ist dem Vertretenen zuzurechnen", mit einem so unscharfen Obersatz wird man das Problem der Anfechtbarkeit der bereits ausgeübten Innenvollmacht wahrscheinlich nicht in den Griff bekommen.) Der nächste Satz ist dann ganz einfach: Das setzt voraus, dass der Vertreter eine Willenserklärung im Namen des Vertretenen und mit Vertretungsmacht abgegeben hat (Ganz überflüssig: „Dann müssten die Voraussetzungen der Stellvertretung erfüllt sein." Klausurenkitsch: „Dann müsste das Offenkundigkeitsprinzip gewahrt sein." Meistens überflüssig: Ausführungen zur Abgrenzung von Vertreter und Bote, Botenschaft ist selten.) Arbeiten Sie sich dann allmählich zu den Problemen des konkreten Falles vor. Es ist wie in der Matheklausur im Abi, es zählt nicht das Ergebnis, sondern der Rechenweg. Überschätzen Sie nicht die Bedeutung von Meinungsstreitigkeiten und Theorien! (Ganz schrecklich: „Da alle Meinungen zum gleichen Ergebnis kommen, ist ein Streitentscheid entbehrlich"). Bilden Sie klare juristische Obersätze, die sich aus Wortlaut und Systematik des Gesetzes ergeben (meistens Indikator unscharfen Denkens: „fraglich ist, wie der Umstand zu bewerten ist…" Oder „fraglich ist, wie es sich auswirkt").

Eine Geschmacksfrage – „Streitstände" in der Klausur: Das Format der Klausur beruht auf der Prämisse, dass das Gutachten ohne Hilfsmittel mithilfe des juristischen Handwerkszeugs aus Wortlaut und Systematik des Gesetzes entwickelt wird. Das erklärt, dass man von Ihnen die Fähigkeit erwartet, unbekannte Fälle zu lösen, möglicherweise auch noch auf der Grundlage bisher unbekannter Normen. Es geht nicht darum, dass Sie Wissen wiedergeben. Gefragt ist vielmehr die Fähigkeit zur Transferleistung, Sie müssen in der Lage sein, auf der Grundlage Ihres Wissens und Ihrer Erfahrung für Sie ganz neue Problemstellungen zu bewältigen.

Das Postulat der Lösbarkeit von Aufgabenstellungen im Examen nur mithilfe des Gesetzes und der Methodenlehre ist freilich oft Fiktion. In vielen Bereichen ist das Recht so stark von der höchstrichterlichen Rechtsfortbildung geprägt, dass man allein mit dem Gesetz kaum zu den Problemen des Falles vordringt. So bildet etwa der Wortlaut des Bereicherungsrechts kaum das ab, was man für eine tragfähige Lösung bereicherungsrechtliche Konstellationen braucht. Jeder weiß, man muss also doch eine ganze Menge wissen. Nach meiner Wahrnehmung sollte man vor allem die wichtigsten Meilensteine der höchstrichterlichen Rechtsprechung in den zentralen Bereichen kennen.

Die berühmt-berüchtigten „Streitstände", die verschiedenen Optionen, vom Schrifttum zur Lösung bestimmter Probleme entwickelt worden sind, werden nach meiner Wahrnehmung von den Studierenden häufig überschätzt, jedenfalls für das Zivilrecht.[28] Sie sind wichtig für Probleme, die von der höchstrichterlichen Rechtsprechung noch nicht entschieden worden sind, denn dann soll der BGH ja noch überzeugt werden. Hat der BGH einmal gesprochen, ebbt der Streit allmählich ab, Roma locuta, causa finita. In der akademischen Lehre werden solche Streitstände dann freilich häufig noch Jahrzehnte weiter tradiert, obwohl längst klar ist, was im konkreten Fall vor Gericht jeweils herauskommen würde. Wir Prüfer nennen das „alte Hündchen". Deswegen schließen sich dann ja auch die meisten Kandidat*innen in der Klausur der Linie des BGH an, meist mit der etwas irritierenden Formel „die besseren Argumente streiten für die zweite Auffassung".

Wenn Sie in der Klausur tatsächlich auf ein Problem stoßen, zu dem es einen Meinungsstreit gibt, der noch halbwegs relevant ist (das kommt viel seltener vor, als Sie denken), dann müssen Sie erst einmal präzise juristisch das Problem herausarbeiten. Im Hinblick auf die Problemlösung haben Sie dann stilistisch zwei Optionen. Nach meiner Einschätzung entspricht es dem Format der Klausur besser, überhaupt keinen Streit und Auffassungen zu erwähnen, denn sie können ja keine Quellen zitieren, ohne Fußnoten ist der Hinweis auf eine Auffassung auch nicht mehr als ein mehr oder weniger verlässlicher Erinnerungsfetzen. In der Regel ist es daher ansprechender, wenn sie die verschiedenen Optionen abstrakt mit Argumenten entfalten, um sich dann für eine Option zu entscheiden, für die sie möglichst noch ein Abschlussargument zurückgehalten haben. Insbesondere unter dem stilprägenden Einfluss von Repetitor und Klausurenkurs verwenden freilich viele Kandidat*innen das Muster des Streitstandes (dieses Problem ist streitig, eine Auffassung, eine andere Auffassung, ein Streitentscheid ist entbehrlich…). Ich bemerke das sicherlich nicht als falsch, einfach weil es inzwischen so weit verbreitet ist, dass man den Kandidat*innen keinen Vorwurf machen kann. Aber meist wirkt es wie ein Snapshot aus Beck-online, es werden Textbausteine zusammengesetzt, ohne ausreichenden Bezug zum Fall. Die Formulierung „Streitenscheid" ist ohnehin methodisch äußerst angreifbar, denn Sie werden ja diesen Fall nun ganz

---

28 Ergänzung von *Anne Sanders*: Wie auch immer Sie mit „Streitständen" umgehen, bitte verwechseln Sie solche rechtlichen Fragen zum Verständnis von Tatbestandsmerkmalen nicht mit einer Situation, in der es mehrere Möglichkeiten bei der Interpretation des vor Ihnen liegenden Sachverhalts bei der Subsumtion gibt. Wenn Sie z.B. erörtern, ob ein konkreter Vertrag knebelnde Wirkung hat, dann diskutieren Sie keinen „Meinungsstreit". Formulierungen wie „ein Streitentscheid ist erforderlich" passen da ganz und gar nicht. Schließlich streiten sich Canaris und Co. allenfalls über die abstrakten Voraussetzungen der Sittenwidrigkeit, nicht ob diese in Ihrem Fall vorliegen.

gewiss nicht entscheiden. Im Detail ist freilich Fingerspitzengefühl erforderlich und manchmal werden die Kandidat*innen auch überfordert.

Kürzlich habe ich eine Klausur korrigiert, in der eine GbR im Mittelpunkt stand. In der Lösungsskizze wurde die Frage der Teilrechtsfähigkeit mit einem Satz abgehandelt. In sämtlichen Arbeiten, die ich korrigiert habe, wurde aber mehr oder weniger gelungen nun die unfassbar unübersichtliche Diskussion über die Teilrechtsfähigkeit die GbR vor dem Urteil Weißes Roß angesprochen. Wir haben das natürlich nicht als falsch beurteilt, obwohl sich dadurch eine vom Aufgabensteller nicht geplante Schwerpunktveränderung ergab. Aber gerade diese Konstellation zeigt, dass es ausnahmsweise auch sinnvoll sein kann, schlicht darauf zu verweisen, dass der BGH nach langer Diskussion etwas in einer bestimmten Weise entschieden hat. Vorzugsweise ist ein ausdrücklicher Hinweis auf den BGH nach meiner Einschätzung auch dann, wenn im Gesetz einfach keine Anhaltspunkte für die derzeitige Linie vorhanden sind. Beim Vertrag mit Schutzwirkung zugunsten Dritter kann man dem Gesetz einfach nicht entnehmen, welche Voraussetzungen der BGH statuiert hat. Die deliktische Produzentenhaftung (Hühnerpest), kann man aus dem bloßen Wortlaut des § 823 BGB beim besten Willen nicht entnehmen.

4. Zu einer gelungenen Klausur gehört eine sachangemessene Schwerpunktbildung. Überflüssiges ist falsch, das war zu meiner Studienzeit eine ganz klare Regel. Heute ist man etwas toleranter. Trotzdem: Breiten Sie nicht breit aus, was offensichtlich unproblematisch ist. Haken Sie nicht ausführlich eine Fülle von Punkten ab, die in dem Fall keine Rolle spielen. Der Handlungswille spielt in Klausuren nie eine Rolle, das Erklärungsbewusstsein nur selten und dann bildet es auch einen Schwerpunkt des Falles. Wenn der Sachverhalt klar vom Abschluss eines Kaufvertrages spricht, dann besteht keinerlei Anlass, theoretische Ausführungen zum Zustandekommen dieses Kaufvertrags, zu übereinstimmenden Willenserklärungen, Angebot und Annahme, essentialia negotii, zu machen. Das kostet Sie kostbare Zeit und auch Ihren Leser. Sparen Sie Ihre Energie für die wirklichen Probleme des Falles!

5. Vertiefen Sie die wirklichen Probleme des Falles. Vermeiden Sie ein Verharren in formaler oder begrifflicher Argumentation. Definitionen geben selten befriedigende Antworten, sie enthalten meist Kurzantworten für bekannte Probleme, haben aber kaum Aussagekraft für neue Probleme. Breiten Sie keine abstrakten „Theorienstreitigkeiten" aus, die Sie möglicherweise gar nicht richtig verstanden haben und deren Bedeutung für konkrete Aufgabenstellung möglicherweise begrenzt ist. Fragen Sie nach teleologischen Gesichtspunkten! Suchen Sie Argumente pro und kontra. Versuchen Sie – so schließt sich der Kreis –, wieder auch ganz pragmatisch die Besonderheiten des Falles in die Argumentation einzubringen. Trauen Sie Ihrem Judiz und Ihrer Fantasie. Wenn Ihnen spontan ein Argument einfällt, schreiben Sie es hin. Ein nicht überzeugendes Argument ist immer noch besser als gar keine Begründung.

PS. Zur äußeren Form der Klausur: Eine leserliche Handschrift erfreut den Korrektor, auch wenn er das offiziell nicht zugeben wird. Auch für den Korrektor ist Zeit die wichtigste Ressource, er möchte den großen Stapel in einem angemessenen Zeitfenster effizient bewältigen. Wenn er sich mit einer Arbeit nur deshalb überdurchschnittlich lang beschäftigen muss, weil es ihm schwerfällt, angesichts des Schriftbildes überhaupt zum Content vorzudringen, kann das gewisse Irritationen auslösen, die geeignet sind, das selbstverständlich vorhandene Grundwohlwollen ein wenig zu trüben. Im Klartext: Eine unleserliche Handschrift nervt! Die Prüfer wissen natürlich, dass die Kandidat*innen heute kaum noch mit der Hand schreiben und dementsprechend wenig Übung haben. Dennoch freuen Sie sich über eine auch optisch ansprechende Arbeit. Zu einer gelungenen äußeren Form gehört auch eine leserfreundliche Gestaltung der einzelnen Seiten. Eine Klausur ist kein modernes Kunstwerk. Daher sollte man nicht nach jedem Satz eine neue Zeile anfangen oder einen Absatz machen. Gewünscht ist ein ansprechender Fließtext, in dem ein Absatz nur gemacht wird, wenn ein neuer Gedanke thematisiert wird. Auf der Stelle zwischen äußerer Form und inhaltlicher Qualität liegt die Gliederung. Eine zu kleinteilige Gliederung erinnert an eine Checkliste, trägt aber zu professioneller Kommunikation nichts bei. Zu viele Zwischenergebnisse stören den Gedankenfluss und führen zu Redundanzen, die viel Zeit kosten und dem Prüfer keine zusätzlichen Erkenntnisse vermitteln."

Was sagen die Prüfungsämter zur guten Klausur?

Wir haben Prüfungsämter zum Thema Klausuren befragt. Hier sind Fragen und zusammengefasste Antworten, wobei die Prüfungsämter allerdings betonten, dass es natürlich immer auf die Klausur im Einzelfall ankomme und solche allgemeinen Aussagen mit Vorsicht zu behandeln sind:

Was macht eine gute Klausur aus?

- Klare, stringente Gedankenführung und problemorientierter Aufbau. Schlüssige, nachvollziehbare Argumentation. Vermeidung von Widersprüchen in Argumentation und Aufbau.
- Arbeit am Gesetz: Saubere Subsumtion unter die einzelnen Tatbestandsmerkmale, vollständiges Zitieren der Normen (Absätze/Sätze), Gutachtenstil.
- Schwerpunktsetzung: d.h. Bedeutung/Schwierigkeit der Probleme angemessen beachten.

Welche typischen Fehler sollte man vermeiden?

- Unzureichende Subsumtion, d.h. keine sorgfältige Arbeit am Gesetz.
- Mängel im Bereich des Gutachtenstils.
- Fehlende Berücksichtigung des Bearbeitervermerks.

- Widersprüche in Aufbau und Argumentation.
- Übersehen/Übergehen von Problemen, die im Aufgabentext angelegt sind, unzureichende Auswertung des Sachverhalts.
- Verkennung/Missachtung grundlegender Prinzipien, z.B. Abstraktionsprinzip.

Worauf sollte man bei der Vorbereitung achten?

- Zum einen muss der Prüfungsstoff selbst beherrscht werden.
- Zum anderen ist die Übung des Klausurenschreibens selbst erforderlich, insbesondere das Zeitmanagement.
- Sichere Kenntnisse der Grundlagen und Prinzipien des jeweiligen Rechtsgebiets.
- Beherrschen der juristischen Methodik.
- Einzelne Urteile sollen nicht auswendig gelernt werden. Nur wenige Grundlagenurteile muss man gut kennen. Im Übrigen sollen Urteile als Beispiele für juristische Probleme und ihre Lösung durch Anwendung der juristischen Methodik behandelt werden.

Merkmale einer guten Examensklausur von einem erfahrenen Prüfer aus der Praxis

Außerdem hat ein erfahrener Prüfer und Ausbilder in einem Interview seine Erfahrungen zur Verfügung gestellt.

Zeiteinteilung

Zunächst einmal muss eine Klausur **vollständig bearbeitet** werden. In der Regel sollte man ca. 1 bis 1,5 Stunden für die Erstellung der Lösungsskizze und ca. 3,5 bis 4 Stunden für das Schreiben der Klausur veranschlagen.

Schwerpunktsetzung

Besonders wichtig ist bei jeder Klausur die **Schwerpunktsetzung**. Die Probleme (und nur die!), die der Sachverhalt aufwirft, sollen bearbeitet werden. Unproblematisches soll kurz abgehandelt werden, Problematisches dagegen ausführlich diskutiert werden. Schwerpunkte können auch im hinteren Teil einer Klausur liegen, nicht nur vorne, also bei der Zeiteinteilung aufpassen.

Als Tipp wird empfohlen, die Schwerpunkte separat auf der Lösungsskizze aufzuschreiben und bereits behandelte Probleme abzuhaken.

Damit man in Sachen Schwerpunktsetzung gleich richtig einsteigt, empfiehlt der Prüfer, **Sachverhalt und Aufgabenstellung** genau zu lesen. Glauben Sie uns, das ist der wichtigste Schritt in der ganzen Klausur! Die Aufgabenstellung muss genau mit Blick auf die Frage erfasst werden, „Was will der Aufgabensteller?"

Der Prüfer empfiehlt daher, wie folgt an den Aufgabentext heranzugehen:

1. Bearbeitervermerk genau lesen, damit man nicht in die Irre läuft und sich keine Gedanken über Probleme macht, auf die es gar nicht ankommt.
2. Aufgabenstellung lesen, ohne zu markieren.
3. Aufgabenstellung lesen und erst jetzt ggf. markieren.

Weiteres

Als weitere zentrale Merkmale einer guten Examensklausur hob der Prüfer hervor: **Argumentationsfähigkeit, Grundlagenverständnis** und **leserliche Handschrift**.

Häufige Fehler

Als typische Fehler sprach er vor allem Fehler bei der Sachverhaltsauswertung an. Schwierig wird es, wenn der Bearbeitervermerk nicht beachtet wird oder der Prüfling meint, der Fall sei bekannt, und eine Lösung abspult. Kleine Änderungen im Fall können erhebliche Auswirkungen für die Lösung haben, daher sollte man auch, wenn der Fall bekannt zu sein scheint, genau und ordentlich Schritt für Schritt arbeiten. Ziel einer Examensklausur ist die Lösung eines juristischen Falles unter Anwendung des Handwerkszeugs, nicht nur das Ergebnis hinzuschreiben. Darum hat jemand, der die Frage: „Hat A einen Anspruch gegen B auf Herausgabe des Autos?" einfach mit „Ja" beantwortet, die Aufgabe nicht gelöst, auch wenn das Ergebnis von der Rechtsprechung des BGH nahegelegt wird. Wenn im Sachverhalt etwas offen sein sollte, muss er lebensnah ausgelegt werden. Nicht den Sachverhalt überdehnen! Als Fehler nannte der Prüfer auch, wenn Ausführungen gemacht und Fragen diskutiert werden, die für den Fall nicht relevant sind.

Der Klausurenkurs: Die wichtigste Art der Vorbereitung

Das Klausurenschreiben ist wesentlicher Teil der Examensvorbereitung, da sind sich unsere Befragten einig. Die Antwort auf die Frage, welcher Lernansatz unseren Befragten am meisten geholfen hat, spricht für sich:

4 Der Weg zur Superklausur

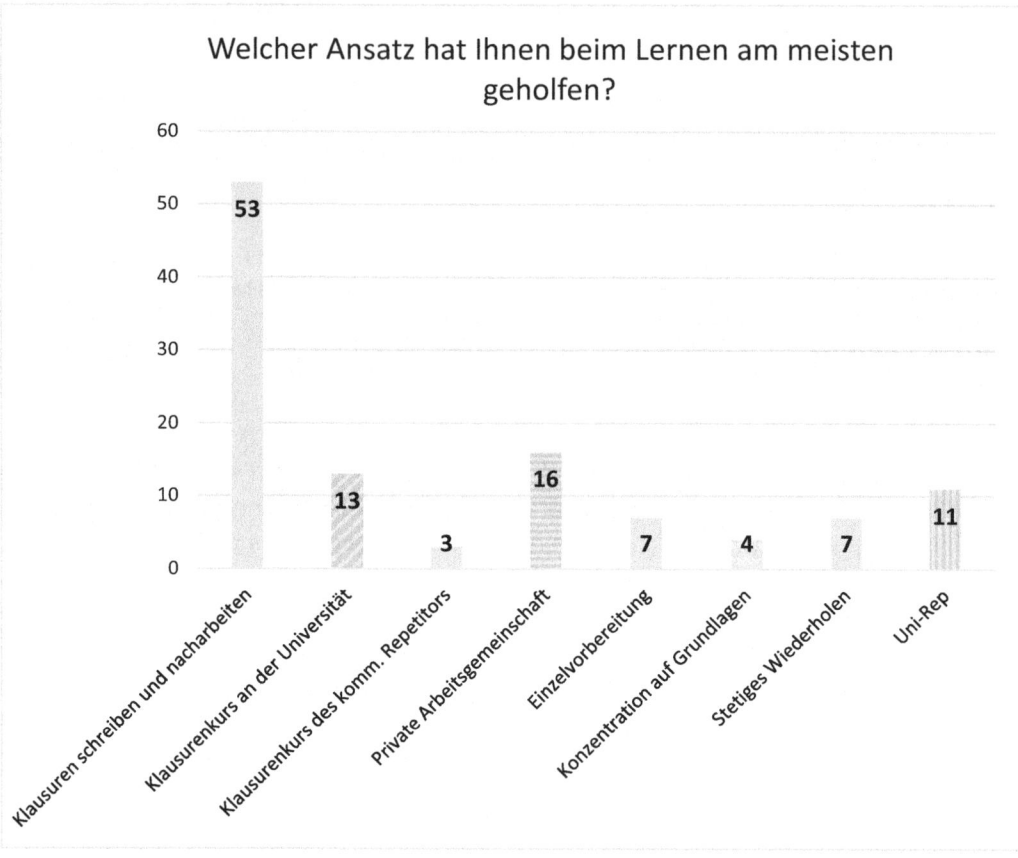

Dies zeigte sich auch in den ausformulierten Antworten zur Frage, welche Lernstrategie am meisten gebracht hat:

Katharina III:

„Klausurenschreiben – Übung der Zeiteinteilung und Formulierung des Gutachtens, Blick für das Wesentliche schulen."

Max II:

„Natürlich sind alle Teile für den Examenserfolg maßgeblich, ich würde aber bewusst den Klausurenkurs hervorheben, da man dadurch das juristische Handwerkszeug erst einübt und lernt, ‚größere' Fallgestaltungen in wenig Zeit methodisch zu lösen."

Auch unter den Tipps für die gute Vorbereitung tauchte das Klausurenschreiben immer wieder auf:

Anja:

„Ganz viele Klausuren schreiben, mindestens aber zweimal die Woche. Das Gelernte anwenden, sei es durch Fallübung oder Besprechung. Das Gelernte gut strukturieren und zusammenfassen."

Andreas:

„Der Klausurenkurs war ... wichtig, um Routine im Ausformulieren zu gewinnen."

Jan B.:

„Jede Menge Klausuren schreiben ist das A und O. Auch wenn man keine Ahnung von der Lösung hat – lieber probieren als aufgeben. Denn sich auch an dieses Gefühl völliger Hilfs- und Ahnungslosigkeit zu gewöhnen und eine gesunde Portion Kaltschnäuzigkeit zu entwickeln, ist der beste Schutz davor, bei den Klausuren in Panik zu geraten."

Die Bedeutung des Klausurenschreibens als Vorbereitungstechnik wird auch von empirischen Studien bestätigt. *Towfigh/Traxler/Glöckner* haben eine Untersuchung am JPA Hamm durchgeführt mit Studierenden der Universitäten Bochum, Bielefeld und Münster.[29] Danach steigt statistisch gesehen mit der Zahl der geschriebenen Probeklausuren auch die Note im Staatsexamen.

Warum ist der Klausurenkurs wichtig?

Klausurenschreiben ist das, was man im Examen im schriftlichen Teil von Ihnen erwartet. Wenn Sie also gut Klausrenschreiben können wollen, dann müssen Sie das üben, genauso wie eine Schwimmerin, die vor einem Wettkampf viele Bahnen im Pool drehen muss. Dabei besteht aber die Besonderheit, dass die Schwimmerin genau weiß, was sie im Wettkampf tun muss und daher genau diesen Schwimmstil über diese Strecke üben kann. Sie dagegen bekommen immer wieder neue Fälle, mit denen Sie immer neu umgehen müssen. Sie müssen also beweglich im Kopf bleiben. Einige Konstellationen (sog. „Examensklassiker") kommen aber immer wieder und diese können Sie im Klausurenkurs kennenlernen.

Eva zur Frage der für sie hilfreichsten Vorbereitung:

„Für mich war es der Klausurenkurs, da ich hier gelernt habe, juristisch zu argumentieren und zu differenzieren und problembewusst zu arbeiten. Außerdem habe ich durch meine 70 Klausuren aus allen Themenbereichen die wichtigsten Probleme einmal gesehen."

---

29 *Towfigh/Traxler/Glöckner*, ZDRW 2014, 8, 12 ff.

Dass Klausurenschreiben nützlich ist, legen auch die Erkenntnisse der allgemeinen Lernforschung nahe. Die Fähigkeit zu Transferleistungen ist ausgesprochen schwierig zu unterrichten. Wenn Sie Probeklausuren schreiben, machen Sie aber genau das, was im Examen auch von Ihnen verlangt wird. Sie arbeiten mit dem, was Sie in der Klausur auch haben, mit dem Gesetz. Sie können das erworbene Wissen also gut auf die Prüfungssituation transferieren.[30] Außerdem sind das eigene Entwickeln und Herleiten von Wissen sowie das Testen von Wissen deutlich effektiver als das wiederholte Durchlesen des Stoffs. Selbst wenn Sie an einem Problem arbeiten, von dem Sie überhaupt keine Ahnung haben, schult das ungemein, weil Sie in verschiedene Richtungen denken müssen.[31]

Aber es gibt auch andere Beispiele. Manche Befragten aus der Kategorie theoretisch Lernender schrieben nur wenige Klausuren und waren trotzdem erfolgreich.

Julia II:

„Klausurenkurs:
hat mir persönlich wenig gebracht,
ich hatte von Anfang an wenig Probleme mit dem Klausuren schreiben,
die Zeit war für mich besser in die Erarbeitung des Stoffes investiert,
Klausuren, zu deren Inhalt ich den Stoff noch nicht erarbeitet hatte, haben mich sehr demotiviert."

Auch ein langjähriger Freund von mir (Anne Sanders), der in beiden Examen der Beste in seinem Bundesland war, schrieb kaum Probeklausuren, weil er am besten durch die Lektüre von Großlehrbüchern über juristische Probleme nachdenken konnte. Für mich der Prototyp des analytisch-logischen Denkers mit Geniefaktor. Das ist für die meisten Menschen nicht der richtige Weg. Sie brauchen mehr Beispiele für die praktische Anwendung. Das reine Auswendiglernen juristischer Detailprobleme ist aber auch nicht der Weg zum Erfolg, denn jeder Fall in der Klausur ist etwas anders. Das ist ähnlich wie in der Mathematik. Da üben Sie mit Formeln umzugehen, und lernen nicht etwa die Ergebnisse aller denkbaren Aufgaben auswendig. Es geht also um Technik. Deshalb ist die intensive Auseinandersetzung mit den Schwächen, die man in der Klausur gezeigt hat, wahrscheinlich wichtiger, als viele Klausuren zu schreiben und sie dann nach der Korrektur nicht einmal abzuholen.

Wie viele Probeklausuren?

Bei der Frage, wie viele Probeklausuren man schreiben sollte, gingen die Meinungen auseinander. Die Ergebnisse der Studie von *Towfigh/Traxler/Glöckner* zeigen, dass die Kandidat*innen umso besser abschnitten, je mehr Probeklausuren sie geschrieben hatten, wobei allerdings jenseits 40 geschriebener Probeklausuren das Datenmaterial zu dünn wurde, um belastbare Aussagen zu treffen.[32] Dabei konnten *Towfigh/Traxler/Glöckner* sowohl

---

30 Vgl. zum Thema Transfer und möglichst direktem Lernen: *Scott Young*, Ultralearning, 2018, Chapter VI.
31 Vgl. *Scott Young*, Ultralearning, 2018, Chapter VIII.
32 *Towfigh/Traxler/Glöckner*, ZDRW 2014, 8, 12 ff.

einen fachspezifischen als auch einen allgemeinen Lernerfolg feststellen. Das heißt, wenn Sie Probeklausuren schreiben, dann üben Sie für das Fach der Aufgabenstellung, aber verbessern sich auch insgesamt, über die Fächergrenzen hinweg.

Die meisten unserer Befragten schrieben 41 bis 60 Probeklausuren, was sicher eine gute Menge ist.

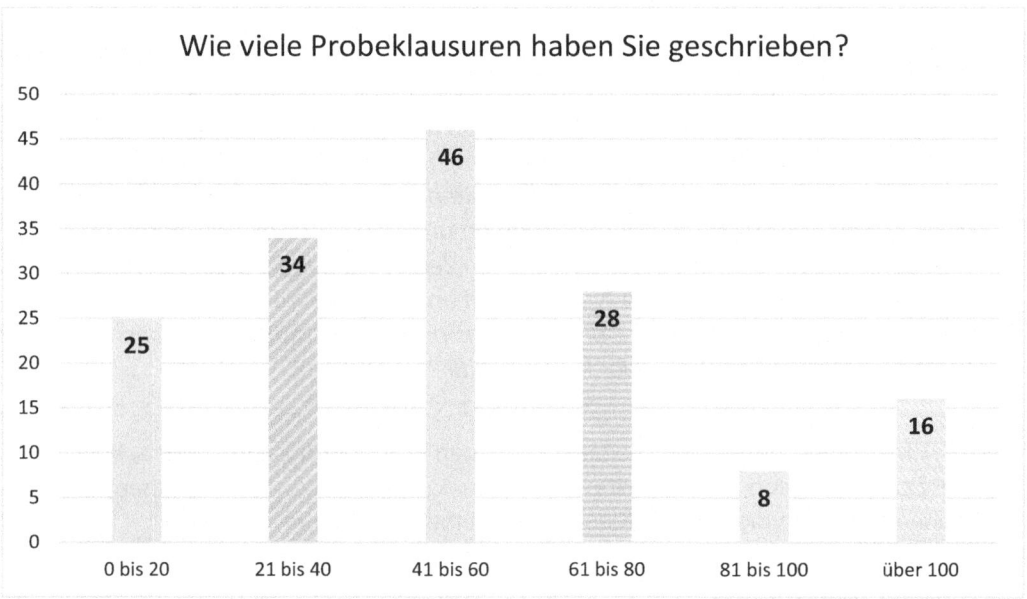

Probeklausurenkönigin ist für mich immer noch eine ehemalige Mitarbeiterin, die 138 Probeklausuren schrieb. Bei ihr zahlte sich das auch in einem galaktisch guten Examen aus und sie wird immer meine Bewunderung haben. Ich hätte diese Disziplin nie gehabt. Aber das muss gar nicht Ihr Ziel sein. Immerhin können Sie sich aber sagen, dass Sie mit jeder geschriebenen Probeklausur ihr Examen verbessern.

Unsere eigenen Umfragen zeigen ein Ansteigen des Notendurchschnitts mit der Anzahl der Probeklausuren jedenfalls bis zu einer Klausurenzahl von 100 Klausuren. Darüber hinaus fallen die Ergebnisse ab, wobei man allerdings auch sagen muss, dass in den letzten beiden Kategorien nur noch eine bzw. vier Kandidat*innen zu berücksichtigen waren. Die Zahlen sind auch insgesamt zu klein, als dass sich daraus verallgemeinerbare Aussagen treffen ließen.

Anzahl Probeklausuren	1–20	41–60	61–80	81–100	Mehr als 100
Notendurchschnitt	8,535	9,99	10,53	10,86	8,1

Einige unserer Befragten lösten deutlich mehr Klausuren als sie komplett niederschrieben:

4 Der Weg zur Superklausur

Friederike:

„Insgesamt habe ich nur ca. 20 Klausuren geschrieben. Dies lag u.a. auch daran, dass ich schon zu Beginn der Vorbereitung mit einer Sehnenscheidenentzündung zu ‚kämpfen' hatte. Ich habe aber auch schnell festgestellt, dass es mir persönlich mehr bringt, viele Fälle zu lösen (Lösungsskizze), als alles auszuformulieren."

Jens I:

„Ich gehe von ca. 100 vor dem ersten Examen aus (grobe Schätzung, schwer nachzuvollziehen). Ich habe weit weniger geschrieben, als ich gelöst habe, da ich es für deutlich effektiver hielt und noch heute halte, ab einem bestimmten Punkt eine Examensklausur in die Hand zu nehmen und sich selbst mit der Vorgabe hinzusetzen, hierfür maximal 45-60 Minuten Zeit zu haben, so dass potenziell 4 Stunden Schreibzeit verbleiben würden. Ist man an dem Punkt, in der genannten Zeit eine Lösung zu entwickeln, die halbwegs niederschriftfähig und brauchbar ist, so kommt man mit nahezu jeder Klausur zeitlich zurecht."

Das ist sicherlich ein guter Weg. So viele Klausuren komplett auszuschreiben, kostet extrem viel Zeit. Die Person, die 100 Probeklausuren ausgeschrieben hat, hat knapp 21 Tage ihres Lebens rund um die Uhr mit Klausurenschreiben verbracht!

Luisa:

„Das Klausurenschreiben muss sicherlich sein, aber ist auch viel verschwendete Zeit, die man einfach mit dem Schreiben verbringt. Es wäre m.E. besser, die Klausur eine Stunde lang zu durchdenken, eine Stunde lang zu skizzieren, dann gleich die Fallbesprechung."

Sie sollten eine gewisse Zahl in jedem Rechtsgebiet ausgeschrieben haben, damit Sie einigermaßen sicher sein können, dass Sie mit der Zeit zurechtkommen. Versuchen Sie es doch auch mal mit Daisys Tipp:

Daisy:

„Probeklausuren schreiben, am besten in vier Stunden, damit man im Ernstfall genug Zeit für Blackout und Aufregung hat."

Als Dauerstrategie ist das aber wohl nicht optimal, da Sie das Zeitmanagement nicht realistisch üben.

Kommerzieller Klausurenkurs oder Uni-Klausurenkurs?

Im Vergleich zwischen Universität und kommerziellem Repetitor schnitten beim Klausurenkurs die universitären Angebote deutlich besser ab.

Matthias:

„Ich habe nur den Klausurenkurs des Uni-Reps besucht und das dort angebotene Probeexamen für Staatsteil und Schwerpunktbereich mitgeschrieben. Die dort gestellten Klausuren waren im Hinblick auf das Examen wesentlich besser und realistischer gestaltet als jene im Rep. Teilweise konnte man dort auch die Originalklausuren vergangener Kampagnen schreiben."

Viele Teilnehmende an unserer Umfrage nahmen von Anfang an nicht am Klausurenkurs ihres Repetitors teil. Einige stellten die Teilnahme am kommerziellen Klausurenkurs später ein. Einerseits kritisierten die Teilnehmenden die schlechte Korrektur, andererseits dass die Klausuren zu wenig realistisch waren.

Janine I:

„Ich habe anfangs auch im kommerziellen Rep Klausuren geschrieben, die mir aber sehr wenig gebracht haben. Zum einen war die Korrektur immer sehr einseitig und oftmals entmutigend. Zum anderen waren die Klausuren auch inhaltlich immer nur an einem Problem orientiert, während die Examensklausuren ja gerade nicht so aufgebaut sind."

Simon III:

„Den Klausurenkurs im kommerziellen Rep. Die Klausurprobleme waren jeweils auf den Stoff der jeweiligen Rep-Woche abgestimmt, was die Klausurlösung unrealistisch einfach machte. Insgesamt schienen mir die gestellten Klausuren nicht examensnah zu sein. Abgesehen davon schien es mir ausreichend, zweimal pro Woche den Uni-Klausurenkurs zu schreiben."

Diese Einschätzung entspricht den Tatsachen: Nur die Uni-Reps haben Zugang zu Originalklausuren. Das bedeutet auch, dass einige Klausuren realistisch-ungewöhnliche Fallgestaltungen aufweisen, bei denen man als Prüfling kreativ eine Lösung entwickeln muss, weil man die Lösung gar nicht kennen kann. Die Repetitoren müssen sich selbst behelfen. Auch wenn Sie am Klausurenkurs Ihres Repetitoriums teilnehmen, schreiben Sie ausreichend Klausuren im Uni-Rep, um sich realistisch vorzubereiten.

Vielleicht gibt es aber auch gute kommerzielle Angebote in Ihrer Umgebung, die Ihnen schnelles, gutes Feedback bringen? Wenn ja, dann nutzen Sie sie!

Jörg:

„Im 2. StEx habe ich meine Klausuren privat korrigieren lassen und nach 1 Woche erhalten, besprochen und nachgearbeitet. Das war sehr hilfreich."

Mit oder ohne Hilfsmittel?

Bei der Frage, wie man Probeklausuren schreiben sollte, gehen die Auffassungen weit auseinander. Manche – einschließlich unsere Prüferin Barbara Dauner-Lieb – finden es durchaus gut, wenn man Klausuren mit Hilfsmitteln und auch länger als die vorgesehenen fünf Stunden bearbeitet, so lange man sich intensiv mit der Materie beschäftigt. Andere langjährige Prüfer und AG-Leiter im Referendariat betonten dagegen immer wieder, wie wichtig es sei, Klausuren nur in der vorgesehenen Zeit ohne Hilfsmittel zu schreiben. Ein erfahrener Ausbilder und Prüfer an einem JPA empfahl, ca. 50 Klausuren komplett ohne Hilfsmittel auszuschreiben.

Selbst wenn Sie hin und wieder mit Hilfsmitteln schreiben, sollten Sie es oft genug ohne versuchen, sodass Sie lernen, Lösungen für Ihnen völlig unbekannte Probleme auch ohne Hilfe, nur mit dem juristischen Handwerkszeug, zu entwickeln.

Und wenn Sie Hilfsmittel nutzen, denken Sie lange genug selber nach, damit Sie üben, selbst Lösungen nur mit dem Gesetz zu entwickeln. Genau das müssen Sie auch in der Klausur und in der mündlichen Prüfung. Wenden Sie das Gesetz an.

Ein Mitarbeiter von mir (Anne Sanders) rät: *„Auslegungsmethoden nutzen. Bei mir etwa stand, wenn ich mit Wortlaut, Gesetzessystematik oder Telos argumentiert habe, am Rand oft ein „Schön!" vom Korrektor."*

Stellt sich bei der Auslegung ein Problem? Schreiben Sie nicht sofort eine Antwort hin, auch wenn Sie wissen, wie z.B. der BGH das Problem löst. Beschreiben Sie das Problem möglichst genau. Welche Lösungsmöglichkeiten ergeben die Auslegungsmethoden? Was spricht für und gegen die verschiedenen Lösungsmöglichkeiten? Genau das macht die gute Klausur aus! Wenn Sie das Gefühl haben, das ist anstrengend, dann machen Sie es genau richtig! Nichts schult den Geist so sehr wie das konzentrierte Nachdenken über ein Problem, das sich bei der Anwendung des Gesetzes stellt. Das ist wie Yoga fürs Gehirn.

Die Stimme der Prüferin:

„Wenn man einen Fall bearbeitet, sollte man vor dem Examen immer erst einmal eine Lösung nur mit dem Gesetz suchen, damit man wirklich alle relevanten Vorschriften im Blick hat. Wenn man ein Gebiet erarbeitet oder wiederholt, sollte man sich zuerst einmal nur alle relevanten gesetzlichen Vorschriften suchen, durchlesen, miteinander in Beziehung setzen, um aus dem Gesetz selbst heraus die maßgeblichen Regelungen und Zusammenhänge zu verstehen. Erst dann sollte man zu erläuternden Unterlagen greifen. Ab und zu sollte man sich Regelungskontexte aus dem Gesetz nehmen und versuchen, sie aus sich selbst zu verstehen und einen Kommentar dazu zu schreiben, ohne gleich im Gedächtnis zu kramen, einfach mit den Texten, die man vorfindet. Es kann sein, dass man dann überhaupt nichts versteht. Aber das hat auch einen hohen Erkenntnisgewinn. Erstaunlicherweise finde ich immer noch Normen im BGB, die mir neu erscheinen. Noch häufiger kommt es vor, dass ich eine Norm, die ich vielfach schon gelesen und angewendet habe, plötzlich nicht mehr richtig verstehe, sodass sie mir ganz neu und anders vorkommt. Es ist immer wichtig, dann zu verweilen und sich noch

einmal in den Gesetzeskontext zu vertiefen. Eine Methode für Anfänger: jedes Mal, wenn man bei der Arbeit auf eine Norm stößt, macht man einen Kringel mit Bleistift darum. Schon nach sehr kurzer Zeit ergibt sich eine visuelle Landkarte, man erkennt nämlich, dass es Stellschrauben gibt, denen man fast täglich begegnet, und dass es Bereiche gibt, in die man so gut wie nie vorstößt. Das fördert das systematische Verständnis sehr. Noch hilfreicher ist es, wenn man sich angewöhnt, Anspruchsgrundlagen grün zu umkringeln, Einwendungen und Einreden rot, alles andere blau, auch dies fördert den systematischen Durchblick."

Aus Probeklausuren lernen?!

Wir haben in unserer Umfrage gefragt, ob und wie sich die Befragten mit den Klausuren nach der Rückgabe auseinandergesetzt haben. Überwiegend (143 zu 5) wurde die Frage bejaht.

Besonders prägnant bringt es Til auf den Punkt:

Til:

„Natürlich, sonst wäre das Klausurenschreiben Zeitverschwendung."

Diesen Punkt möchten wir Ihnen wirklich ans Herz legen: Nur wer bereit ist, aus Fehlern zu lernen kann sich verbessern. Feedback annehmen zu können, ist der beste Weg zum Erfolg, auch wenn es unangenehm ist.[33] Das ist nicht einfach, das verstehe ich. Ich habe es gehasst, mich mit meinen Klausuren zu beschäftigen, vor allem wenn sie schlecht waren. Etwas mehr „Growth Mindset" hätte mir damals gutgetan. Mit der zögerlichen Auseinandersetzung mit den eigenen Klausuren bin ich aber nicht allein:

Jana:

„Zu wenig, weil ich lange den Wissensstand für erfolgreiche Klausuren gar nicht hatte und weil die Noten meist miserabel waren. Eigentlich sollten für mich die Noten bei Klausuren abgeschafft werden, 3 Punkte demotivieren mich immer so sehr, dass es lange dauert, bis ich ‚Mut' habe für die nächste Klausur."

Mein damaliger Freund sagte es mir irgendwann mal ziemlich klar: „Wie willst Du denn besser werden, wenn Dir Dein Ego so im Weg steht?" Ja, er ist ein kluger Mann, der jetzt im Job richtig erfolgreich ist. Kein Wunder! Das ist wie bei Sportlern, die bereit sein müssen, liebgewordene Teile ihrer Technik ganz neu zu lernen, um später besser werden zu können. „Investment in loss" hat das mal ein berühmter Schachspieler und Kampfsportler genannt.[34]

---

33 Vgl. dazu auch: *Scott Young*, Ultralearning, 2018, Chapter IX "Don't dodge the punches".
34 *Josh Waitzkin*, The Art of Learning, 2008, 103.

4 Der Weg zur Superklausur

Jan I:

„Mir ging es vor allem darum, selber Erfahrung mit dem Klausurenschreiben an sich zu sammeln und weniger, dort Inhalte zu lernen."

Hier würde ich daher eher widersprechen. Es reicht nicht, mit Klausuren Zeitmanagement zu üben, sondern man muss üben, wie man Wissen auf den neuen Fall anwendet und dies in seiner Lösung schriftlich ansprechend präsentiert. Ein Mitarbeiter von mir sagt manchmal: „Was nützen einem viele PS, wenn man sie nicht auf die Straße bringt?"

Tipps zum Lernen aus Klausuren

Aber wie macht man das nun mit dem Lernen aus Klausuren? Auch dazu gibt es verschiedene Ansätze unserer Teilnehmenden.

Naheliegend ist zunächst natürlich, dass man die Klausur wie die meisten unserer Befragten noch einmal durchliest und dabei auf die Korrekturanmerkungen achtet, um zu sehen, welche Fehler man gemacht hat. So sind auch diese Tipps zu verstehen:

Franziska:

„Buch darüber führen, wie sich Leistungen und auch Korrekturen mit der Zeit verändern."

Anna Maria:

"Klausuren nacharbeiten. Nicht an kleinen Problemen aufhängen, sondern zunächst versuchen Zusammenhänge zu verstehen."

Carina:

"Und vor allem: viele Klausuren schreiben und von einem guten Korrektor korrigieren lassen."

Leider ist das mit dem „guten Korrektor" aber nicht immer so einfach. Auch wenn es immer wieder sehr engagierte Korrekturassistent*innen gibt, die seitenweise Feedback tippen, gibt es auch Negativbeispiele:

Jana:

"Dafür bräuchte ich viel mehr individuelles Feedback bei den Klausuren... Jetzt, im Ref, habe ich zum ersten Mal eine wirklich hilfreiche Korrektur erhalten, bei der der Korrektor auf meine Klausur eingegangen ist und mir Verbesserungsvorschläge gemacht hat oder gesagt hat, warum das Geschriebene beim Korrektor schlecht ankommt."

Tiberius:

"Es kam stark auf die Anmerkungen des Korrekturassistenten an. Waren diese brauchbar, habe ich meine Fehler immer nachgearbeitet. Einige Korrekturassistenten verwendeten eine komplett unleserliche Handschrift, sodass eine Nachbearbeitung schlicht nicht möglich war. Und andere waren derart schlampig in der Korrektur, dass der Verdacht naheliegt, dass es diesen nur darum ging, mit möglichst wenig Aufwand ihre Korrekturbezahlung zu bekommen. Gerade in Sachen Korrekturassistenten hat das Uni-Rep viel Potential zur Verbesserung. Wenn man sich als Student 5 Stunden hinsetzt und etwas erarbeitet, hat man, wie ich finde, das moralische Recht, dass man zumindest eine konstruktive Rückmeldung erhält."

Wir geben Ihnen Recht, dass das nicht in Ordnung ist! Aber was tun? Sie können sich ja nicht durch einen doofen Korrektor die Chance nehmen lassen, besser zu werden! Zunächst, nehmen Sie jede Gelegenheit wahr, gutes Feedback zu Ihren Klausuren zu bekommen:

Friederike:

"...im Rahmen der universitären ‚Klausurenklinik' im Einzelgespräch besprochen."

Ein Traum! Nutzen Sie eine solche Möglichkeit unbedingt! Lassen Sie sich nicht durch die Scham, Ihre Klausuren wären zu schlecht, davon abhalten, solche Beratungsangebote zu nutzen. Jeder Fehler, den Sie auf diesem Wege vermeiden können, wird Sie im Examen nicht mehr runterziehen! Belohnen Sie sich selbst mit etwas besonders Schönem für die Besprechung einer wirklich schlechten Klausur. Wenn es so etwas bei Ihnen nicht gibt, dann regen Sie bei dem Examensbüro Ihrer Universität an, dass eine Klausurenklinik mit intensivem Feedback eingerichtet wird.

Wenn Sie nun eine ziemlich schlechte Korrektur bekommen haben, dann lassen Sie sich nicht entmutigen. Versuchen Sie unqualifizierte Bemerkungen nicht als Bewertung ihres Potenzials zu nehmen. „Growth Mindset" ist hier angesagt! Stellen Sie sich vor, dass Sie die Klausur von jemand ganz anderem in Händen halten, dem Sie helfen wollen, besser zu werden.[35] Versuchen Sie, mit der Lösungsskizze und den Korrekturanmerkungen herauszufinden, welche Schwächen die Klausur hatte. Wenn Sie einen anderen Weg eingeschlagen haben als die Lösungsskizze und dies der wesentliche Fehler ihrer Klausur ist, dann überlegen Sie – gegebenenfalls mit der Hilfe des Klausurstellers, oder auch mit guten Lerngruppenpartnern –, ob Ihr Lösungsweg falsch oder vertretbar ist. Nicht jede Lösungsskizze ist richtig, bei Weitem nicht! Kritisches Nachdenken über die Lösungsskizze ist auch eine gute Lernstrategie. Andererseits kann ein anderer Lösungsweg aber auch darauf beruhen, dass man etwas grundlegend falsch verstanden hat. Das zu erkennen ist Gold wert!

Manchmal passiert es, dass Studierende sich nach der Klausur beschweren, der Korrektor hätte sie nicht richtig verstanden. Dazu kann man zwei Dinge sagen: Einerseits kann so etwas an der **Handschrift** liegen. Das sagte unsere Prüferin ja schon oben. Wenn man die Schrift gar nicht mehr lesen kann, dann versuchen Sie Gegenmaßnahmen zu ergreifen. Experimentieren Sie mit verschiedenen Stiften (ich selbst fand schließlich in einem Füller mit extrem dünner Feder die beste Option) und achten Sie, während Sie schreiben, immer wieder auf die Lesbarkeit. Um sich daran zu erinnern, können Sie das groß auf Ihre Lösungsskizze schreiben. Es gibt sogar Kandidaten, die Lehrbücher abschreiben, um so ihre Schrift zu verbessern.

Andererseits kann es daran liegen, dass Sie **inhaltlich nicht klar genug formuliert** haben. Gehen Sie erstmal davon aus und schmollen Sie nicht nach dem Motto, dass die Korrektorin zu doof oder zu unaufmerksam war. Das kann zwar sein, aber das macht die Sache für Sie auch nicht besser. Je klarer Sie für die Korrektorin sind, desto besser für Sie! Überlegen Sie, wie man das Ganze besser formulieren könnte und fragen Sie dazu ggf. einen Dozenten.

Eine Mitarbeiterin am Lehrstuhl Sanders:

> *„Dazu kann ich noch hinzufügen, dass es hilfreich ist, wenn man die Klausur zwei Wochen zur Seite legt und dann nochmal unvoreingenommen liest und sich selbst korrigiert. Meist fallen einem dann viel mehr Sachen auf als beim ersten Lesen, wenn man dann vielleicht auch noch emotional aufgeladen oder enttäuscht war.*

---

[35] Vgl. *Lynn F. Jacobs/Jeremy S. Hyman*, Professor's Guide to Getting Good Grades in College, 2006, Chapter 9 The hidden value of going over your test.

Gerade so kleinere Fehler in der Argumentation, Aufbau oder Formulierung fallen dann viel stärker auf und ich konnte so zumindest immer besser nachvollziehen, was das Problem war. Bzw. wieso der Korrektor meinen Gedanken nicht verstanden hat. Der Unterschied zwischen ‚in meinem Kopf macht es total Sinn' und ‚Ich bringe das genauso aufs Papier' ist riesig!"

Schließlich: Nehmen Sie die Noten von Probeklausuren nicht zu ernst. Gute Studierende schneiden später im Examen oft deutlich besser ab, andere manchmal deutlich schlechter:

Ida:

„Ich würde die Noten aus den Klausurenkursen nicht so für bare Münze nehmen. Ich war im Examen 3,5 Punkte besser als im Schnitt in den Klausurenkursen. Ich würde auch gerade die Klausuren und Lösungen des großen Klausurenkurses mehr hinterfragen. Alles in allem würde ich mir nicht mehr so große Sorgen machen, wie ich bestehe."

Sebastian I zur Frage, ob er Angst vor dem Examen hatte:

„Eher Ungewissheit, da die Noten in den Probeklausuren (im Schnitt ca. 7,3 Punkte) nicht gerade auf das dann erzielte Ergebnis bzw. überhaupt ein VB hingedeutet haben (Staatsteil: 11,32)."

Wie kann das passieren? Zum einen passiert es nicht selten, dass eine Korrektorin im Examen eine gute Argumentation zu schätzen weiß, die ein Korrekturassistent als falsch angestrichen hätte, weil sie nicht in der Lösung stand. Zum anderen braucht man auch ein wenig Glück. Es kann gut sein, dass man einen Satz Klausuren erwischt, der einem gar nicht liegt, bzw. dass der Korrektor die Bearbeitung besonders gut findet, z.B. weil sie im Stapel nach einer ganzen Reihe ganz schlechter Klausuren kommt. Prüfende bemühen sich natürlich um größtmögliche Objektivität, sind aber schließlich auch nur Menschen.

Lernen durch Korrigieren

Til:

„Ich habe meine Klausuren selber noch einmal korrigiert/sie Freunden gegeben."

Dieser Tipp ist Gold wert! Sie lernen eine ganze Menge, wenn Sie Klausuren reihum in Ihrer Lerngruppe korrigieren (siehe dazu unseren Tipp oben). Wenn Sie die Werke anderer lesen, werden Sie merken, welche Formulierungen die Leserin nerven und wo jemand nur Definitionen aneinanderreiht statt zu argumentieren. Sie können sich so in Ihren künftigen Korrektor hineinversetzen und das ist eine nützliche Perspektive. Eigentlich ist es logisch, dass man Klausuren schreibt, damit andere sie gut lesen können. Aber das macht man sich selten klar, bevor man nicht selbst korrigiert. Am besten ist es natürlich, wenn Sie mit jemandem die Klausuren tauschen können, der oder die richtig gut ist und oft super Noten schreibt. Fragen Sie sich bei einer solchen Klausur: was funktioniert hier gut? Sind die Formulierungen klar, werden Probleme gut erarbeitet, ist die Argumentation besonders umfangreich? Oft merken Sie, dass eine toll bewertete Klausur auch nicht perfekt ist. Das muss auch nicht sein! Vielleicht ärgern Sie sich, weil Sie sehen, dass Sie das Wissen auch hatten, es nur nicht so stringent dargestellt haben.

Problemlisten und Besprechungen

Einige Befragte nutzten die Klausuren auch, um zu testen, ob sie die besprochenen Themen schon beherrschten:

Liv:

„Ich habe die Klausuren zum Anlass genommen, den Themenkomplex zu wiederholen. Das war letztlich meine einzig ansatzweise strukturierte Wiederholung."

Jens I:

„Für wichtig halte ich eine Problemliste, die einfach immer um jeden Punkt einer Klausur ergänzt wird, den man in dieser Klausur nicht beherrscht respektive verstanden hat."

Stefan II:

„Ich war in den Besprechungen und habe die Klausuren nachbereitet und Fehler auf Karteikarten festgehalten. Ziel war die Herstellung einer hohen Redundanz hinsichtlich Fehlerquellen und Rechtsproblemen."

Zur Besprechung gingen nicht alle (nur 75 von 174), wobei als Begründung angegeben wurde, dass diese oft in zu großem zeitlichem Abstand stattfand und man den Sachverhalt inzwischen schon wieder vergessen hatte.

Unsere Prüferin, Prof. Dr. Dr. hc. Barbara Dauner-Lieb, empfiehlt eine weitere Auseinandersetzung mit Klausuren, die sich besonders für die Zeit relativ kurz vor den Klausuren anbietet, in der man schon alle Unterlagen durchgeackert hat:

Die Stimme der Prüferin:

*„Wahrscheinlich haben Sie Zugang zu den Datenbanken des Examen- und Klausurenkurses Ihrer Fakultät. Wahrscheinlich haben Sie schon einen ganzen Stoß von Aufgaben und Lösungen kopiert oder gespeichert. In Köln finden Sie etwa in den Materialien des Examenskurses für das Zivilrecht für jedes Rechtsgebiet Klausuren und Lösungen nach Schwerpunktproblemen „sortiert". Sortieren und analysieren Sie diese Fälle und Lösungen nach "**Problemstrukturen**". Achten Sie dabei*

darauf, welche Probleme des BGB miteinander Cluster bilden, also typischerweise gemeinsam auftreten. Entwickeln Sie **„Problemmaps"** *für das BGB. Finden Sie etwa heraus, welche erbrechtlichen Probleme im Examen überhaupt vorkommen und in welchen Konstellationen. Sie werden dann feststellen, dass das Thema Erbschein oft vorkommt, meist in Konstellationen aus dem Sachenrecht. Der Erbschaftsbesitz wird immer auch Fragen des gutgläubigen Erwerbs aufwerfen usw. Nehmen Sie sich die Zeit, über solche Zusammenhänge nachzudenken und diese Zusammenhänge zu notieren. Wenn Sie dabei merken, dass Ihnen Grundlagen in einem bestimmten Bereich fehlen, lesen Sie gleich ein paar Seiten nach und füllen Sie die Lücke."*

Crashkurs: Der Weg zur Superklausur

- Machen Sie sich den Sinn des Gutachtens klar: die Lösung eines konkreten, unbekannten Falles, die auf die Probleme eingeht, mit dem juristischen Handwerkszeug. Wissen hilft dabei, aber Wissen ohne Bezug zum Fall ist wertlos.
- Es geht nicht um das Ergebnis, sondern den Weg dorthin.
- Lesen Sie den Sachverhalt und Bearbeitervermerk sorgfältig.
- Lösen Sie den Fall, der vor Ihnen liegt. Jeder Fall ist anders, auch wenn Sie meinen, den Fall wiederzuerkennen.
- Kein Abklappern von Schemata, sondern sorgfältige Arbeit am Gesetz.
- Achten Sie auf die richtige Schwerpunktsetzung.
- Vertiefen Sie die Probleme des Falles. Lieber „schreibend nachdenken" als gar nichts schreiben.
- Achten Sie auf eine leserliche Schrift.
- Nehmen Sie an einem möglichst guten Klausurenkurs teil, in dem Originalklausuren verwendet werden.
- Eine gute Orientierung ist es, ca. 40-60 Probeklausuren zu schreiben, genug davon ohne Hilfsmittel, so dass Sie Zeiteinteilung und den Umgang mit dem völlig unbekannten Fall üben.
- Setzen Sie sich später mit den Klausuren auseinander, lernen Sie aus Ihren Fehlern, auch wenn das nicht immer angenehm ist.
- Nutzen Sie Angebote zur Verbesserung Ihrer Klausurtechnik, korrigieren Sie Klausuren gegenseitig in der Lerngruppe.

5 Zeitmanagement

Gibt Antworten auf die Fragen: Wie erstelle ich einen Lernplan? Wie viele Stunden sollte ich täglich arbeiten? Wie sollte ich meinen Tag strukturieren? Kann ich mir jurafreie Zeit leisten, ohne meinen Examenserfolg zu gefährden?

Sie wissen, dass zur Examensvorbereitung eine Menge Arbeit gehört. Dabei gibt es zwei Gefahren: zum einen, dass man nicht anfängt, sondern die Arbeit immer wieder vor sich herschiebt (Prokrastination). Das Resultat ist, dass Sie sich immer mehr Sorgen machen, weil die Zeit verrinnt, ohne dass Sie sich vorbereiten. Die andere Gefahr ist, dass Sie nie Pause machen und sich so dauerhaft überfordern. Gutes Zeitmanagement soll beides vermeiden und Ihnen eine gute Routine ermöglichen, die Ihnen kontinuierliche Arbeit mit ausreichend Freizeit und damit kontinuierlichen Fortschritt über einen langen Zeitraum ermöglicht.

Zum Thema Arbeitsorganisation und Zeitmanagement gibt es viele Experten.[36]

Für mich (Anne Sanders) ist meine ehemalige Mitarbeiterin *Bianca Scraback* die ungekrönte Königin auf diesem Gebiet. Ich habe sehr viel von ihr gelernt. Darum haben wir sie gebeten, ihre Tipps an Sie weiterzugeben:

---

36 Speziell für Jurastudenten: *Barbara Lange*, Jurastudium erfolgreich, 8. Aufl. 2015, 365 ff.

Arbeitsorganisation von Bianca Scraback

Arbeitsorganisation ist ein wichtiger Teil der Examensvorbereitung. Durch sie entsteht einerseits Sicherheit, den geplanten Stoff schaffen zu können, andererseits auch Motivation, überhaupt zu lernen. Zur Arbeitsorganisation sollte man stets nach dem Motto „von groß nach klein, von hinten nach vorn" vorgehen, das heißt mit der groben Planung beginnen, dann immer kleinschrittiger werden und dabei immer den Endzeitpunkt im Blick behalten.

Langzeitplanung

Dementsprechend sollte jede Arbeitsorganisation mit der Langzeitplanung beginnen. Ein Langzeitplan umfasst die gesamte verbleibende Zeit bis zu den Examensklausuren (bzw. der mündlichen Prüfung). Dafür muss zunächst der Wunschtermin festgelegt und von da aus „rückwärts" geplant werden. Bevor man in die eigentliche Planung einsteigt, muss man sich zunächst einen Überblick über den zu erlernenden Stoff verschaffen und die einzelnen Rechtsgebiete gewichten.[37] Dabei sollte man zum einen die Examensrelevanz, zum anderen persönliche Stärken und Schwächen berücksichtigen.[38]

Die Gewichtung der einzelnen Rechtsgebiete muss dann in Wochen oder Monate übersetzt werden. Der Langzeitplan sollte nicht zu sehr ins Detail gehen – denn sonst besteht die Gefahr, dass er ständig geändert und angepasst werden muss. Die einzelnen Einheiten sollten daher etwa 2-8 Wochen umfassen. Ist für einzelne Rechtgebiete mehr Zeit nötig, ist es besser, sie aufzuteilen (z.B. „Anfechtung" und „Stellvertretung" statt „BGB AT"), statt mehrere Monate für sie vorzusehen, denn ansonsten läuft man Gefahr, sich zu verzetteln und zu viel Zeit auf die ersten Themen in dem Rechtsgebiet aufzuwenden.

In den Langzeitplan gehören unbedingt auch Pufferzeiten (alle 2-3 Monate eine Woche), Pausen (Urlaube, Feiertage) und eine abschließende mehrwöchige Wiederholungsphase.[39]

So kann Unvorhergesehenes abgefedert werden und eine Woche Krankheit torpediert nicht den gesamten Arbeitsplan.

Stundenplan

Der Langzeitplan ist noch ziemlich abstrakt, verschafft aber einen guten Überblick. Steht er fest, geht es darum, die einzelnen Wochen zu planen. Ein Stundenplan ist das perfekte Mittel, um eine Routine zu schaffen. So erspart man sich, jede Woche erneut überlegen zu müssen, ob und wann und wie lange man lernen möchte oder muss.[40]

---

37 Ausführlich zu Lernplänen *Michael Armbruster/Thorsten Deppner/Prisca Feihle/Matthias Lehnert/Cara Röhner/Friederike Wapler*, Examen ohne Repetitorium, 5. Aufl. 2020, 59 ff., auch mit Hinweisen zur Gewichtung des Stoffs. Ab Seite 180 finden sich dort auch eine Reihe von Beispiels-Lernplänen.
38 Dazu und zu weiteren zu berücksichtigenden Aspekten, *Scraback*, JA 2017, 1409, 1410.
39 *Philipp ter Haar/Carsten Lutz/Matthias Wiedenfels*, Prädikatsexamen, 4. Aufl. 2016, 24, veranschlagen sogar drei bis sechs Monate; *Barbara Lange*, Jurastudium erfolgreich, 8. Aufl. 2015, 151, nur vier bis sechs Wochen. Die Wahl der Länge der Wiederholungszeit hängt vom individuellen Lerntyp und der insgesamt zur Verfügung stehenden Zeit ab.
40 So z.B. auch *Burchardt*, Leichter studieren, 4. Aufl. 2006, 70 f.

5 Zeitmanagement

Beginnen sollte man mit dem Rahmen: an welchen Tagen und zu welchen Uhrzeiten möchte man lernen? Das hängt von den äußeren Umständen und dem eigenen Biorhythmus ab. Als Faustregel kann gelten, dass sechs Stunden intensive Arbeitszeit (ggf. ergänzt durch ein bis zwei Stunden leichtere Arbeit) realistisch sind. Diese Zeit sollte durch mindestens eine lange und mehrere kurze Pausen strukturiert werden. Außerdem sollte man mindestens einen freien Tag pro Woche einplanen.[41]

Steht der Rahmen, fängt man damit an, wiederkehrende Termine in den Stundenplan einzutragen. Das sind zum Beispiel Repetitoriums-Veranstaltungen, Lerngruppen und der Klausurenkurs, aber auch jurafreie Termine wie Arbeit und fixe Freizeitaktivitäten (Chorprobe, Fußballtraining). Die danach noch freien Zeiten können als Lerneinheiten verblockt werden. Auch hier gilt es wieder, persönliche Vorlieben zu beachten. Von halbstündigen Blocks bis zu ganzen Tagen pro Rechtsgebiet ist alles möglich, solange es zum eigenen Lerntyp passt. Sinnvoll kann es außerdem sein, zuerst „verbundene Lerneinheiten" einzutragen, also solche, die sich auf die fixen Termine beziehen, wie z.B. Vor- und Nachbereitung von Lerngruppen. Für manche Lerntypen macht es Sinn, diese direkt vor oder nach dem Termin zu legen, andere mögen lieber etwas Abwechslung und lassen sich etwas freie Zeit dazwischen.

Beispiel-Stundenplan:

Zeit	Montag	Dienstag	Mittwoch	Donnerstag	Freitag	Samstag
09:00	Wiederholung Öffentliches Recht	Wiederholung Strafrecht	Nachbereitung Lerngruppe Zivilrecht	Wiederholung Zivilrecht	Arbeit am Lehrstuhl	Frei
09:30						
10:00						Zivilrecht
10:30						
11:00	Vorbereitung Lerngruppe Zivilrecht	Öffentliches Recht	Klausur Nachbereiten	Lerngruppe Strafrecht/Öffentliches Recht (Wechsel alle 14 Tage)	Zivilrecht	Strafrecht
11:30						
12:00			Ausbildungszeitschrift lesen			
12:30						
13:00	Mittagspause	Mittagspause	Mittagspause	Mittagspause	Mittagspause	Mittagspause
13:30						
14:00	Öffentliches Recht	Lerngruppe Zivilrecht	Arbeit am Lehrstuhl	Nachbereiten Lerngruppe Strafrecht /Öffentliches Recht	Klausurenkurs	Puffer/Frei
14:30						
15:00						
15:30						
16:00	Kaffeepause	Kaffeepause	Vorbereiten Lerngruppe Strafrecht oder Öffentliches Recht	Kaffeepause		Frei
16:30	Zivilrecht	Ausbildungszeitschrift lesen		Strafrecht		
17:00						
17:30		Klausurbesprechung				
18:00						
18:30	Sport		Sport	Frei		
19:00		Frei				

---

41 Mehr zur Wichtigkeit von Pausen allgemein und den unterschiedlichen Pausenarten bei *Thorsten Deppner/ Prisca Feihle/Matthias Lehnert/Cara Röhner/Friederike Wapler*, Examen ohne Repetitor, 4. Aufl. 2017, 102 f.; *Barbara Lange*, Jurastudium erfolgreich, 8. Aufl. 2015, 374 f; *Philipp ter Haar/Carsten Lutz/Matthias Wiedenfels*, Prädikatsexamen, 4. Aufl. 2016, 156 ff.

Die wöchentliche To-do-Liste

Um Langzeit- und Stundenplan praktisch anzuwenden, bietet es sich an, zu Beginn jedes Blocks des Langzeitplans das zu behandelnde Rechtsgebiet auf die einzelnen Wochen aufzuteilen. Zu Beginn jeder Woche kann man dann für jedes Rechtsgebiet eine Liste erstellen, welche Inhalte an welchem Tag und in welchen geplanten Einheiten gelernt werden sollen.[42] Die einzelnen Punkte können abgehakt oder durchgestrichen werden, was zusätzliche Motivation verschafft.

Hilfreich für die Motivation kann es auch sein, „Minimumziele" zu formulieren (also solche, die man in jedem Fall schaffen möchte) und die anderen Ziele als „Bonusziele" zu definieren (also solche, die auch noch in der nächsten Woche erledigt werden können).[43]

Beispiels-To-do-Liste:

- Zivilrecht: Mobiliarsachenrecht – Besitz und Eigentumserwerb vom Berechtigten
    - Montag: Besitz und Besitzarten
    - Freitag: Eigentumserwerb
    - Samstag: Eigentumserwerb
- Öffentliches Recht: Grundrechte – Art. 4, 5 und 8 GG
    - Montag: Art. 4 und 5 I GG
    - Dienstag: Art. 5 III und 8 GG
- Strafrecht: Betrug
    - Donnerstag: objektiver Tatbestand
    - Samstag: subjektiver Tatbestand und Besonderheiten beim Versuch

Keine Angst vor Änderungen

Im Laufe der Examensvorbereitung kann es immer wieder vorkommen, dass man feststellt, dass einzelne Lernblöcke doch mehr Zeit in Anspruch nehmen, man mit anderen schneller fertig ist oder dass am Tag nach dem Klausurenkurs einfach nicht so viel Energie da ist, um sich lange zu konzentrieren. Das ist völlig normal und sollte zum Anlass genommen werden, den Plan zu überdenken.[44] Die Arbeitsplanung ist kein Selbstzweck und kann deshalb jederzeit angepasst werden, um den eigenen Bedürfnissen zu entsprechen. Das ist kein Scheitern, sondern Ergebnis kritischer Selbstreflektion und damit mehr als legitim.

---

42 Ausführlich zum Erstellen der wöchentlichen To-Do-Liste *Scraback*, JA 2017, 1409, 1412.
43 http://dr-jur.net/minimale-und-optimale-ziele-setzen/
44 Zur praktischen Anwendung der Pläne und Änderungsmöglichkeiten vgl. *Scraback*, JA 2017, 1409, 1413.

Disziplin und Freiheit

Der obige Lernplan ist, wie Sie sehen, auf eine Person ausgerichtet, die einen Nebenjob an der Uni hat und kein Uni-Rep und kein Rep (mehr) besucht. Es ist klar, dass Sie diesen Plan auf Ihre Bedürfnisse zuschneiden müssen. Wenn Sie z.B. ein Repetitorium besuchen, müssen Sie natürlich die Stunden einplanen und schauen, wie Sie die Vor- und Nachbereitung des Stoffs in Ihren Kalender integrieren.

Vielleicht ist Ihnen eine Planung mit Langzeitplan, Wochen und Stundenplan wie oben zu detailliert und rigide? Zu flexibler und strenger Zeitplanung kommen unten noch ein paar Überlegungen. Eine solche Struktur hilft Ihnen, die Disziplin aufzubauen, die Sie für die Vorbereitung brauchen. Das hilft Ihnen, anzufangen, wenn Sie keine Lust haben und sagt so der „Aufschieberitis" – auch Prokrastination genannt – den Kampf an.[45]

Wahrscheinlich muss man nun ein paar Worte zum **Lob der Disziplin** sagen. Das Wort ist ja nicht nur positiv besetzt. Von *Jocko Willink*, einem ehemaligen US Navy Seal und Unternehmensberater, stammt der Satz „Discipline is freedom". Das sehen unsere Teilnehmenden ähnlich:

Tipp von Alexander II:

„Disziplin beibehalten."

Stefanie:

„Ich bin ein Disziplinmensch, über Lust und Unlust habe ich nicht viel nachgedacht."

Ohne Disziplin werden sie kein gutes Examen machen, wie Sie es für die Verwirklichung Ihrer Ziele, seien es Promotion, ein gutbezahlter Job, ein LL.M. im Ausland, brauchen. Damit Sie später die Freiheit haben, zu machen, was Sie wollen, brauchen Sie jetzt Disziplin. Die Disziplin hilft Ihnen aber nicht nur, Ihre Arbeit konzentriert und effektiv anzugehen, wenn Sie sich an den Schreibtisch setzen. Wenn Sie diszipliniert arbeiten, können und sollten Sie sich auch Zeit für Sport, Freizeit und Freunde nehmen. Auch das ist ein Geheimnis des Erfolgs! Die Disziplin bei der Arbeit hilft Ihnen, diese wichtigen Pausen ohne schlechtes Gewissen gut zu gestalten. Wer sonntags an den Badesee geht, aber die ganze Zeit darüber nachdenkt, dass er eigentlich lernen müsste, hat den Tag verschwendet. Er hat sich weder erholt noch gelernt, sondern nur zusätzlich gestresst.

---

[45] Zu diesem Thema z.B. *Burka/Yuen*, Procrastination – Why you do it, what to do about it, 2017; *Chris Bailey*, The Productivity Project, 2016; *Smits*, Prokrastination -Verstehen und Überwinden: Endlich Schluss mit der Aufschieberitis! 2020; *Höcker/Engberding/Rist*, Prokrastination – Ein Manual zur Behandlung des pathologischen Aufschiebens, 2. Auflage 2017.

Anna Maria:

„Ich habe mich damit motiviert, mein Tagesziel zu erreichen und dafür abends ohne schlechtes Gewissen aufhören zu können zu lernen."

Wenn Sie die Angst vor dem Examen überfällt, können Sie mit gutem Gewissen daran denken, dass Sie diszipliniert an Ihrem Lernplan arbeiten. Das reduziert Stress und schenkt Ihnen damit auch ein Stück Freiheit.

Daniel:

„Devise: Wenn ich meinen Lernplan durchhalte, habe ich mir nichts vorzuwerfen. Mehr ging nicht."

Eine solche Disziplin erreicht man umso einfacher, je mehr man sich eine Routine zulegt, mit der das tägliche Arbeiten zur selbstverständlichen guten Angewohnheit wird.

Trotzdem verstehe ich (Anne Sanders), wenn Sie Schwierigkeiten haben, Ihr Leben so fest einzuteilen. Viele Termine wie Repstunden, Job, Chorprobe und Lerngruppe sind allerdings fix. Bei den Lernzeiten können Sie natürlich etwas hin- und herschieben.

So ähnlich macht es Luise:

Tipp von Luise:

„Lernplan erstellen, so freut man sich auf die abwechselnden Rechtsgebiete während des Wochenverlaufs und kann abends immer ein ‚Kästchen' abhaken (und: nicht zu streng mit sich sein, wenn sich der Lernplan doch um ein paar Tage verschiebt)."

Dazu verweise ich auf die Ideen zum Zeitmanagement von Cal Newport in seinem Buch „How to become a Straight A-Student"[46]. Cal Newport empfiehlt, den Tag in Segmente von je zwei Stunden einzuteilen und diese bei Bedarf zu verschieben. Wenn z.B. aus irgendeinem Grund am Montag die Lerngruppe später in den Tag verschoben wird, ziehen Sie die für den Nachmittag geplanten Lerneinheiten nach vorne. Wenn Sie wegen einer Party an einem Tag früher aufhören wollen, dann planen Sie die Arbeit für den nächsten Tag ein. Die Lerneinheiten sollten allerdings nicht zu kurz sein, damit man wirklich in rechtliche Fragen einsteigen kann. Newport empfiehlt außerdem ein Arbeitstagebuch, in dem man für jeden Tag knapp festhält, ob man alles geschafft hat oder wenn nicht, die Begründung, warum nicht. Wenn Sie ständig Begründungen hinschreiben müssen wie „habe zu lange Kaffeepause gemacht und dachte dann, jetzt lohnt es sich nicht mehr", ist das so peinlich, dass man es am nächsten Tag besser macht. Wenn Sie dauerhaft merken, dass Sie sich zu viel vornehmen, dann sollten Sie überprüfen, ob Sie konzentriert bei der

---

[46] *Cal Newport*, How to become a straight A-student, 2006. Empfehlenswert ist auch Deep Work, 2016 = Konzentriert Arbeiten 2017.

Sache sind. Sind Sie das, dann überdenken Sie Ihre Planung. Unrealistische Erwartungen machen Sie unzufrieden und überlasten Sie. Das ist ein Fehler, den sehr viele ehrgeizige Studierende machen. Daher:

Anja:

„Realistische Zielsetzung/Planung für jeden Tag."

Antonia zur Frage, was sie heute anders machen würde:

„Ich würde viel weniger lernen, aber strukturierter. Ich würde mir viel festere Freizeitzeiten einplanen. Dadurch, dass ich mir oft zu viel vorgenommen habe, hatte ich dann ständig ein schlechtes Gewissen, wenn ich doch nichts gemacht habe. Um mich herum hatte ich den Eindruck, dass das ein häufiges Problem ist."

Nebenjobs

Viele können gar nicht so viel lernen wie sie wollen, weil sie arbeiten müssen. Dafür haben wir großes Verständnis. Arbeit kann allerdings viel von der nötigen Zeit und Kraft für die Vorbereitung kosten. Sie haben schließlich mit dem Studium schon einen Vollzeitjob und der ist zur Examensvorbereitung besonders anstrengend.

Annika I zur Frage, was sie heute anders machen würde:

„Wenn möglich, auf einen Nebenjob verzichten."

Wie Annika ist uns bewusst, dass nicht jeder diese Wahl hat. Trotzdem möchten wir Sie ermutigen, dass Sie, wenn es finanziell möglich ist, nicht zu viel arbeiten und sich auf Ihre Vorbereitung konzentrieren. Der Besuch des kostenlosen Uni-Reps könnte für Sie immerhin Kursgebühren sparen.

Wenn Sie aber entschieden haben, dass Sie wirklich arbeiten müssen, dann machen Sie Ihren Frieden mit der Lage.[47]

Sehen Sie die Zeit als produktive Abwechslung von Jura und weitere Gelegenheit, Ihr Zeitmanagement zu verbessern. Wir haben schon von Studierenden gehört, dass Kellnern für sie eine gute Abwechslung vom juristischen Lernen war. Ein Job als Studentische Hilfskraft kann mitunter sogar hilfreich für die Vorbereitung sein, weil man dort eine Menge Menschen um sich hat, die man um Rat fragen kann.

---

[47] Ein positiver Blick hilft Ihnen, das Beste aus der Situation zu machen vgl. *Shawn Achor*, The Happiness Advantage, 2010, 62 ff. = Das Happiness-Prinzip, 2020.

Familiäre Verpflichtungen

Einige unserer Befragten konnten durch familiäre Verpflichtungen ihre Zeit nicht frei einteilen:

Johanna III zur Frage, wie viele Stunden täglich gelernt wurde:

„Nachdem das Kind in der Kita war bis ich es 6 Stunden später wieder abholen musste."

Milena II:

„Ich habe täglich intensiv vier Stunden gelernt und den Rest der Zeit meiner Familie gewidmet. Mein Mann ist im Schichtdienst, wir haben einen Hund und eine sehr junge Tochter. Gelernt wurde nachts und auf eigene Faust. Das Ergebnis ist zufriedenstellend."

Gute Organisation ist sicher wichtig – das muss man jungen Eltern nicht sagen –, aber auch hier macht einem das Leben – wie z.B. wie in der Corona Krise – gern mal einen Strich durch die Rechnung. **Machen Sie Ihren Frieden mit der Situation.** Trotz aller guten Planung haben Sie einfach weniger Zeit zum ungestörten Lernen als andere. Wir können Ihnen aber immerhin sagen, dass gerade Eltern super darin sind, die wenige Zeit sehr konzentriert zu nutzen und so oft erfolgreicher sind als andere, die viel mehr Zeit haben.

Wie viele Stunden täglich lernen?

Die Stimme der Prüferin:

„Denken Sie in der Kategorie der ‚Nettoarbeitszeit'. Niemand kann konzentriert und produktiv 10-12 Stunden am Tag neuen Stoff aufnehmen, wiederholen oder Fälle lösen. Nur weil man von morgens früh bis spät in die Nacht im Hörsaal, beim Repetitor oder in der Bibliothek war, hat man nicht effizient gearbeitet. Ziehen Sie Pausen, Zeit in der Mensa und im E-Raum, verträumte Zeit ab. Setzen Sie für Veranstaltungen im Examenskurs oder beim Rep nur die halbe Zeit an, nur Zuhören bringt gar nichts. Erst die Verarbeitung des Gehörten und Notierten, eigenständiges Nachdenken über den Stoff und Übung in der praktischen Anwendung bringt Sie weiter und damit einem erfolgreichen Examen näher."

Stefan II:

„Insbesondere sollte man keine übermäßigen Erwartungen an die tägliche Lernzeit stellen. Ich habe mit 6 Stunden reiner täglicher Lernzeit von Montag bis Freitag und einer Probeklausur am Samstag sehr gute Erfahrungen gemacht."

5 Zeitmanagement

Frederic:

„Dass manche Leute zwölf oder mehr Stunden in der Uni gelernt haben wollen, halte ich für ein Gerücht."

Lassen Sie sich also nicht von den Dramaqueens und -kings verunsichern, die im Seminar kampieren und jedem, der es hören oder nicht hören will, erzählen, wie lange sie schon da sind. Nehmen Sie also von den Befragten mit: **Nicht zu viel vornehmen** und die **Zeit**, die man hat, **möglichst konzentriert nutzen**.

Wie viele Stunden sollten Sie also täglich für das Lernen vorsehen? Durchschnittlich lernten unsere Befragten täglich 6 Stunden, wobei einige mit konzentrierten fünf Stunden gut auskamen, andere aber acht bis elf Stunden am Schreibtisch oder in der Bibliothek verbrachten.

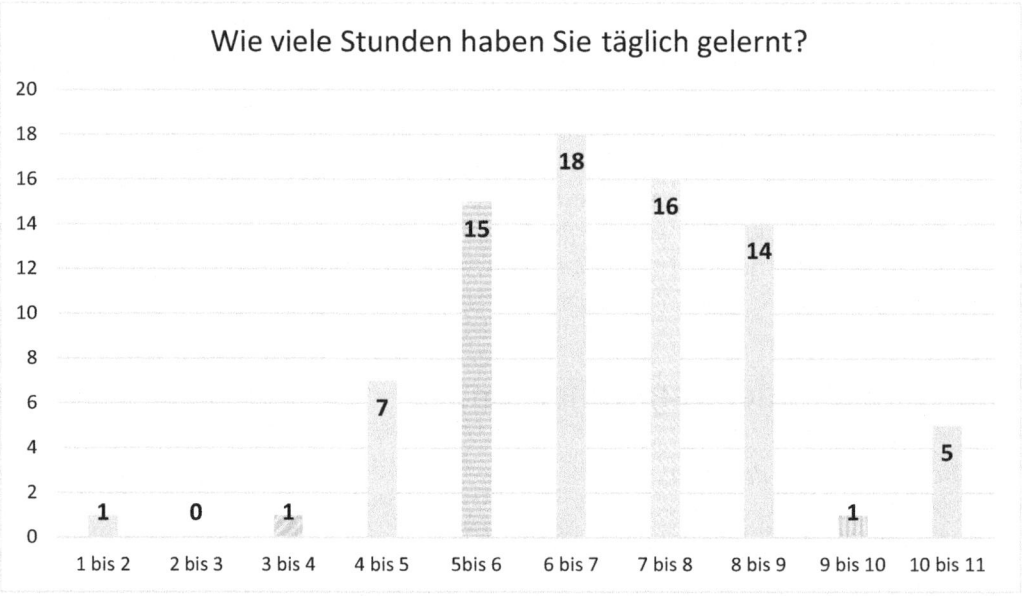

Von den 78 Personen, die diese Frage beantwortet haben, haben damit 49 (ca. 63%) zwischen fünf und acht Stunden täglich gelernt. Unserer Auffassung nach kann man mehr als sechs Stunden täglich kaum richtig konzentriert sein. Dann ist man müde und das ist völlig in Ordnung!

Alexandra:

„Mir hat im letzten halben Jahr folgender Zeitplan gut geholfen. Mind. 2x3 Stunden lernen am Tag, dazwischen Mittagspause. Danach war die Konzentrationsfähigkeit meist nicht mehr auf dem vorherigen Niveau. Die Zeit hat aber genügt, um konzentriert meinen Lernplan (die wichtigen Sachen aus dem Rep in 5 Monaten wiederholen) einzuhalten."

Wenn Sie längere Zeit in der Bibliothek verbringen, dann kann das sogar kontraproduktiv sein, wenn Sie die Zeit nicht nutzen. Wenn Sie arbeiten, dann seien Sie also konzentriert dabei und **vermeiden Sie „Pseudo-Arbeit**."[48] Wenige Stunden, in denen Sie konzentriert an Ihrem Verständnis rechtlicher Fragestellungen arbeiten, sind besser als 12 Stunden, in denen Ihre Aufmerksamkeit zwischen Smartphone, Kaffeepause und Skript ruhelos hin und her hüpft. Das ist ungefähr so sinnvoll, wie wenn Sie ins Fitnessstudio gehen und am Eingang stehen und mit Freunden reden, anstatt sich zu bewegen. Wenn Sie Probleme haben, sich zu konzentrieren, dann gibt es im Kapitel Lerntipps eine Menge Tipps für Sie. Hier nur so viel: Multitasking klappt nicht, das ist wissenschaftlich belegt.[49]

Leider haben wir in unserer Umfrage nicht nach Lernzeiten inklusive bzw. exklusive Veranstaltungen wie Repetitorien gefragt. Wir wissen also nicht, ob in den sechs täglichen Stunden das Rep schon eingeplant war oder nicht. Repetitorien dauern üblicherweise drei Stunden täglich drei Mal die Woche, also neun Stunden pro Woche. Wenn Sie an einem Rep-Tag noch zusätzlich sechs Stunden lernen, dann sind das neun Stunden reine Arbeitszeit. Das kriegt man konzentriert kaum hin. Wenn Sie an einem Rep-Tag drei bis vier konzentrierte (!) Stunden Nettolernzeit zur Vor- und Nachbereitung einschieben können, dann ist das schon nicht schlecht. Wenn Sie konzentriert und effektiv mehr schaffen, weil das reine Zuhören weniger anstrengend ist, dann umso besser, aber seien Sie durchaus zufrieden mit sich, wenn Sie pro Tag sechs bis sieben Stunden netto mit echter juristischer Arbeit verbringen. Das ist eine ganze Menge!

Tagesplanung: Biorhythmus nutzen

Die Stimme der Prüferin:

„Am Anfang guter Lernplanung steht die Frage nach den eigenen Ressourcen und der eigenen Biokurve: An welchen Stunden des Tages sind Sie fit und motiviert? Wann brauchen Sie eine Pause? Fangen Sie lieber morgens früh an oder setzen Sie sich gern noch einmal abends an den Schreibtisch? Wofür brauchen Sie volle geistige Präsenz? Was geht auch noch, wenn sie mehrere Stunden Examenskurs hinter sich haben? Entwickeln Sie ein Gefühl dafür, wie viel „Nettoarbeitszeit" bei Ihnen drin ist und Ihnen gut tut. Planen Sie eine realistische Woche, lassen Sie Samstagnachmittag und Sonntag und mindestens zwei Abende in der Woche frei. Planen Sie Bewegung/Sport/Meditation/Yoga und Fun gleich mit ein. Das ist Teil eines intelligenten und effizienten Examensmanagements."

Wenn Sie Ihren Tag planen, dann tun Sie sich also einen Gefallen und richten Sie sich – wenn das geht – nach Ihrem persönlichen Biorhythmus.

---

48 Zum Begriff "Pseudo-Work" *Cal Newport*, How to become a straight A-student, 2006.
49 *Kathryne M Young*, How to be sort of Happy in Law School, 2018, 215 ff.

5 Zeitmanagement

Tipp von Jonathan:

„Versuchen, früher als sonst aufzustehen (z.B. um 6 Uhr): an den Lerntagen, an denen ich früh an den Sachen sitze und früher fertig werde, geht es mir deutlich besser. Aber wahrscheinlich ist das Typsache und nicht verallgemeinerbar."

Da hat er Recht. In der Forschung nennt man das „Chronotyp". Jonathan gehört offensichtlich zu den morgens aktiven „Lerchen", ist also ein Mensch, der morgens besonders produktiv ist. Für die abends und nachts natürlicherweise aktiveren „Eulen"[50] ist es dagegen völlig in Ordnung, wenn Sie abends und nachts die Bücher aufklappen.

Die meisten unserer Befragten gaben (entsprechend der Normalverteilung in der Bevölkerung) an, vormittags am leistungsfähigsten zu sein und am späteren Nachmittag einen Wiederanstieg der Produktivität festzustellen. Es gab aber auch Teilnehmende, die von 18–22 Uhr am besten arbeiteten, die „Eulen". Viele unserer Befragten nutzen ihre guten Phasen ebenso geschickt wie das (fast) unvermeidliche Nachmittagstief: Hier die Antworten auf die Frage, wann am besten gelernt werden konnte:

Dominik I:

„Morgens etwa zwischen 10 Uhr und 12 Uhr – dort lief das Gehirn am schnellsten, dort wurden dann die neuen und anspruchsvollen Dinge gemacht."

Felix:

„Spätnachmittags – es wird ruhiger in der Bib, die gestressten Leute (seit 8 Uhr morgens da) machen Feierabend, die Anwesenden sind entspannter."

Anni:

„Ich lerne lieber abends. Für die Examensvorbereitung war es für mich aber wichtig, einen Rhythmus zu finden. Wichtig war, dass ich um 8.00 Uhr ca. in der Bib war und vor 12 Uhr schon zufrieden war. Somit war ich gerade zum Schluss von 8.00 Uhr bis ca. 19 Uhr in der Bib."

---

[50] Es gibt auch ein Modell mit vier Chronotypen: Bären, zu denen ca. 50% der Bevölkerung gehören und die ihre stärksten Zeiten vormittags und am frühen Nachmittag mit einem Mittagstief haben, Löwen, die ganz früh morgens am stärksten sind, Delphine, deren Rhythmus durcheinander geht und Wölfe, die abends und nachts am produktivsten sind: vgl. *Michael Breus*, The Power of When, 2016 = Gutes Timing ist alles, 2017.

Maria:

„Regelmäßige Lernzeiten; mit Schwierigem/Unangenehmem beginnen; in Phasen, in denen man sich nicht gut konzentrieren kann, anderes erledigen (Gesetz nachsortieren/nachkommentieren; Bücher wegbringen/abholen; Alltagsbesorgungen etc.)."

Christine:

„Zur Mittagszeit habe ich immer eine Pause gemacht, in der ich gekocht und gegessen habe. Beim selber Kochen muss man sich konzentrieren, aber nur so viel, dass man abgelenkt ist und sich entspannen kann. Am frühen Nachmittag kann ich mich nicht besonders gut konzentrieren und deswegen ist meine Mittagspause manchmal etwas ausgeartet. Dann habe ich abends weitergelernt."

Wann Sie am produktivsten sind, wissen Sie wahrscheinlich schon längst. Ansonsten: Ausprobieren! Wenn Sie z.B. morgens ohne fünf Wecker nicht aus dem Bett kommen, sich aber abends super konzentrieren können, dann stehen Sie eben später auf und lernen nachmittags und abends oder auch nachts. Wenn Sie sich (wenn Sie zu einer vernünftigen Zeit ins Bett gehen) morgens richtig fit fühlen, dann legen Sie die schwierigen Sachen in den Morgen und frühen Nachmittag.

Ein Tipp für Nachtmenschen: Ja, die Welt ist ungerecht und nimmt wenig Rücksicht auf Ihren Chronotyp. Sie sind nicht faul, wenn Sie morgens schlecht aus dem Bett kommen, sondern sind eben später produktiv. Leider fangen Schule, Vorlesungen und leider auch Prüfungen immer morgens an, weil ein Großteil der Bevölkerung dann am fittesten ist. Da ist ein Stück Diskriminierung dabei. In der Examensvorbereitung können Sie Ihre Zeit gestalten, wie Sie möchten. Sie sollten sich aber rechtzeitig vor den Klausuren einen Rhythmus antrainieren, der Ihnen erlaubt, in einer morgens beginnenden Klausur Ihr Bestes geben zu können.

Arbeitszeiten und Pausen: Routine und Flexibilität

Wie soll man seinen Lerntag nun strukturieren? Wie oft soll man Pausen machen? Hier ließen sich unsere Teilnehmer in zwei Gruppen einteilen. Die eine Gruppe hatte einen festen Zeitplan mit festen Arbeits- und insbesondere Pausenzeiten, die andere bevorzugte einen flexiblen Ansatz. Der Stundenplan von Frau *Dr. Scraback* oben ist ein gutes Beispiel für eine feste Zeitplanung.

Feste Arbeitszeiten und die Pomodoro-Technik

Einige unserer Teilnehmenden arbeiteten mit festen Arbeits- und Pausenzeiten und hatten ihre Tage komplett durchgeplant:

Alexander:

„Nach jeder Stunde ca. fünf Minuten (Pause), Mittagspause 1–2 Stunden, ca. 9–13 Uhr und 14.30–16 Uhr."

5 Zeitmanagement

Max I:

„Während das Rep lief: Mo-Mi: nachmittags 14-17 Uhr Rep. Am Mi. von 17.30 Uhr bis 19 Uhr Klausurenkurs; Mo-Mi. vormittags 9-12.30 Uhr Vor- und Nachbereiten des Kurses; Fr. 9-12.30 Uhr Vor- und Nachbereiten des Kurses; Fr. 14-18 Uhr Lerngruppe / Sa. 9-14 Uhr Klausur; danach statt Rep bzw. vor und nachbereiten: Wiederholen der Kursunterlagen und gezielte Probleme in Kommentaren nachlesen; am Freitag zusätzliche Klausur, Do: Nebenjob an der Uni."

Til:

„Eineinhalb Stunden lernen
15 Min Pause
Eineinhalb Stunden lernen
Mind. 30 Min Pause
Solche Blöcke habe ich 2,5 bis 3 mal pro Tag angesetzt."

Der Tipp von Til erinnert an die sogenannte **Pomodoro-Technik:** Der Name kommt vom italienischen Wort für Tomate. Die Küchenuhr, die Francesco Cirillo, der Erfinder der Technik, am Anfang benutzte, hatte nämlich die Form einer Tomate. Die Idee ist, dass man sich eine bestimmte Aufgabe nimmt, die man 25 Minuten angehen möchte. Sie können sich z.B. eine bestimmte Zahl von Karteikarten vornehmen, die wiederholt werden soll, oder eine Klausur, die Sie geschrieben haben und deren Probleme Sie nacharbeiten wollen. Nach 25 Minuten macht man eine Pause von 5 Minuten, dann wieder 25 Minuten eine neue Aufgabe usw. Nach jeweils vier Einheiten macht man eine längere Pause von ca. 15-20 Minuten. Die Technik kann man leicht mit entsprechenden Apps anwenden.

Wenn Sie Schwierigkeiten haben, mit der Arbeit anzufangen, und alles gern vor sich herschieben, ist ein fester Zeitplan und die Pomodoro-Technik eine gute Sache. Der Vorteil der Technik ist, dass man den Tag in viele kleine Abschnitte teilt und immer wieder kleine Ziele und Lernerfolge verfolgt. Dann liegt der Tag nicht wie ein riesiger einschüchternder Lernberg vor einem, sondern besteht aus kleinen, machbaren Einzelschritten. Das kann man sich dadurch vor Augen führen, dass man vor jeder Pomodoro-Einheit einen Kreis auf ein Papier malt und dann jeweils mit einem dicken Haken abstreicht. Das fühlt sich richtig produktiv an. Diese Strategie finden sie auch unter dem Stichwort „Mini-Ziele setzen" in vielen Produktivitätshandbüchern.

Flexible Zeitplanung

Andere Teilnehmende handhaben die Arbeit und insbesondere die Pausenzeiten lieber flexibel und legten dann eine Pause ein, wenn sie nicht mehr konnten:

Frauke auf die Frage, ob sie feste Lern- und Pausenzeiten eingeplant hatte:

„Nein, aber mir war es sehr wichtig, keine festen Lernzeiten zu haben, sodass ich wirklich loslegen konnte, wenn ich mich fit gefühlt habe, und ausspannen, wenn ich nicht mehr aufnahmefähig war; auch deshalb wollte ich kein Repetitorium besuchen."

Dr. B.:

„Eigentlich immer dann [Pause gemacht], wenn ich gemerkt habe, dass ich etwas lese, es aber nicht mehr gut aufnehme/verstehe."

Manche orientierten sich inhaltlich und nicht zeitlich:

Sophie II:

„Morgens nach dem Sport bis zum Nachmittag, bis die Themen für diesen Tag, die auf meinem Wochenplan standen, abgearbeitet waren."

Antonia:

„Überlange Pausen (über eine Stunde) habe ich versucht zu vermeiden (meistens wenig erfolgreich). Es hat immer besser funktioniert, wenn ich mir einen Themenkomplex vorgenommen habe zum Lernen und nicht eine Zeitangabe (also: ‚ich mache jetzt noch Streitverkündung' und nicht ‚ich lerne noch eine Stunde')."

Wieder andere nutzten ein zeitliches Tagesziel, ohne weitere feste Planung:

Rhea:

„Ich habe immer um 8 Uhr begonnen und solange gelernt, bis ich 8 Stunden auf der Stoppuhr hatte. Alle Pausen oder unkonzentrierten Phasen wurden nicht gestoppt bzw. abgezogen."

Sie müssen es Rhea aber nicht sofort gleichtun und acht Stunden auf die Uhr bringen. Wie gesagt, 5 Stunden echt konzentrierte Arbeit ist schon eine ganze Menge!

Was hilft mir? Vom Wert der Routine

Probieren Sie aus, was am besten für Sie funktioniert. Seien Sie aber auch hier ehrlich! Ein flexibler Ansatz ist dann besser, wenn man sehr motiviert ist. Feste Arbeits- und auch Pausenzeiten haben dagegen Vorteile, wenn man nicht so wahnsinnig motiviert ist überhaupt anzufangen, oder sich leicht ablenken lässt. Man kann feste Zeitplanungen auch gezielt einsetzen:

5 Zeitmanagement

Bettina:

„Manchmal habe ich zu lange im Internet gesurft in meinen Pausen. Das Festlegen von konkreten Pausenzeiten hat geholfen."

Ich selbst stoppe meine Arbeitszeit, wenn ich an eher ungeliebten Aufgaben arbeite oder um den Widerstand gegen das Anfangen zu überwinden. Wenn ich dann für ein Projekt Feuer gefangen habe, ist das nicht mehr nötig.

Hilfreich ist es aber auf jeden Fall, dem Tag in groben Zügen eine Struktur zu geben. Vergleichen Sie dazu auch unsere Tipps für das Homeoffice. Ein solcher fester Lerntag hilft Ihnen, eine Lernroutine als „gute Angewohnheit" zu etablieren.[51] Solche Angewohnheiten ermöglichen es Ihnen, jeden Tag kleine Fortschritte auf dem Weg zum Examen zu machen. Darauf kommt es letztlich an, weniger darauf, ob sie besonders ehrgeizige Ziele haben, die Sie hin und wieder zum Lernen motivieren. Leute, die von außen total diszipliniert wirken, haben sich oft nur ein paar gute Angewohnheiten zugelegt, und gestalten ihre Umgebung so, dass Disziplin weniger anstrengend ist.[52] So habe ich z.B. zu Hause kein WLAN, damit ich nicht zu viel Zeit mit Serien verbringe. Das machte während Corona aber leider das Arbeiten schwieriger… Einige Stunden täglich das Internet ausstellen ist aber auch eine gute Idee.[53]

Jemand mit einem festen Arbeitsrhythmus, der jeden Morgen um ca. 8:30 Uhr beginnt, muss nicht jeden Morgen mit seinem inneren Schweinehund ausdiskutieren, ob er Lust zum Lernen hat. Man setzt sich einfach hin und legt los und wenn man die ersten Schritte gemacht hat, sieht alles gar nicht mehr so schlimm aus.

Um in die Routine hineinzukommen, hilft es auch, sich kleine Rituale anzugewöhnen. Ich mache z.B. morgens, kurz nach dem Aufstehen, eine Runde Yoga, um in Gang zu kommen. Wenn ich ins Büro komme, koche ich erstmal eine Kanne Tee und fülle meinen Luftbefeuchter mit frischem Wasser und ein paar Tropfen ätherischen Öls.[54] Anschließend plane ich den Tag und dann geht es los.

Der Wert der Pause

Martin:

„Mit regelmäßigen Pausen lässt sich eine gute konzentrierte Arbeitsweise aufrechterhalten."

---

51 Sehr empfehlenswert zum Thema gute Angewohnheiten und wie man sie für sich nutzt: *James Clear*, Atomic Habits – Tiny Changes, Remarkable Results, 2018 = Die 1% Methode – Minimale Veränderung, maximale Wirkung.
52 Vgl. *James Clear*, Atomic Habits – Tiny Changes, Remarkable Results, 2018, 81 ff. = Die 1% Methode – Minimale Veränderung, maximale Wirkung.
53 Vgl. *Chris Bailey*, The Productivity Project, 2016, 76 ff.
54 Versuchen Sie das doch mal zu Hause. Sie brauchen gar keine teure Duftlampe, ein paar Tropfen auf einem Taschentuch auf dem Schreibtisch genügen. Besser keine synthetischen Düfte nutzen. Zitronige Düfte sollen sogar die Konzentrationsfähigkeit verbessern.

Ob Sie sie planen oder nicht, alle 30 Minuten oder zumindest jede Stunde sollten Sie eine kleine Pause machen, tief durchatmen und sich etwas strecken und dehnen. Ein paar Yogaübungen sind auch nicht schlecht, wenn man das mag. Push-ups, Hanteln, Seilspringen oder Tanzen (vielleicht besser nicht im vollen Seminar...) sind auch gute Optionen. Wir hoffen, Sie sind alle noch zu jung für unsere Rückenprobleme, aber Sie sollten dafür sorgen, dass Sie auch keine kriegen. Außerdem arbeitet der Kopf besser, wenn man sich etwas bewegt hat und gegen Stress hilft das auch. Auch ein kleines Nickerchen kann die Konzentration wieder voll herstellen. Entsprechend raten unsere Teilnehmenden:

Jana:

„Schlafen, immer wenn ich müde bin. Pause machen, wenn ich mich ohnehin nicht konzentrieren kann."

Katharina II:

„Ausreichend Pausen und Freizeit; wenn Konzentration nicht mehr möglich war, aufhören."

Ricarda:

„Ich bin kurz spazieren gegangen."

Wie viele Rechtsgebiete pro Tag?

Sollte man sich an einem Tag nur mit einem Rechtsgebiet beschäftigen, oder mit mehreren? **Jonathan** bat um Einschätzungen/Tipps, **wie viele Sprünge von Rechtsgebiet zu Rechtsgebiet am Tag** sinnvoll sind: Antwort von Frau Prof. Dr. Dr. h.c. Barbara Dauner-Lieb: *„mehr als zwei Rechtsgebiete würde ich am Tag nicht bearbeiten. Innerhalb eines Rechtsgebietes würde ich aber mindestens im Abstand von 90 Minuten die Formate wechseln, lesen, Karteikarten wiederholen, Fälle lösen."*

5 Zeitmanagement

Wochenende und jurafreie Zeit

Viele Studierende sind sich unsicher, wie viele Tage in der Woche sie arbeiten sollten. Zu den Erfahrungen unserer Teilnehmenden folgenden Graphik:

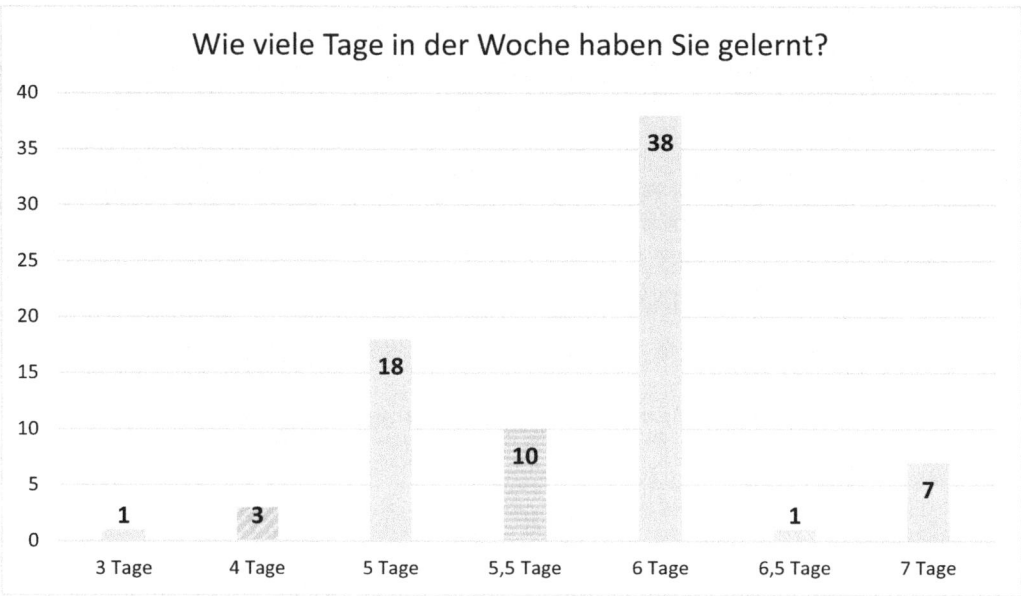

Der Großteil der Befragten hat also mindestens einen Tag in der Woche frei gemacht. Außerdem nahmen sich die allermeisten Zeit für Freunde, Familie, Sport und Hobbies (ca. 88,76%). Beides ist ausgesprochen wichtig. Und kommen Sie uns nicht damit, dass Sie keine Zeit haben! Wenn Sie effektiv und konzentriert arbeiten, haben Sie auch Freizeit. Auf die Bedeutung eines guten Ausgleichs kommen wir später noch einmal zu sprechen.

Roman:

„Der Sonntag muss frei sein; sonst ist der folgende Montag nicht der erste Tag einer neuen Woche, sondern der achte der alten Woche, das wirkt sich extrem nachteilig auf die Psyche aus!"

Janine I:

„Der Sonntag war IMMER frei, egal wie stressig es auch war. Sonntags habe ich immer alles liegen lassen. Das war wahnsinnig wichtig für mich, denn ich konnte mich immer schon am Anfang der Woche auf den Sonntag freuen! Denn die Examensvorbereitung ist ein Marathon und kein Sprint. Man muss sich seine Kräfte einteilen."

Christine:

„Einen Tag die Woche habe ich mir immer frei genommen, damit man mal ausschlafen kann, und einfach faulenzen. Ich habe immer versucht, das Lernen zu einem ‚normalen Arbeitstag' zu machen, sodass ich abends meistens noch Zeit hatte etwas zu unternehmen. Auf jeden Fall 2-3 mal die Woche habe ich mich mit Freunden getroffen oder meine Eltern besucht. Manchmal bin ich auch einfach nur zwischendurch mit einer Freundin einen Kaffee trinken gegangen und habe dann weitergelernt. Man sollte seine Freunde auch in der Examensvorbereitung nicht vernachlässigen (außer kurz vor den Prüfungen). Man kann sich bei ihnen aufregen und ein bisschen Dampf ablassen und bekommt Unterstützung und Mut gemacht."

Tanja:

„Ich habe mich fast täglich abends nach dem Lernen mit Freunden getroffen (zum etwas trinken/essen gehen, Kino, gemeinsam Kochen etc.). Das war mir auch besonders wichtig und hat mir in der Examensvorbereitungszeit sehr viel Halt gegeben. Sonntags habe ich meistens nicht gelernt und etwas unternommen. Meine Familie habe ich in der Zeit eher wenig gesehen, weil ich die Fahrtzeit nicht auf mich nehmen wollte."

Es gab allerdings auch hier wieder diejenigen, die mit ihrem Tagesprogramm flexibler umgingen und je nach Stimmung mal unter der Woche frei machten und dafür am Wochenende mehr lernten.

Stefan I:

„Es kam wieder ganz drauf an. Ich hatte keine festen Zeiten. Falls Geburtstage oder Feiern von Freunden anfielen, bin ich da natürlich hingegangen. Aber allgemein frei gehalten habe ich mir keine Zeiträume. Insbesondere der wöchentliche Discobesuch fiel aus."

Ricarda:

„Ich habe mir keinen strikten Lernplan erstellt und demnach auch nicht freie Zeit fest eingeplant. Grundsätzlich habe ich meine Zeit eher flexibel eingeteilt und mir Wochenziele gesetzt. So habe ich es dann auch akzeptiert, an manchen Tagen nicht vorwärts zu kommen und mir dann spontan frei genommen. Insgesamt habe ich meine Freunde und Familie nicht vernachlässigt, aber sicherlich teilweise weniger unternommen."

Dr. B.:

„Eher weniger, höchstens einen Tag. Aber ich habe mich immer dann mit Leuten getroffen, wenn ich gemerkt habe, dass ich heute Lust drauf habe. Wenn ich aber gerade Freude am Arbeiten hatte, hätte ich das niemals unterbrochen."

Bei einigen änderte sich das Vorgehen auch während der Vorbereitung.

Rabea:

„Während des Uni-Reps, welches von 8.30 Uhr bis 17 Uhr drei Tage die Woche andauerte, habe ich in der Woche abends kaum Zeit gehabt, da ich oft noch bis 21 Uhr am Schreibtisch saß, um die Papiermengen des Tages aufzuarbeiten. In der Selbstlernphase habe ich regelmäßig ab 19 Uhr Feierabend gemacht. Am Wochenende habe ich in der Regel jeweils einen halben Tag frei gemacht oder einen ganzen Tag."

Til:

„Unterschiedlich in unterschiedlichen Phasen. Am Anfang habe ich nicht genug gemacht, dann war ich panisch und habe 3 Monate non stop gearbeitet. Vor dem zweiten Versuch habe ich von Montag bis Sa Mittag gearbeitet. Das war machbar."

Wie sollte man die Sache angehen? Wie bei der Gestaltung des Tagesablaufs ist es wohl das Beste, dass Sie mit einem festen Wochenrhythmus starten, mit mindestens einem freien Tag in der Woche. Es ist auf jeden Fall eine gute Sache, sich einen festen Rhythmus als Routine, als „gute Angewohnheit" anzugewöhnen.[55] Wenn Sie jeden Morgen erneut fragen müssen, ob Sie Lust zum Lernen haben, dann starten Sie schon halb erschöpft in den Tag. Wenn Sie dann merken, dass Ihnen die Arbeit gut von der Hand geht und Sie insgesamt diszipliniert dabei sind, können Sie zu einem flexibleren Rhythmus übergehen und hin und wieder Ausnahmen von der Routine zulassen. Alle zwei Monate können Sie ja mal ein längeres Wochenende einschieben und drei Tage am Stück frei machen. Wie die Untersuchung von *Towfigh/Traxler/Glöckner*[56] gezeigt hat, haben Sie dann ohnehin einen natürlichen Leistungseinbruch und brauchen etwas Luft zum Durchschnaufen.

Sie sind mehr als nur Jurist*in!

Viele Examenskandidat*innen spüren einen großen Leistungsdruck. Leider bringen Studium und Vorbereitung nicht immer Erfolgserlebnisse, die helfen, gute Laune und Motiva-

---

55 Dazu sehr hilfreich: *James Clear*, Atomic Habits, 2018 = Die 1% Methode – Minimale Veränderung, maximale Wirkung.
56 *Towfig,/Traxler/Glöckner*, ZDRW 2014, 8, 14 f.

tion beizubehalten. Umso wichtiger ist es, dass Sie in Ihrem Leben auch Zeit für anderes als Jura haben, das Ihnen wichtig ist und eine andere Seite in Ihnen zum Klingen bringt. Ein Hobby, Familie und Freunde können Ihnen Spaß, aber auch das Gefühl geben, dass Sie ein toller Mensch sind, egal wie es gerade in Jura läuft. Gönnen Sie sich das! Glück ist nicht etwas, das wir aufschieben dürfen, bis wir erfolgreich sind. Vielmehr hilft uns das Glück, das wir im Kontakt mit anderen, durch Freude und Begeisterung erfahren, mehr auf dem Weg zum Erfolg als Stress und Angst.[57]

Oliver:

„Ich habe mir mehrere zusammenhängende Tage oder Wochenenden für einen Städtetrip oder Kurzurlaub freigenommen."

Luc:

„Für fünf Stunden in der Woche, vornehmlich abends und sonntags, habe ich mich hauptsächlich ehrenamtlich bei der KAS und JEF engagiert."

Irma:

„Die Examensvorbereitung hat von der reinen Zeitspanne nicht mehr als die Hälfte meines Tages in Anspruch genommen. Meinen Haushalt habe ich meistens morgens organisiert (Wäsche waschen, aufräumen, putzen, einkaufen, etc.), auch Arzttermine habe ich mir meistens auf den Vormittag gelegt. Nachmittags war für die Examensvorbereitung reserviert. Abends habe ich meinen Sport verfolgt, mich erholt, mein soziales Umfeld gepflegt. Einmal die Woche gehe ich zur Ballettstunde, einmal die Woche gehe ich schwimmen, einmal die Woche habe ich ein politisches Plenum, ich besuche Podiumsdiskussionen zu aktuellen politischen Themen, ich lese gern Belletristik, ich koche gern gemeinsam mit meinen Freund*innen oder treffe sie abends auf ein Getränk."

Matthias:

„Ja, ich habe fast jedes Wochenende nach der Klausur am Samstag (s.o.) die Stadt verlassen und Freundin, Familie und Freunde besucht. Dann bin ich abends meistens ausgegangen und habe sonntags öfters Fußball gespielt bzw. geboxt. Unter der Woche hatte ich 3-4 Mal eine Workout-Routine und habe die Zeit zwischen Abendessen und später Lernphase [...] immer genutzt, um mich sonst allgemein und insbesondere im Freundeskreis auf dem Laufenden zu halten."

---

57 Dazu mit Verweisen auf zahlreiche Studien: *Shawn Achor*, The Happiness Advantage, 2010 = Das Happiness-Prinzip, 2020.

5 Zeitmanagement

Ida:

„Ja ich habe zweimal die Woche Sport gemacht, einmal die Woche Theater gespielt und war am Wochenende mindestens einmal feiern."

Lukas:

„Ich habe im Hauptjahr der Vorbereitung, 2011, einem Verein vorgesessen, war Stipendiatensprecher, habe in einem Chor gesungen und habe über 250 Stunden ehrenamtlich für eine Hilfsorganisation gearbeitet."

Beeindruckend, was die Teilnehmenden so alles gemacht haben, nicht wahr? Lassen Sie sich davon nicht einschüchtern, sondern motivieren. Klar, viele von Ihnen haben Verpflichtungen mit Familie und Jobs, die Ihnen wenig Zeit für Engagement und Hobbies lassen. Wenn Sie aber Ihre Lernzeit konzentriert nutzen, ist die Examensvorbereitung allein kein Grund, dass Sie überhaupt keine Zeit mehr für andere Dinge zu haben. Das gilt nicht nur für total engagierte Überflieger, sondern auch für „Normalos". Gerade Auszeiten und der Kontakt zu Freunden und Familie geben neue Kraft und die nötige Gelassenheit, die man in den Klausuren braucht.

Crashkurs Zeitplanung

- Gute Zeitplanung hilft sowohl gegen das dauerhafte Aufschieben (Prokrastination) als auch gegen Selbstüberforderung.
- Langzeit-, Wochen-, und Tagesplanungen machen.
- Realistische Ziele setzen, die fordern, aber nicht überfordern, sodass man am Abend mit gutem Gewissen nach Hause gehen kann.
- Bei der Tagesplanung auf den Chronotyp achten, in effektiven Phasen schwierige Konzepte und neuen Stoff behandeln.
- Zeitplanung je nach Präferenz flexibel oder strenger handhaben, im Zweifel aber mit einem strukturierten Tagesplan starten, bis man sich an eine gewisse „Grunddisziplin" gewöhnt hat.
- Weniger Stunden konzentrierte Nettoarbeitszeit (d.h. abzüglich Pausen), z.B. sechs bis acht Stunden pro Tag, sind ausreichend und besser als viele Stunden unkonzentrierte Pseudoarbeit.
- Unbedingt Wochenende und jurafreie Zeit einplanen. Sie sind keine Juramaschine, sondern ein Mensch mit einem Leben außerhalb der Lernerei. Sie brauchen Ausgleich, um in der Arbeit die nötige Kraft und Gelassenheit zu haben.

6 Lerntipps für die Einzelvorbereitung

Gibt Antworten auf die Fragen: Was lernen? Wie lernen? Womit lernen? Was mache ich, wenn ich keine Lust zum Lernen habe? Warum Wiederholung so wichtig ist.

Um das Lernen allein („Hintern auf Stuhl-Technik") kommen Sie nicht herum, auch wenn Sie ein kommerzielles Repetitorium oder Uni-Rep besuchen. Viele unserer Teilnehmenden sehen in der Einzelvorbereitung auch (sehr gut nachvollziehbar) den Schlüssel zu ihrem Examenserfolg.

Alexander I zur Frage, welcher Ansatz ihm am meisten geholfen hat:

„Einzelvorbereitung! Wenn ich es nicht verstanden habe, kann ich es nicht herleiten. Bei der Einzelvorbereitung musste ich es verstehen, um weiterzukommen."

Miriam:

„Die Kombination: alle Teile des Uni-Reps (Examinatorium = Vorlesungen der Dozenten, Tutorium = Fallbesprechungen/Übungsgruppe und Klausurenkurs) machen nur mit eigener Arbeit, also vor allem Vor- bzw. Nachbereitung Sinn."

Wie man das am besten macht, dazu haben unsere Teilnehmenden eine Menge Tipps für Sie die wir folgend darstellen werden. Zusammenfassend kann man es so formulieren:

Die Stimme der Prüferin:

„Raus aus der Konsumhaltung! Aktiv werden! Überlegen Sie nach jedem gelesenen Kapitel, was wirklich wichtig war, in welcher Konstellation die angesprochenen Themen und Probleme in einer Klausur vorkommen könnten, was Sie wirklich im Gedächtnis behalten wollen. Schreiben Sie das in wenigen eigenen, möglichst einfachen Sätzen auf, in ein Heft, auf Karteikarten, was Ihnen am meisten liegt und Spaß macht. Lesen Sie diese Texte nach einigen Tagen erneut, überarbeiten Sie sie, fassen Sie verschiedene Texte zusammen. Reflektieren Sie Ihre Arbeitsprozesse und optimieren Sie sie. Was funktioniert gut für Sie und was nicht?"

Wir haben unsere Teilnehmenden gefragt, wie sie gelernt haben. Dabei erwies sich das mehrfache Durchlesen am beliebtesten (76), gefolgt vom Fragen formulieren und selbst abfragen (62), während 21 sich von anderen abfragen ließen.

Verschiedene Lernmethoden

Wie Sie Lernen, haben Sie sicher schon in der Schule und spätestens im Studium gelernt. Trotzdem ist es vielleicht ganz hilfreich, ein paar Worte zu verschiedenen Lernmethoden zu sagen.

Nach Untersuchungen aus der Lernforschung ist das Beantworten von Fragen (Cal Newport bezeichnet das als „Quiz and recall"[58]), wie z.B. mit Karteikarten, allein oder mit anderen, die effektivste Art zu lernen. Nach den Untersuchungen führt die Notwendigkeit, die Antwort auf eine Frage aktiv durch Nachdenken entwickeln zu müssen, dazu, dass sich der Stoff gut einprägt. Das funktioniert offenbar auch dann, wenn der Stoff selbst noch gar nicht bekannt ist, sondern erst später gelernt werden muss. In einem Versuch führte das Besprechen eines Abschlusstests vor einer Vorlesung dazu, dass die Studierenden den anschließend zu lernenden Stoff viel besser behalten konnten.[59] Die Arbeit des Gehirns, eine Antwort zu finden, aktiviert also die Fähigkeit, Wissen zu behalten.

Etwas schlechter, aber immer noch gut funktioniert nach diesen Versuchen die aktive Beschäftigung mit dem Stoff als Lernmethode, z.B. durch das Erstellen einer Mindmap. Am schlechtesten funktioniert das wiederholte Durchlesen des zu lernenden Stoffs, der sogenannte „road review", wie es auch die Mehrheit unserer Teilnehmenden machte.

Was folgt daraus für Sie?

Es sei allerdings hier gesagt, dass es bei den Versuchen um das Behalten und Wiedergeben von Stoff ging, also um Auswendiglernen. Das passt für das Jurastudium nicht, weil es hier nicht um Wissenswiedergabe geht, sondern darum, einen unbekannten Fall unter Anwendung des Gesetzes mit Ihrem Wissen zu lösen. Egal wie Sie lernen, es ist daher wichtig, dass Sie verstehen, was Sie lernen und nicht nur einfach unverbundenes Wissen in den Kopf stopfen, das Sie nur dann anwenden können, wenn genau der Fall drankommt, den Sie gelernt haben, d.h. praktisch nie.

Das gesagt, würde ich aus den Studien schließen, dass Sie den zu lernenden Stoff, wie z.B. Definitionen im Strafrecht, am besten mit einem Frage-Antwort System lernen, also klassisch mit Karteikarten oder mit elektronischen Systemen. Klausurenschreiben und Falllösungen verlangen auch von Ihnen, dass Sie Antworten auf Fragen finden und funktionieren wahrscheinlich als Lernmethode deshalb so gut.

Um Ihr Verständnis zu verbessern, ist es eine klasse Methode, anderen etwas erklären zu müssen (siehe dazu oben zum Thema AG). Je nach Ihrem Lerntyp kann das Erstellen von Mindmaps, Schaubildern und Übersichten helfen, Ordnung in den Kopf zu bekommen.

Das schlichte wiederholte Durchlesen des Stoffs bringt aber wenig, auch wenn Sie das Gefühl haben, dass es Ihnen am angenehmsten ist. Diese Erfahrung machten auch die

---

58 Vgl. *Cal Newport*, How to Win at College, 2005, Rule 70; vgl. *ders.*, How to become a Straight A student, 2006, Part 2, Step 4.
59 Vgl. dazu *Scott Young*, Ultralearning, 2019, Chapter VII Retrieval: Test to learn; *Thad A. Polk*, Great Courses: The Learning Brain, 2018.

Studierenden in den Versuchen in den USA, auf denen die obigen Erkenntnisse beruhten: Die Studierenden, die mit dem schlichten Durchlesen der Bücher lernten, fühlten sich am besten vorbereitet, aber behielten am wenigsten.

Was soll ich lernen?

Gesetzlicher Prüfungsstoff

Sie können sich am Stoff eines Reps oder Uni-Reps orientieren, oder das Inhaltsverzeichnis von Lehrbüchern, Skripten oder Vorlesungsunterlagen zur Hand nehmen. Hilfreich kann z.B. auch ein Blick auf eine Untersuchung der Uni Köln sein, welche Themen in den Examensklausuren vorkamen.[60] Auf jeden Fall sollten Sie immer einen Blick auf den **gesetzlichen Prüfungsstoff** haben. Die Identifikation des Lernstoffs und die Erstellung des entsprechenden Lernplans waren schon Gegenstand der vorherigen Kapitel (Eingangskapitel; Kapitel zum Zeitmanagement).

Was tun mit der Stofffülle? Auf das juristische Handwerkszeug konzentrieren!

Der Mann, mit dem ich (Anne Sanders) während meiner Examensvorbereitung zusammen war, hat mir immer wieder Folgendes gesagt. Es hat mich (und vorher ihn) erfolgreich durch die Vorbereitung ohne kommerzielles Rep gebracht: *„Geh in die Bibliothek, schau Dich um. Kannst Du das alles lesen und behalten? Nein! Was Du tun kannst, ist das Handwerkszeug entwickeln, damit Du alles herleiten kannst."*

Die Stoffmenge überfordert jeden. Sie müssen aber gar nicht alles wissen, um gute Noten im Examen zu erreichen. Erfolgreiche Kandidaten – wenn sie nicht gerade ein fotographisches Gedächtnis wie Mike aus Suits haben – versuchen das gar nicht erst.

Die meisten Teilnehmenden empfehlen vielmehr eine Konzentration auf die „Grundlagen", um mit der Stofffülle zurechtzukommen. Damit meinen sie juristisches Handwerkszeug und Basiswissen in allen Fächern:

Alexander I:

„Grundlagen sind mehr wert als Rechtsprechung, weil Letztere wahrscheinlich nicht abgeprüft wird, ohne Erstere aber jede Klausur verloren ist."

Asterix:

„Konzentriert euch auf das Wesentliche und nehmt Abstand von dem Gedanken, jedes Problem und auch jedes Gebiet perfekt beherrschen zu können. Weniger ist manchmal mehr!"

---

60 https://klausurenkurs.uni-koeln.de/klausurenkurs/auswertung-der-examensklausuren.

6 Lerntipps für die Einzelvorbereitung

Lukas:

„Es ist am Ende einfacher, als man zunächst glaubt. Man sollte vor dem Hintergrund der Stofffülle immer versuchen, systematisch zu arbeiten.

Wer zum Beispiel einmal das Grundschema einer ö-r Klage verstanden hat, muss nicht, auf keinen Fall, 10 Prüfungsschemata auswendig beherrschen – er kann sie sich herleiten. Bei den Streits muss man sich immer fragen, welchem Zweck diese dienen, es ist auch nicht schlimm, einen Streit selbst zu entwickeln (Formulierung „man könnte dieses so sehen… dann…oder so…dann…" ist besser als „Nach einer Meinung, nach der zweiten Meinung"). Juristen werden an ihrem Denken, nicht an ihrem Erinnerungsvermögen gemessen."

Es geht also weniger darum, alle Details zu kennen, das tut man eh nie, sondern Grundlagen so gut zu beherrschen, dass man mit ihnen arbeiten kann, d.h. sie auch auf neue Sachverhalte anwenden kann. Dazu gehören insbesondere die Auslegungsmethoden. Dafür lohnt es sich durchaus auch in der Examensvorbereitung, einen Blick in ein Methodenlehrbuch zu werfen, auch wenn Sie für die komplette Lektüre keine Zeit mehr haben sollten. Wenn Sie noch im Studium sind, besuchen Sie eine Methodenvorlesung. Es lohnt sich!

Die Stimme der Prüferin:

*„Die Kernkompetenz des*der Jurist*innen liegt nicht darin, bekannte Fälle aus dem Gedächtnis zu reproduzieren, sondern unbekannte Fälle mithilfe des Gesetzes, der Methodenlehre und des juristischen Handwerkszeugs zu analysieren und überzeugend zu lösen. In der Praxis ist kein Fall identisch mit einem anderen. Da Sie mit dem Studium (auch) auf die juristische Praxis vorbereitet werden sollen, müssen sie im Examen dokumentieren, dass Sie mit Fällen zurechtkommen, die im Studium nicht vorgekommen sind. Prüfungsämter und Prüfer suchen daher bewusst nach immer neuen und unbekannten Fällen. Der unbekannte Fall ist im Examen nicht der schockierende Ausnahmefall, sondern die Regel. Sie müssen sich daher bewusst darauf vorbereiten, mit unbekannten Fällen konfrontiert zu werden, neue Probleme zu entdecken und zu lösen, möglicherweise sogar Gesetze anzuwenden, die Sie vorher nie gesehen haben. Viel wichtiger als Detailwissen ist Systemverständnis, Methodensicherheit und Beherrschung des juristischen Handwerkszeugs. Daran fehlt es nach meiner Erfahrung viel öfter als an Kenntnissen. Der Weg zum Prädikatsexamen führt ohnehin nur über eigenständiges Denken. Einer meiner Doktoranden hat in der Examensvorbereitung permanent die Fragen gestellt, muss ich das wirklich wissen, muss ich das wirklich lernen, warum soll ich mein Gedächtnis gerade mit diesen Informationen zu belasten? Der Erfolg hat im Recht gegeben, er hat beide Examen mit einem oberen „gut" bestanden.*

Was muss man wirklich wissen, was muss man wirklich präsent haben? Die Basics müssen sitzen! Über das Abstraktionsprinzip werden in der Klausur keine abstrakten Erörterungen erwartet, aber man muss es so belastbar verstanden haben und beherrschen, dass man nicht dagegen verstößt. Wenn in einer Examensklausur eine Prüfung von § 894 BGB mit der Frage beginnt, ob ein wirksamer Kaufvertrag über das Grundstück geschlossen worden sei, dann bedeutet dies eigentlich schon das Aus. Niemand wird von Ihnen theoretische Erörterungen zum Verhältnis von vertraglichem und deliktischem Schadensersatz verlangen, aber Sie müssen wissen, wann Sie § 278 BGB prüfen und wann § 831 BGB und natürlich auch, dass der Erfüllungsgehilfe im Deliktsrecht nichts zu suchen hat. Sie dürfen gar nicht auf die Idee kommen, bei der Frage nach der Haftung eines Tierhalters zu prüfen, ob der Hund Bello sein Erfüllungsgehilfe im Sinne von § 278 BGB sein könnte. (So aber eine Kandidatin mit durchaus respektablen Klausurnoten im Vortrag! Sie hat das Prädikat doch noch erreicht). Sie müssen keine Details zum Recht der Erbengemeinschaft kennen, aber Sie sollten wissen, dass es sich um eine Gesamthandsgemeinschaft handelt und die §§ 2032 ff. BGB mithilfe Ihrer Erfahrungen mit der BGB-Gesellschaft erschließen können, selbst wenn Sie im Studium die Erbengemeinschaft gemieden haben. Und in einer Examensklausur sollte wirklich nicht die Frage aufgeworfen werden, ob eine Vollmacht eine Willenserklärung ist oder ein Realakt."

Details mit Blick auf das Gesamtsystem!

Natürlich müssen Sie bestimmte klassische Prinzipien, Definitionen und Konstellationen kennen. Aber auch Detailwissen sollten Sie entsprechend der obigen Tipps unserer Prüferin nicht einfach auswendig lernen. Besonders schön beschreibt das Andreas:

Andreas:

„Ich habe alle Probleme auf Karteikarten übertragen, die sich in den Rep-Materialien fanden. Das umfasste auch Spezialprobleme. Allerdings habe ich diese Karteikarten dann nicht etwa auswendig gelernt, sondern beim Wiederholen immer wieder überlegt, wie man das Problem mit den Auslegungsmethoden in den Griff bekommen könnte. Dann habe ich mit den aus den Materialien abgeschriebenen Argumenten auf der anderen Seite der Karteikarte überprüft, ob meine Ideen vertretbar waren. Insofern habe ich anhand von Spezialproblemen gelernt, mich dabei aber immer auf die Grundlagen und die grundlegende Systematik besonnen."

Egal ob Meinungsstreit oder Urteil, mit dem Sie sich beschäftigen, fragen Sie sich immer, was das zugrunde liegende Auslegungsproblem ist und welche Gründe für und gegen die verschiedenen Lösungsmöglichkeiten sprechen. Nur weil der BGH etwas gesagt hat, ist das nicht gottgegeben. Auch Richter*innen lösen „nur" ein Problem mit den Methoden, die wir alle im Studium lernen. Darum muss man Urteile nicht zwangsläufig kennen, um zu einem gut vertretbaren Ergebnis zu kommen.

Dafür müssen Sie beim Lernen aktiv werden, im Rep, in der AG, im Klausurenkurs, am Schreibtisch. Das heißt, dass Sie beim Lernen innerlich aktiv sein müssen, nicht etwa passiv

6 Lerntipps für die Einzelvorbereitung

Wissen aufnehmen. Seien Sie ein Raubfisch, wenn Sie lernen, nicht ein Schwamm.[61] Wie macht man das? Fassen Sie das, was Sie gelesen haben, in eigenen Worten zusammen, z.B. wenn Sie Ihre Karteikarten oder Skripte schreiben, so als ob Sie die Karteikarten oder Ihr Skript als Lehrbuch an jemanden verkaufen wollen, der das Thema noch nicht kennt. Dann muss es ja gut und verständlich sein! Oliver erklärt das sehr schön:

Oliver:

> *„Ich habe meine Zusammenfassungen immer so geschrieben, als würde ich es für Dumme erklären. Der Dumme war letztlich ich. Wenn ich etwas gerade frisch erarbeitet habe, dann habe ich es verstanden, klar. Damit ich es auch schnell wiederholen kann, nach längerer Zeit zum Beispiel, habe ich mir die Herleitungsschritte möglichst ausführlich aufgeschrieben. Wenn ich nach längerer Zeit etwas wiederhole, war oftmals vieles nicht mehr klar, was ich einst sehr gut verstanden hatte. Und Lücken in der Dokumentation haben sich dann gerächt. Denn dann musste ich es eigentlich fast komplett nochmal neu lernen."*

Oder stellen Sie sich selbst immer wieder Fragen, wenn Sie lesen. Oder fassen Sie das Gelesene in einer Skizze zusammen. Sie können sich auch vorstellen, wie Sie das Gelesene einer Gruppe imaginärer Zuschauer erklären würden.[62] Lernen Sie mit einem Karteikartensystem oder kleinen Fällen, sodass Sie beim Lernen Fragen beantworten müssen. Wenn Sie etwas nicht wissen, dann erarbeiten Sie sich den Stoff mit Blick auf die Frage. Überlegen Sie dann aber auch, wie der Fall zu lösen wäre, wenn der Sachverhalt etwas anders wäre. Nur anwendbares, flexibles Wissen nützt Ihnen in der Klausur.

---

61 Vgl. *Lynn F. Jacobs/Jeremy S. Hyman*, Professor's Guide to Getting Good Grades in College, 2006, Chapter 4, 7.
62 Vgl. *Cal Newport*, How to become a Straight A student, 2006, Part 2, Step 4.

Womit lernen? Die Toolbox

Fast alle unsere Teilnehmenden verwendeten verschiedene Lernmittel:

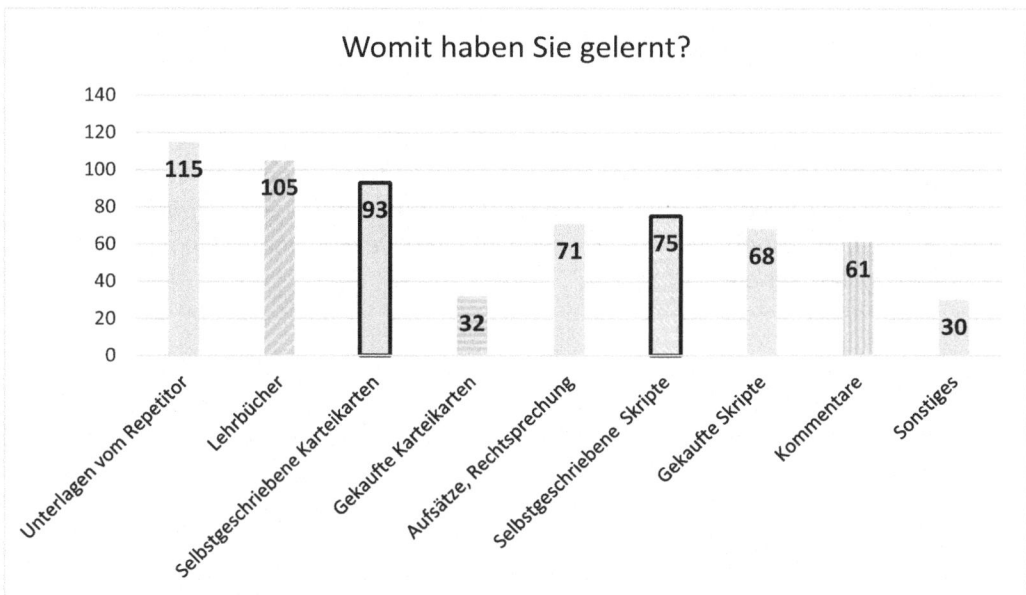

Ganz vorne liegen die Unterlagen vom Repetitor, gefolgt von Lehrbüchern.

Wie lesen?

Um das Lesen kommt man nicht herum, auch wenn man dann mit Abfragetechniken arbeitet und den Stoff selbst zusammenfasst. Wir haben unsere Teilnehmenden daher gefragt, wie sie gelesen haben. Dazu erklärten 99, sie hätten gelesen, markiert und Wichtiges herausgeschrieben, während 31 lasen und markierten. 76 von 144 hatten eine eigene Markiertechnik mit Farben und Symbolen entwickelt. Beim Lesen bemühten sich 115 um möglichst konzentriertes Lesen, während sich zusätzlich 67 Fälle vorstellten und 17 sich selbst Fragen zur Wiederholung stellten, um einen möglichst guten Leseerfolg zu erreichen. Wie Sie es auch immer machen: Wichtig ist, dass Sie bei der Lektüre bei der Sache bleiben. Man kann auch eine ganze Seite mit dem Textmarker in leuchtendes Gelb tauchen und nichts mitnehmen. Beim Lesen und Rausschreiben, bzw. Fragen formulieren dagegen verarbeiten Sie das Wissen direkt und bleiben daher geistig wach.

Selbst geschriebene Unterlagen

Interessant ist aber die Beliebtheit selbst geschriebener Lernmittel (Karteikarten,[63] Skripten, Übersichten). Die Aussagen in der Umfrage erklären, warum gerade diese eigenen Materialien besonders hilfreich sind.

---

63 Zu Karteikarten *Barbara Lange*, Jurastudium erfolgreich, 8. Aufl. 2015, 223 ff.

6 Lerntipps für die Einzelvorbereitung

Alexander:

„Selbst erarbeitetes Wissen bleibt länger haften, Lernprozess mit mehreren Sinnen: Lesen, Schreiben."

Corinna:

„(Am meisten geholfen hat es mir,) eigene Prüfungsschemata zu schreiben: strukturiertes, systematisches Lernen, welches peu à peu detaillierter wird (Laptop). Selbstgeschriebene Skripten: Inhalte verständlich aufbereitet; umfassend, da Zusammenstellung aus verschiedenen anderen Quellen; man zwingt sich, den Stoff zu systematisieren."

Jan:

„Nichts eignet sich besser als selbst geschriebene Karteikarten, um den Stoff für sich selber sinnvoll zu strukturieren und dadurch auch gut zu erfassen. Gekaufte Skripten, Lehrbücher etc. habe ich nur benutzt, um meine eigenen Skripten zu erstellen und den dort behandelten Stoff unterzubringen."

Oke:

„Meine selbst geschriebenen Skripte waren – gerade was die Wiederholung des Stoffes anging – am hilfreichsten, weil sie in „meiner" Sprache verfasst waren und spezifisch auf die Verständnisprobleme, die ich ursprünglich hatte, eingingen sowie (durch spätere Ergänzungen) typische Fehler von mir hervorhoben."

Wie lernt man mit Karteikarten?

Der klassische Weg des Lernens mit Abfragen ist die selbst geschriebene Karteikarte.[64] Dafür wird auf die eine Seite eine Frage oder ein kleiner Fall geschrieben, auf die andere Seite eine Antwort, d.h. eine Definition, oder die Lösung des kleinen Falles, bzw. Pro- und Contra-Argumente zu einer Streitfrage.

Heute gibt es dafür gute elektronische Systeme, wie z.B. Phase 6 oder Anki. Vorteile solcher Systeme sind insbesondere ein geringerer zeitlicher Aufwand, automatisierte Wiederholungszyklen, die Bearbeitung ist jederzeit möglich, man kann die Karteikarten verschlagworten und sich an erreichten Scores etc. erfreuen (Gamification). Dazu gleich noch mehr.

---

[64] Vgl. die Tipps in *Scraback*, JA 2017, 1409.

David:

„Ich fand es beim Wiederholen am besten, sich selber Karteikarten zu schreiben – gar nicht, um damit danach zu lernen. Sondern um sich selber Gedanken zu machen, wie man ein Problem darstellen kann. Und alles, was man selber geschrieben hat (ich meine handschriftlich), kann man sich besser merken."

Schon das Erstellen solcher Karteikarten ist also eine gute Übung. Konzentrieren Sie sich also dabei und sehen Sie das Karteikartenschreiben nicht als automatisierten Vorgang, den man auch vor dem laufenden Fernseher erledigen kann.

Beim Lernen mit Karteikarten nutzen Sie am besten einen Kasten mit mehreren Fächern oder verschiedene Stapel. Wenn Sie mit Karteikarten arbeiten, dann nehmen Sie eine Karte, lesen Sie die Frage und versuchen Sie, diese zu beantworten. Wenn Sie die Antwort nicht gleich wissen, dann schauen Sie nicht sofort auf die Antwort, sondern denken Sie ein wenig nach und versuchen Sie, die Antwort herzuleiten. Damit verbessern Sie Ihr Verständnis und behalten auch langfristig mehr!

Wenn Sie die Antwort wissen, dann legen Sie die Karte in das nächste Fach oder auf den nächsten Stapel. Wenn Sie die Antwort nicht wissen, bleibt die Karte in Ihrem Stapel. Den Stapel müssen Sie dann jeweils so lange wiederholen, bis Sie die Antwort wussten und die Karten weiterwandern können. Nach einer gewissen Zeit kommt der nächste Stapel dran, der die Karten enthält, die Sie schon mal richtig beantworten konnten. Die Karten, die sie wiederum gewusst haben, wandern wieder ein Fach bzw. einen Stapel weiter, die Karten, die Sie nicht wissen, kommen in den ersten Stapel zurück. So wandern die Karten durch fünf Fächer/Stapel. Nach einer gewissen Zeit sollten auch alte Karten einmal wiederholt werden, um sicher zu gehen, dass Sie sie noch beherrschen. So kann das Wissen langfristig gespeichert werden. Mit dem Lernen mit Karteikarten sollten Sie spätestens zum Beginn der Vorbereitungszeit anfangen und nicht erst 2 – 3 Monate vor den Klausuren, da die Zeitabstände zwischen den einzelnen Phasen exponentiell steigen soll. Zwischen den beiden letzten Phasen liegen bei den elektronischen Systemen Phase6 und Anki ca. 6 Monate.

Vom Wert der Wiederholung

Immer wieder betonten die Teilnehmenden, wie wichtig das Wiederholen für eine erfolgreiche Examensvorbereitung ist. Auch hierfür gaben sie eine Menge hilfreicher Tipps:

Luis:

„Wiederholung ist das Wichtigste! Die meisten vergessen den alten Stoff – schade! Je fortgeschrittener ich war, desto mehr habe ich den Schwerpunkt auf die Wiederholung des alten Stoffs gelegt. Ich habe die Erfahrung gemacht, dass man alles vergisst, was nicht ständig wiederholt wird."

6 Lerntipps für die Einzelvorbereitung

Ida:

„Ich habe während des laufenden Reps die Fälle und den Stoff nachgearbeitet. Den ganzen Stoff habe ich nach dem laufenden Hauptkurs noch zwei- oder dreimal wiederholt. In der Lerngruppe haben wir den ganzen Stoff dann noch mal durchgearbeitet."

Bettina:

„Jeden Morgen zwei Stunden Wiederholung eines Sachgebiets (rotierendes System)."

Vergleich Karteikarten-Programme Anki und Phase 6 von Linda Ernst

Gemeinsamkeiten der beiden Programme:

- Beide Programme beruhen auf dem Prinzip **„spaced repetition"**, was dazu führen soll, dass die Karteikarten im Langzeitgedächtnis bleiben. Dabei wird der sog. „Spacing Effekt" genutzt, wonach Inhalte, in unserem Fall Karteikarten, besser im Gedächtnis bleiben, wenn sie über einen längeren Zeitraum gelernt werden.
- Die Karteikarten werden in immer größer werdenden Abständen abgefragt, bis sie schließlich im Langzeitgedächtnis sind.
- Die **Bedienung** ist super einfach und selbsterklärend und beide Programme sind sehr übersichtlich gestaltet.
- Die Handyapp und die Online-Variante **synchronisieren** sich, sodass man je nach Aufenthaltsort an beiden Geräten lernen kann, ohne etwas doppelt zu machen oder der Fortschritt nicht gespeichert wird. Dann kann z.B. auch die Zugfahrt effektiv genutzt werden.
- Die **Eingabe** der einzelnen Karteikarten ist sehr einfach. Man kann die einzelnen Karten nach Kategorien und Unterkategorien oder Rechtsgebieten und Themen sortieren und hat so immer im Überblick, welche Karteikarten abgefragt werden und wann die nächsten wieder fällig werden. Bei Anki kann man zusätzlich zur manuellen Eingabe online fertige Karteikartenstapel herunterladen, die dann abgefragt werden.

6 Lerntipps für die Einzelvorbereitung

	Anki	Phase6
Kosten	• PC: Programm Kostenlos • Handy: 27,99 € einmalig	• „normaler Tarif": kostenlos • Problem: auf 50 Karteikarten begrenzt • Unbegrenzte Karteikarten: 2,19 € pro Monat
Design und Benutzeroberfläche	• Graues Design • sehr schlicht gehalten • wenig Ablenkung	• Buntes Design • ansprechend gestaltet mit Farben und Bildern
Eingabe der Karteikarten	• Online gibt es fertige Karteikarten für Jura, die man downloaden kann und dann durchgehen. Bisher habe ich Grundrechte und BGB AT ausprobiert und das hat gut funktioniert.	• Nur manuelle Eingabe
Abfrageart	• Karteikarte wird angezeigt und man muss im Kopf die richtige Antwort denken • Kein Aufschreiben	• Vier verschiedene Möglichkeiten zum Lernen: • Einprägen (Dann geht man einmal alle Karten durch und sieht die Lösung) • Klassisches Abfragen • Gemischte Abfrage (5. Karten werden eingeprägt, 5 abgefragt) • Zuordnen (es werden mehrere Vorder- und Rückseiten angezeigt, die man zueinander ziehen muss)

	Anki	**Phase6**
Klassisches Abfragen und Weiterkommen	<ul><li>Eine Karteikarte wird angezeigt und man geht die Lösung im Kopf durch</li><li>Dann kann man sich die Antwort zeigen lassen und zwischen „Nochmal", „Gut" und „Einfach" entscheiden, je nachdem wie gut man die Lösung parat hatte</li><li>Dementsprechend wird die Karteikarte dann je zu einem anderen Zeitpunkt wiederholt:</li></ul> <ul><li>Intervalle zwischen den Karteikarten werden immer größer, bis die Karteikarte im Langzeitgedächtnis angekommen ist</li><li>Vorteil: man entscheidet selbst, ob eine Antwort richtig war und ist dadurch nicht auf die Wortgleichheit angewiesen</li></ul>	<ul><li>Karteikarte wird angezeigt und man muss „Rückseite" der Karteikarte aufschreiben</li><li>Wenn die Antwort richtig ist, dann kommt das Kärtchen in die nächste Phase:</li></ul> <ul><li>Wenn die Antwort falsch ist, bleibt das Kärtchen in der Phase und wird zusätzlich am Ende noch einmal abgefragt</li><li>Nervig: Eine Antwort wird nur als richtig angesehen, wenn sie absolut identisch ist (Wörter, Rechtschreibung, Satzzeichen)</li><li>Aber es gibt die Möglichkeit, die Antwort dennoch „gelten zu lassen" und so in die nächste Phase zu schieben</li></ul>

Fazit

Bei Anki kostet zwar die Handyapp Geld, das PC Programm ist allerdings unbegrenzt kostenlos nutzbar. Online gibt es sogar auch verschiedene fertige Karteikartenstapel, die man downloaden und lernen kann. Was gegenüber Phase6 ein Vorteil ist, da man hier jede Karteikarte manuell eingeben muss.

Grundsätzlich sagt mir Phase6 aber mehr zu, da es einfach schöner gestaltet ist und ich lieber lerne, wenn mich meine Lernsachen auch optisch ansprechen (aber das ist wahrscheinlich eine Frage des Lerntyps). Außerdem gibt es verschiedene Abfragemodalitäten, was ein bisschen Abwechslung in das „Karteikarten lernen" bringt.

Unabhängig davon funktionieren aber beide Programme sehr gut und ich habe in der Testzeit sowohl die alten Definitionen auffrischen können, aber auch neue Karteikarten zu neuen Themen gelernt. Schon nach dem zweiten Tag hatte ich mir die Karteikarten eingeprägt und konnte das Wissen in den darauffolgenden Abfragen abrufen.

6 Lerntipps für die Einzelvorbereitung

Meine Empfehlung ist daher, beide Programme auszuprobieren und sich dann zu entscheiden, welches besser zur eigenen Lernart passt.

Ergänzung

Sehen Sie Wiederholung aber nicht nur als Auswendiglernen, sondern nutzen Sie die Wiederholung zum Vertiefen Ihres Verständnisses. Jura ist wie eine Wendeltreppe, man begegnet immer den gleichen Problemen, aber sieht sie aus anderem Blickwinkel (so eine alte Weisheit unserer Prüferin Dauner-Lieb). Wiederholen Sie, was Sie schon können und versuchen Sie, Verbindungen zu anderen Bereichen zu entwickeln. Durch das ganze Studium haben Sie immer in einzelnen Rechtsgebieten gelernt. Nun setzt sich das Bild zusammen. Das ist faszinierend. Lassen Sie sich durch den Druck der Prüfung nicht zu sehr davon abhalten, dies auch zu genießen.

Das Internet: keine Panik!

Auch im Internet findet sich Vieles zum Thema Examen. Insbesondere seit Beginn der COVID-19 Krise ist das digitale Angebot enorm gewachsen, sowohl bei kommerziellen Anbietern als auch an der Universität.[65] An den Unis Bielefeld und Münster gibt es z.B. den Zugriff auf umfangreiche Skripten des Münsteraner Uni-Reps. Fast jede Fakultät bietet ihren Studierenden Ähnliches an. Erkundigen Sie sich!

Tipp von Shari:

„Besonders hilfreich sind für mich die Online-Lektionen der Uni Münster."

An der Uni Köln gibt es ein großes Angebot von **Examensklausuren** mit Lösungen. Auch sehr gute **Lehrvideos** sind online zu finden.

Tipp von Simon:

„Lobend erwähnt sei das Internet-Angebot von Prof. Dr. Stephan Lorenz von der LMU München (www.stephan-lorenz.de). Er bietet einen wahren Fundus an examensrelevanter Rechtsprechung, die oftmals mit kleineren Anmerkungen versehen ist."

Tipp von Elli:

„Die Podcasts der LMU München helfen einem weiter, da man das Gefühl hat, in eine Vorlesung gehen zu können."

Unter **Podcasts**-Apps finden Sie auch die Crashkurse, bei denen in wenigen Stunden ein Rechtsgebiet aufbereitet wird. Die eignen sich gut zum Wiederholen, damit der Stoff nicht vergessen wird.

---

65 Siehe die Übersicht auf http://www.jura.uni-bielefeld.de/lehrstuehle/sanders/Uebersicht_ueber_Lernangebote/.

Gehen Sie **nicht nur auf die offizielle Homepage** der Fakultät. **Stöbern** Sie bei den einzelnen Lehrstühlen und Institutionen.

Im Netz ist aber auch **Vorsicht** angezeigt. Da tummeln sich auch viele Menschen, die Dinge falsch oder zumindest missverständlich erklären. Außerdem können Unterlagen veraltet sein. Daher wachsam bleiben und das, was Sie da so hören und lesen, kritisch hinterfragen. Machen Sie sich zur Gewohnheit, allem zu misstrauen, was Sie nicht verstehen. Das ist ohnehin das Kennzeichen eines guten Juristen!

Auch der Austausch mit anderen Studierenden verunsichert mitunter mehr als er hilft.

Simon:

„Recht hilfreich kann die Seite juraexamen.info sein, insbesondere vor der mündlichen Prüfung. Neben Hinweisen auf aktuelle Rechtsprechung und Kurzanalysen diverser Urteile findet man hier auch einen sog. Examensreport, der nach Bundesländern sortiert ist. Dies ermöglicht es, sich einen Überblick zu verschaffen, welche Themen in den letzten Monaten Gegenstand von Examensklausuren waren. Dringend gewarnt werden kann aber nur vor der sich daran anschließenden Kommentar-Funktion sowie vor der Seite juraexamen.com. In diesen Foren wird von Examenskandidaten über zukünftige Klausuren spekuliert, vor allem aber über vergangene Klausuren diskutiert. Die Lektüre der teilweise fundierten, größtenteils aber verwirrenden und Panik hervorrufenden Beiträge bringt keinen inhaltlichen Mehrwert, ändert nicht die geschriebene Klausur und verunsichert nur im Hinblick auf die noch zu erbringenden Leistungen (mündliche Prüfung oder folgende Klausuren beim sog. Abschichten)."

Viele Menschen (wir eingeschlossen) können kaum einschätzen, wie ihre Leistungen später beurteilt werden. Also nicht verrückt machen lassen!

Wo lernen?

Wo man lernt, ist, wie so vieles andere, eine Frage, die jeder persönlich beantworten muss. Einige lernen am liebsten in der Bibliothek, andere zu Hause, wieder andere sonst wo, wobei „sonst wo" im Garten, im Park oder in einem Café sein kann. Für alles gibt es Pros und Contras. Ich habe nie verstanden, wie man im Freien gut lernen kann – obwohl oder vielleicht gerade, weil ich sehr naturinteressiert bin. Wo auch immer man lernt, der Ort sollte ruhig sein und keine verlockenden Abwechslungen enthalten, die die Konzentration auf die Arbeit zur täglichen Anstrengung werden lassen.

Roman:

„Ich habe ausschließlich in der Bibliothek gelernt und dort an (immer denselben) Plätzen gesessen, wo ich ungestört war und nicht das ständige Kommen und Gehen anderer Leute mitbekommen habe."

Wechsel des Lernorts

Grundsätzlich würde ich raten, den Lernort immer mal wieder zu wechseln, dann bleibt man wacher im Kopf. Das empfiehlt auch

Felix:

„Alle paar Monate auch mal für eine Woche den Lernort gewechselt, dann wieder zurück in die Bib. Bei heißem Wetter an kaltem Ort gelernt."

Frauke und Andreas trieben das Ganze aber auf die Spitze:

Frauke:

„Zug fahren."

Andreas:

„Mit Ausflügen unter Verwendung des NRW-Tickets. Im Zug konnte man gut Karteikarten lernen. So kam ich nach Solingen, Wuppertal, Mönchengladbach, Venlo, Duisburg, Bochum und Essen. Vor dem Verbesserungsversuch war ich einmal in Monschau und Aachen."

Andreas hat also einen Wechsel des Lernorts mit einer kleinen Belohnung (neue Stadt ansehen) verbunden. Anfang und Ende der Fahrt markierten die Lernzeit. Außerdem kann es sein, dass die Anwesenheit anderer „normaler" Menschen im Zug außerhalb des Examensstresses positiv gewirkt hat.

Pro Bibliothek

Juliane:

„Ich saß in der Bibliothek, da haben alle gelernt. Der Druck war groß genug."

Jennifer:

„Kaffee, Besuch der Bib."

Einige schätzen den sozialen Druck in der Bibliothek und dass man dort morgens hingeht und abends wieder weg, man die Arbeit hinter sich lassen kann und so nicht noch abends in seinem Zimmer auf den Schreibtisch mit Büchern schaut. Der Weg in die Bib und von der Bib nach Hause geben dem Tag Struktur. Was die Bibliothek als Lernort ausmacht, haben viele Teilnehmende unserer Corona-Umfrage klargemacht, als Lernen dort nicht mehr möglich war.

Victoria:

„Zuhause lasse ich mich schnell von anderen Dingen ablenken; ich beschäftige mich schnell mit vielen unterschiedlichen Sachen, aber mit keiner richtig bzw. zu 100%."

Wer Schwierigkeiten hat, sich zu konzentrieren und am Ball zu bleiben, für den ist Lernen in der Bibliothek (mit Handy im Spind, oder wenn Sie Diebstahl befürchten, ausgeschaltet auf dem Tisch eines Freundes, und nicht zu langen Kaffeepausen) also eine gute Option. Legen Sie feste Anfangs- und Endzeiten fest, sowohl für den ganzen Tag als auch für die Mittags- und Kaffeepausen. Vorsicht aber: Juristische Seminare können ziemlich stressige Orte sein. Jedenfalls aus US-Law Schools ist bekannt, dass der Stress der dort arbeitenden Studierenden ungute Wirkungen auf Psyche und Produktivität haben kann.[66]

Lernen im Homeoffice

Manche lernen gern daheim.

Rabea:

„Wenn ich nicht mit meiner Lernpartnerin gelernt habe, habe ich viel zu Hause gelernt, da ich gerne vollkommene Ruhe habe. Auch die Möglichkeit sich kurz einmal hinzulegen, wenn man merkt, dass man gerade nichts mehr aufnehmen kann, war zu Hause besser möglich. Zudem hat Kaffee am Nachmittag zusammen mit einem Stück Schokolade oder einem Keks die Motivation für den Rest des Lerntages gebracht."

Jens I:

„Im Übrigen hilft Ruhe, wobei ich nichts von der künstlichen Ruhe halte, die im juristischen Seminar besteht. Die beste Lernumgebung ist eine natürliche Ruhe mit ein paar Pflanzen um sich herum und etwas Trinkbarem an der Hand."

Lernen im Homeoffice, wenn die Bib zu hat (z.B. wegen Corona)

Manchmal, z.B. bedingt durch die Corona-Pandemie, hat man aber keine Wahl. Bibliotheken waren geschlossen, und da hieß es, zu Hause zu lernen. Das war für viele nicht so einfach:

---

66 *Shawn Achor*, Big Potential, 2018, 149 f.; *Kathryn M Young*, How to be sort of happy in Law School, 2018, 143.

Julia schrieb uns damals:

„Ich höre zu oft Dinge wie ‚Ja, dann musst Du Dich einfach mal dran gewöhnen, zuhause zu lernen. So schwer kann das doch nicht sein'."

Julia ist nicht allein, denn daheim fehlt oft Struktur und soziale Kontrolle, um sich so zu konzentrieren, dass tiefe Arbeit möglich wird. Hier sehen nicht so viele, wie oft man Kaffee kocht, die Wohnung putzt, mit Freunden chattet, Netflix binged oder im Netz rumklickt. Damals war das Risiko besonders hoch, dass man nur noch auf den Nachrichtenkanälen rumhing und die nächste Hiobsbotschaft zur Virusentwicklung las. Hinzukam, dass Klausuren ausfielen, ohne dass die Prüflinge wussten, wann es weitergeht. Der am Anfang gesetzte Zielpunkt war weg und das machte motiviertes Arbeiten schwierig.

Außerdem fällt einem zu Hause bald die Decke auf den Kopf.

Unsere Corona-Umfrage damals zeigte, dass das ein verbreitetes Problem ist.

Alex beschreibt es perfekt:

„Die größte Herausforderung besteht darin, sich auf das Lernen zu 100% zu fokussieren. (…) Diese Antriebslosigkeit führt momentan leider dazu, dass meine Konzentrationsspannen nur von kurzer Dauer sind und ich seit ca. 2 Wochen mich weder richtig erholt habe – noch aber produktiv war. Ich würde mir wünschen, dass ich mich wieder richtig konzentrieren kann – und ich wünsche mir die Bibliothek zurück."

Um Examenskandidaten damals zu helfen, haben wir eine Reihe Tipps für das Lernen zu Hause entwickelt, die auch in weniger dramatischen Zeiten nützlich sein können:

Ein **fester Tagesablauf** hilft beim Lernen im Homeoffice, raten die Teilnehmenden.

Tipp von Jana:

„Feste Zeiten für sich selbst setzen, zu denen man lernt, isst oder sich mit seiner Familie beschäftigt."

Shari:

„Klare Absprachen mit Mitbewohnern oder Familienmitgliedern hinsichtlich der Zeiten, in denen man für sie verfügbar ist/keine ständig ‚offene' Tür."

6 Lerntipps für die Einzelvorbereitung

Tipp von Victoria:

„Ich stehe zur selben Zeit auf wie sonst auch. In der halben bis 3/4 Stunde, die ich normalerweise für den Weg ins Juridicum brauche, mache ich etwas Sport. Es gibt viele Youtube-Workouts für zuhause, wo man keine Sportgeräte o.Ä. braucht. Mein Schreibtisch ist vom Vortag aufgeräumt. So kann ich ‚frisch' in den Tag starten. Mein Handy liegt in der anderen Ecke des Raumes, damit ich mich von Nachrichten etc. nicht ablenken lasse. Ich beginne dann immer mit der Abfrage von Karteikarten. So habe ich auch meinen ‚normalen' Lerntag begonnen. Wenn ich damit fertig bin, gönne ich mir 20 Minuten Kaffee- oder Teepause. Dann arbeite ich Fälle durch und schreibe mir neue Karteikarten. Zwischendurch mache ich immer Pause (Pomodoro-Technik)[67]. Abends räume ich meinen Schreibtisch auf. So habe ich zumindest ‚das Gefühl', ich sei in der Bibliothek, beende nun meinen Lerntag und habe jetzt ‚Feierabend'."

Victorias Tipps sind großartig und zeigen, wie man einen Tag strukturieren kann. Den Hinweis auf das **Aufräumen** des Schreibtischs (mal wieder ein hilfreiches Ritual) möchte ich Ihnen sehr ans Herz legen, und wenn Sie im Homeoffice sind, auf Ihr ganzes Zimmer ausdehnen. In der Bib müssen Sie abends einräumen, das ist ein guter Abschluss des Tages, und wenn Sie dort morgens hingehen, müssen Sie Ihre Unterlagen aufbauen. Machen Sie das auch daheim. Das Bett zu machen[68] und herumliegende Klamotten wegzuräumen, kann ein guter Start in die Arbeit sein, bevor Sie sich an den vom Vorabend ordentlichen Schreibtisch setzen. Nein, Sie sollen nicht alles in Ihrem Schrank nach Farbtönen sortieren o.Ä., mit sowas schieben Sie nur den Arbeitsbeginn heraus, das wissen Sie. Aber ein ordentliches Zimmer ist ein guter Ort, um geordnete Gedanken zu entwickeln.

Ich (Anne Sanders) bin selbst nicht ordentlich, aber ich schwöre auf den Spruch: Wenn Du eine Eigenschaft haben möchtest, dann verhalte sich so, als hättest Du sie schon. Also: Wenn ich eine erfolgreiche, disziplinierte Person sein möchte, dann räume ich den Schreibtisch auf und mache mein Bett, so als wäre ich ordentlich und diszipliniert.

Bei der Strukturierung des Tages können Vorlesungen im Rep oder Uni-Rep helfen, die nicht aufgezeichnet werden, weil man sie sich nur live anhören kann.

Marina:

„Feste Zeiten der Vorlesungs-Zoom-Meetings finde ich persönlich eher unpraktisch, kann aber auch verstehen, dass es manchen hilft, wenigstens etwas Struktur in dem sich wohl immer wiederholenden ‚Alltag' zu erhalten."

---

[67] Die wurde oben erklärt.
[68] Vgl. *Cal Newport*, How to Win at College, 2005, Rule 5; *William H McRaven*, Make Your Bed – 10 Life Lessons from a Navy Seal, 2017.

So tun als ginge man in die Bibliothek:

Tipp von Marisa:

„Den Weg in die Bib simulieren, indem man sich morgens ganz normal fertig macht, evtl. schminkt und Kleidung anzieht, in der man genauso raus gehen würde. Außerdem morgens frische Luft bekommen durch Lüften oder einen kurzen Spaziergang."

Das ist ein super Tipp! Solche Tipps empfehlen auch Menschen, die immer im Homeoffice arbeiten. So berichtete ein Mann, er ziehe eine Krawatte an, ginge aus dem Haus für einen kurzen „Arbeitsweg" und kehre dann zurück zum konzentrierten Arbeiten ins Homeoffice. Das hilft auch gegen die Gammelei, die wir uns leider alle leicht angewöhnen. So rät

Laura:

„Mir hilft es, mich ordentlich anzuziehen und nicht den ganzen Tag in der Jogginghose zu verbringen."

Erst Lernen, dann putzen! Nicht darüber nachdenken, ob es da sauber genug ist. Das ist ein Trick des Gehirns, das Prokrastinieren zu rechtfertigen. Also, erstmal anfangen, dann in der Pause oder am Ende des Tages putzen.

Legen Sie sich eine **Routine** zu. Den Wert einer guten Routine zeigt diese Meldung von

Sebastian:

„Ohne geregelten Tagesablauf fehlt die Routine. Es fällt deutlich leichter zu lernen, wenn man jeden Tag konstant lernt. Sobald das mal ausfällt bzw. man aus der Routine fällt, fällt es mir persönlich schwer wieder damit anzufangen. Erst recht, wenn dies zuhause stattfinden muss, da ich dort wesentlich weniger konzentriert bin als in der Bibliothek."

Die größte Schwierigkeit ist es anzufangen. Fangen Sie jeden Tag zur gleichen Zeit an zu lernen und beginnen den Lerntag mit einem kleinen Ritual, z.B. eine Tasse Tee oder Kaffee kochen und mit zum Schreibtisch nehmen. Dann weiß Ihr Gehirn, dass jetzt gelernt wird. Solche guten Angewohnheiten machen den Lernalltag leichter.

Tipp von Elli:

„Außerdem versuche ich einen festen Tagesablauf zu haben, indem ich früh aufstehe und mein Lernen immer mit Karteikarten beginne. Das ist für mich am einfachsten, um ins Lernen reinzukommen."

Konzentrierte Phasen und **Pausen abwechseln** und einen festen **Feierabend** einplanen. In der Bibliothek ist es einfach, bewusst Pause und Feierabend zu machen. Hier gehen Sie hin und wieder raus und irgendwann nach Hause. Aber auch zu Hause sollte man zwischen bewussten Arbeits- und Ruhephasen unterscheiden, sonst verbringt man womöglich die ganze Zeit mit lascher Pseudoarbeit, in der man nichts schafft, aber auch nichts Schönes macht.

Feste Pausenzeiten festlegen, in denen Sie aufstehen und **sich bewegen**, Wasser trinken und ein paar Sport- oder Yogaübungen machen. Wenn ich arbeite, mache ich immer wieder Pilates- oder Yogaübungen zwischendurch. Wer mag, kann auch gute Musik auflegen und ein bisschen tanzen. Das bringt den Geist und das Blut wieder in Bewegung und schafft positive Energie. Wenn Sie sich im Homeoffice schlecht konzentrieren können, hilft das wirklich. Aber bitte nicht zu lange! Also nicht nur den Anfang der Pause, sondern auch das Ende festlegen.

Ablenkungen durch das Smartphone etc. vermeiden. Schauen Sie dazu einmal in unsere Tipps in Sachen Konzentration.

Sich mit Freunden **gegenseitig unterstützen**, z.B. gemeinsam Bäume bei „Forrest" (Konzentrations-App) pflanzen, sich zu bestimmten Zeiten zum Reden oder Chatten verabreden (aber nicht zu lange!), Lernzeiten stoppen und dann vergleichen (nur wenn der Konkurrenzdruck Sie nicht zu sehr belastet. Wenn Sie aber eher träge sind, kann das helfen). **Wer nur allein ist, wird schnell trübsinnig.** Schaffen Sie sich den sozialen Rahmen, den Sie brauchen.

Innerhalb der Wohnung/im Zimmer wenn möglich den **Lernort wechseln**. Z.B. auf den Balkon, wenn es einen gibt, in den Kellerraum, wenn der nicht zu kalt oder zu dunkel ist, vielleicht gibt es einen Speicher auf dem Dach, der nicht benutzt wird? Zimmer hin und wieder umräumen, andere Poster aufhängen, Schreibtisch umstellen, so sieht alles etwas anders aus. Lernen in Bewegung funktioniert, selbst wenn Sie nur in Ihrem Zimmer herumgehen können.

Nicht im Bett lernen. Das stört die Schlafhygiene und gerade jetzt brauchen Sie die Kraft, die aus möglichst gutem Schlaf kommt. Und für die Zeit, in der Sie einfach mal die Decke über den Kopf ziehen und weinen wollen, sollte ihr Bett ein schützendes Nest und nicht der Ersatzschreibtisch sein.

Draußen frische Luft schnappen und Vitamin D tanken. Wenn Sie haben, nutzen Sie einen Balkon. Versuchen Sie, Tageslicht zu kriegen. Das ist wichtig für Wohlbefinden, Leistungsfähigkeit, gesunden Schlaf und Immunsystem.

Tipp von Maxime:

„Wenn man die Schnauze voll hat, sollte man nach der absolvierten Lerneinheit ruhig draußen einen Spaziergang an der frischen Luft machen, um etwas den Kopf frei zu bekommen. Das hilft ebenso bei einer Lernblockade."

Sich selbst belohnen.

Charlie

empfindet es als Herausforderung, „diszipliniert mehrere Stunden zu lernen ohne Aussicht auf übliche Belohnungen." Linda Ernst, SHK am LS Sanders rät dafür: „Neue Belohnungen schaffen. Sei es gutes Essen, Sport, Videochat mit Familie oder Freunden, Glas Wein, heißes Bad, etc. Damit man motivierter arbeitet und abends sagen kann: ‚Das habe ich mir jetzt verdient'."

Wie erreicht man die nötige Konzentration?

Wir haben es ja schon wiederholt gesagt, dass wenige Stunden konzentrierten Lernens besser sind als zweistellige Stundenzahlen, in denen Sie zwischen Handy, YouTube, Social Media und Lernmaterial hin und her hopsen.[69] Wie aber erreicht man die nötige Konzentration? Im Grunde gibt es drei Schwierigkeiten: die Schwierigkeit einzusteigen, die Schwierigkeit sich nicht ablenken zu lassen, während man arbeitet, und die Schwierigkeit, nicht zu früh abzubrechen.[70]

Tolle Tipps zu diesen Themen findet man in einer unendlichen Zahl von Büchern zum Thema Zeitmanagement und Prokrastinatieren[71] sowie in den Lernbüchern, die in diesem Büchlein zitiert werden. Schauen Sie auch mal nach, einige der Autoren haben Blogs zu den Themen, z.B. https://www.calnewport.com/blog/.

Warnung: Das Lesen von Produktivitäts- und Motivationsbüchern kann selbst ein Mittel der Aufschieberitis werden. Ich weiß, wovon ich spreche…

Disziplin, Rituale und gute Zeitplanung

Die Schwierigkeit, anzufangen und nicht zu früh aufzuhören, kann man durch einen geregelten Tagesplan und die dadurch antrainierte Disziplin zumindest teilweise in den Griff bekommen. Dazu wurde schon im Kapitel 5 zur Zeitplanung viel gesagt. Hier sei daran erinnert, dass eine gute Zeitplanung, die den Biorhythmus nutzt und ausreichend Pausen vorsieht, kein Selbstzweck ist, sondern Ihnen ein Gerüst gibt, das Ihnen im Lernalltag Halt gibt.

---

[69] Immer sehr gut gefallen hat mir das Zitat der Studentin Lydia aus *Cal Newports* „How to become a Straight A student, 2006: „Go big or go home. Seriously. Work hard when you work and you'll have plenty of time to play hard."; *Kathryn M. Young*, How to be sort of happy in Law School, 2018, 215 ff.

[70] Vgl. *Scott H. Young*, Ultralearning, 2019, 70 ff.

[71] Z.B. *Burka/Yuen*, Procrastination – Why you do it, what to do about it, 2017; *Smits*, Prokrastination -Verstehen und Überwinden: Endlich Schluss mit der Aufschieberitis! 2020; *Höcker/Engberding/Rist*, Prokrastination – Ein Manual zur Behandlung des pathologischen Aufschiebens, 2. Auflage 2017.

6 Lerntipps für die Einzelvorbereitung

Roman:

„Ich hatte feste Arbeitszeiten. Dass diese eingehalten wurden, musste ich mit meinem inneren Schweinehund nicht täglich aufs Neue ausdiskutieren. Auch die Frage, ob bestimmte Meinungsstreitigkeiten und Fächer sinnvoll bzw. interessant sind, habe ich mir gar nicht erst gestellt."

Feste Arbeits- und Pausenzeiten, wie z.B. die Pomodorotechnik, helfen auch, während des Lernens am Ball zu bleiben.

Luis:

„Neuen Stoff morgens mit klarem Kopf erarbeitet und abends Bekanntes wiederholt, um mit dem Gefühl ‚ich kann ja schon was' nach Hause zu gehen."

Dieser Tipp arbeitet mit einem guten Zeitplan und nutzt geschickt produktive Zeiten aus, um die Motivation zu erhalten. Wen man Schwieriges immer lernt, wenn man schon müde ist, wird man leicht frustriert.

Felix:

„Intervalllernen. 40 Minuten lernen, 10 Minuten Pause, wieder 40/10. Irgendwann wurden die Lernphasen länger, Konzentrationsfähigkeit nahm zu."

Das, was Felix hier sagt, hat auch wissenschaftlich eine gewisse Berechtigung. Wie wir unser Hirn benutzen, verändert das Hirn selbst. Neuroplastizität nennt man das. Wer konzentriert arbeitet, trainiert also möglicherweise wirklich sein Gehirn auf höhere Leistung. Jedenfalls aber werden gute Angewohnheiten etabliert und die helfen!

Um in die Lernroutine hinein zu kommen, hilft es auch, sich **kleine Rituale** anzugewöhnen, die dem Gehirn sagen, dass jetzt gearbeitet wird.

Jan B:

„Das Verwenden der Ohrenstöpsel hat mich über die Zeit wie einen pawlowschen Hund auf Konzentration konditioniert."

Katharina III:

„Zeit stoppen, wenn konzentriertes Lernen angesagt war."

Simon (A):

„Klassische Musik ohne Gesang hat oftmals geholfen."

Pausen und Mini-Ziele

Wie schon oben im Kapitel Zeitplanung gezeigt, betonten einige Teilnehmenden aber auch, dass Pausen ihnen helfen, die Konzentration aufrechtzuerhalten, und dass man auch mal aufhören muss, wenn es gar nicht mehr geht.

Katharina II:

„Ausreichend Pausen und Freizeit; wenn Konzentration nicht mehr möglich war, aufhören."

Pausen sind – wie bereits gesagt – besonders effektiv, wenn man sich bewegt (Yoga, eine Runde Laufen, Push-ups können die Konzentration wundersam wiederherstellen!), frische Luft bekommt und sich vielleicht mit Musik motiviert.

Anna Maria:

„Ich bin ab und zu vom Schreibtisch aufgestanden und ein paar Schritte gegangen, habe kurz gelüftet oder ein gutes Lied gehört und mir vier Minuten eine Konzentrationspause gegönnt."

Christina:

„Viel trinken; wenn die Konzentration nachlässt (der Kopf ‚zu voll' ist), kurze Pause machen, sich hinlegen oder etwas anderes, nichtfachliches lesen, ggf. etwas Kleines essen oder kurz an die frische Luft gehen."

Es sei aber davor gewarnt, jedem kleinen Drang nach Pause sofort nachzugeben. Das kann dazu führen, dass man gar nichts mehr macht. Das ist zwar manchmal gut und nötig, sollte aber die Ausnahme bleiben. Es hilft das Setzen von Mini-Zielen:

Ricarda:

„Ich habe mir angeschaut, wie viele Unterlagen ich in den letzten Wochen/Monaten schon durchgearbeitet hatte. Dann habe ich mir rausgesucht, was ich an dem Tag noch schaffen möchte und habe dabei manchmal kleinere Ziele gesetzt, die ich dann noch übertreffen konnte."

Ida:

„Ich habe mir für die nächsten beiden Stunden bis zur Pause eine bestimmte Anzahl Karteikarten oder einen bestimmten Fall etc. vorgenommen, mit dem ich dann auch durch sein wollte. So hatte man ein klares Zwischenziel vor Augen."

Sophie:

„Bei nachlassender Konzentration habe ich versucht, einen Zeitpunkt für die nächste Pause festzulegen um bis dahin konzentriert zu arbeiten. Manchmal war die Konzentration dann wieder da und die Pause gar nicht mehr nötig."

Der letzte Tipp taucht in abgewandelter Form in vielen Motivationsbüchern auf. Wenn Sie keine Lust mehr haben, dann sagen Sie sich: jetzt mache ich noch fünf Minuten weiter. Wenn die vergangen sind und Sie immer noch nicht mehr können, dann können Sie ja Pause machen.

Weitere Tipps zu Konzentration und Motivation

Aber wie hält man die Konzentration wach, während man arbeitet, wenn man nicht gerade Pause machen will und der Blick auf den Lernplan allein zur Motivation nicht ausreicht? Auch dafür haben unsere Teilnehmenden eine ganze Menge Tipps für Sie:[72]

Begeisterung für den Stoff

Sie erinnern sich noch genau daran, was Ihre Partner*in beim ersten Date erzählt hat, aber haben schon wieder vergessen, was Sie gestern gelernt haben? Das kann daran liegen, dass Sie nicht mit dem gleichen Interesse dabei waren. Begeisterung und echtes Interesse für den Stoff sind der beste Antrieb.[73] Im Gegensatz zur verbreiteten Auffassung, dass nur Arbeit, die „weh tut", produktiv ist, macht ein positiver Blick auf die Welt erst richtig produktiv und erfolgreich, wie unter anderem Studien unter Harvard-Studierenden zeigen.[74] Wenn Sie mit dem Lernen also positive Emotionen verbinden, klappt es garantiert besser als mit Angst.

Louis II:

„Seht die Rechtswissenschaft nicht im Examen. Rechtswissenschaft ist so komplex und so spannend wie unsere Gesellschaft. Und von dieser seid ihr ein Teil. Macht euch das bewusst. Denn dann bietet Jura alles: die belastendsten Gebiete des Strafrechts über die Absurditäten des Abfallrechts bis hin zum schönsten Kunstrecht."

Aber was tut man, wenn man den Stoff total langweilig findet, den man lernen muss? Versuchen Sie es mal mit „Fake it till you make it":

---

72 Vgl. auch *Thorsten Deppner/Prisca Feihle/Matthias Lehnert/Cara Röhner/Friederike Wapler*, Examen ohne Repetitor, 4. Auflage, 2017, 100 ff.
73 Vgl. *John Adams*, Memory Improvement, 2019, 16.
74 Dazu *Shawn Achor*, The Happiness Advantage, 2010, 37 ff. = Das Happiness-Prinzip, 2020.

Jens:

„Interesse suggerieren, selbst wenn man sich für etwas nicht interessiert. Man kann sich z.B. vorstellen, in welcher Situation man das, was man gerade behandelt, selbst gebrauchen könnte oder ob man jemanden kennt, der damit in Verbindung zu bringen ist."

Frederic:

„Wenn ich gemerkt habe, dass ich mich nicht konzentrieren kann, habe ich versucht etwas zu lernen, das mich interessiert und woran ich Spaß habe, um ‚rein zu kommen'. Danach ging es dann auch mit dem Rest besser."

Werden Sie kreativ

Werden Sie kreativ bei der Arbeit, auch damit können Sie Begeisterung für die Materie erzeugen. Ich habe z.B. in Fächern, die ich langweilig fand – wie Kommunalrecht – Übersichten gezeichnet, in denen die verschiedenen Posten von lustigen Tieren wie Fröschen und kleinen und großen Drachen bevölkert waren. Auch in meine Grundrechtskarteikarten zeichnete ich gern Drachen (der Staat), gegen die sich der Bürger (ein Strichmännchen) mit den Grundrechten als Schild schützte (Grundrechte als Abwehrrechte) oder mit einer Stange, mit denen er vom Drachen ein Geschenk holen konnte (Grundrechte als Leistungsrechte). Diese Tiere sind mir dann gut im Gedächtnis geblieben. Falls Sie nicht glauben, dass so etwas Albernes etwas bringen kann: Ich habe im öffentlichen Recht in beiden Examen immer mit Abstand die besten Klausuren geschrieben.

Eine kreative Lernstrategie, die visuelle Kanäle[75] anspricht, hat auch Adrian gewählt:

---

[75] Visualisierung ist überhaupt sehr hilfreich, um Informationen korrekt zu behalten, *John Adams*, Memory Improvement, 2019, 31.

6 Lerntipps für die Einzelvorbereitung

Adrian:

„Beim Lernen habe ich mein eigenes Skript ausgedruckt und daneben wichtige Infos gemalt. Definitionen habe ich komplett aufgemalt. So wird aus der Gefahr im Polizeirecht eine Sachlage (Lupe), die bei ungehindertem Ablauf des objektiv zu erwartenden Geschehens (Pfeil der nach rechts zeigt) mit hinreichender Wahrscheinlichkeit (Prozent-Zeichen) in absehbarer Zeit (Uhr) ein polizeilich geschütztes Rechtsgut (Schild eines Ritters) schädigen wird. Beim Wiederholen habe ich dann nur noch ‚Lupe', ‚Pfeil', ‚Prozent', ‚Uhr' und ‚Schild' gemalt und wusste dann so die Definition."

Belohnungen und Fernziele

Sich zu belohnen kann ein guter Anreiz sein. Dabei kann man zwischen Belohnungen in naher Zukunft oder Fernzielen unterscheiden. Frauke schreibt von Belohnungen in naher Zukunft, Lukas von einem Fernziel.

Frauke:

„Belohnung in Aussicht gestellt (Spaziergang, schönes Essen, früher Schluss machen)."

Lukas:

„An das Ziel gedacht und an all die Dinge, für die man ein gutes Examen braucht (vor allem die Promotion)."

Probieren Sie aus, ob und was Sie motiviert. Vielleicht der LL.M. im Ausland? Der Job in der Justiz oder einer bestimmten Anwaltskanzlei? Ein wunderschöner Urlaub? Das funktioniert dann, wenn Ihnen dieser Gedanke einen positiven Impuls gibt, denn positives Denken macht produktiv.[76] Vertrauen Sie aber nicht allein auf die motivierende Kraft ihrer Ziele. Jeder Examenskandidat hat das Ziel, möglichst gut abzuschneiden, genauso wie jeder Sportler gern eine Goldmedaille gewinnen möchte. Wichtiger für den Erfolg ist, mit welchem System Sie täglich kleine Fortschritte auf dem Weg zum Examen machen.[77]

Angst vorm Examen

Ja, auch die Angst vor dem Examen kann einen antreiben, wie Marcus hier zu seiner Motivation berichtet:

---

[76] *Shawn Achor*, The Happiness Advantage, 2010, 52 = Das Happiness-Prinzip, 2020.
[77] Vgl. *James Clear*, Atomic Habits – Tiny Changes, Remarkable Results, 2018, 13 ff = Die 1% Methode – Minimale Veränderung, maximale Wirkung. Sehr schön das Zitat "You do not rise to the level of your goals, you fall to the level of your systems.", 27.

Marcus:

„Lediglich der Stress, dass das jetzt gelernt werden muss."

Diejenigen von Ihnen, die so gar nicht in Bewegung kommen, brauchen diesen Stress vielleicht. Passen Sie aber auf. Guter Stress kann Sie zu großen Leistungen anspornen und Ihre Energien mobilisieren. Der berühmte schlechte Stress, der Sie lähmt, ist aber ungesund und eine Panikreaktion, die von den alten Teilen unseres Gehirns erzeugt wird. Diese Reaktion des Körpers sorgte früher dafür, dass wir vor Säbelzahntigern wegliefen, mit ihnen kämpften oder uns totstellten. Lähmung, Flucht oder Kampf sind aber bessere Reaktionen auf einen Säbelzahntiger als auf eine Klausur. Hier müssen Sie das Gesetz anwenden, diskutieren und kreativ nachdenken.

Gegenseitige Kontrolle und Unterstützung

Dominik:

„Mit Freunden in der Bibliothek immer im selben Raum treffen und dort gemeinsam (wenn auch jeder für sich) lernen."

Sich mit Freunden **gegenseitig unterstützen** kann beim Lernen helfen. Wenn man in einem Raum zusammensitzt, können die anderen sehen, ob jeder was tut oder nicht. Das funktioniert allerdings nur, wenn man sich gegenseitig zum Lernen und nicht zum ständigen Pausemachen und Reden verleitet. Suchen Sie sich auch hier die Freunde, die Ihre fleißige Seite unterstützen. Positive Peer-Pressure ist sehr wirksam! Die kommt aber nicht notwendig von denen, mit denen man beim Ausgehen den meisten Spaß hat…

Wenn Sie aufgrund von Corona oder aus anderen Gründen nicht gemeinsam lernen können oder wollen, gibt es trotzdem Möglichkeiten, sich gegenseitig zu unterstützen. Sie können z.B. gemeinsam Bäume bei „Forest" (Konzentrations-App) pflanzen, sich zu bestimmten Zeiten zum Reden oder Chatten verabreden (aber nicht zu lange!), Lernzeiten stoppen und dann vergleichen. Letztere Strategie würde ich allerdings nur wählen, wenn der Konkurrenzdruck Sie nicht zu sehr belastet. Wenn Sie aber eher träge sind, kann das helfen. Wer nur allein ist, wird schnell trübsinnig. Schaffen Sie sich den sozialen Rahmen und den Druck, den Sie brauchen.

Til:

„Austauschen mit anderen. Dort war ich gezwungen, meine Gedanken nachvollziehbar zu formulieren. Das war eine ganz wichtige Erfahrung."

Die Vorzüge der Lerngruppe und des Lernens durch Lehren und Diskutieren mit anderen wurde schon im Kapitel 3 angesprochen. Die Lerngruppe ermöglicht nicht nur ein anderes und nicht selten sehr effektives Lernen, sondern bietet auch eine willkommene Abwechslung vom Einerlei. Wenn Sie merken, dass Sie solche Abwechslungen brauchen, planen Sie entsprechend.

6 Lerntipps für die Einzelvorbereitung

Lernen in Bewegung

Der Wechsel des Lernorts wurde schon einmal empfohlen, um innerlich wach zu bleiben. Wenn man am Tisch zu müde ist, kann es auch helfen, Lernen und Bewegung zu verbinden, wie es Eva und Luis empfehlen; ein Rat, der auch in US-amerikanischen Studienbüchern zu finden ist[78]:

Luis:

„Beim Auswendiglernen habe ich zu Hause laut und teilweise in Bewegung meine Karteikarten und die Übersichten vorgelesen."

Eva:

„Wenn ich meine Karteikarten wiederholt habe, habe ich lange Spaziergänge gemacht, die frische Luft und die Bewegung helfen dem Gehirn beim Auswendiglernen, außerdem assoziiere ich jetzt einige juristische Probleme mit gewissen Punkten in Köln."

Der Tipp mit dem lauten Vorlesen der eigenen Unterlagen ist ein weiterer guter Ansatz, der Ihnen helfen kann, im Kopf wach zu bleiben. Auch das laute Erklären juristischer Konzepte vor einem imaginären Publikum ermöglicht effektiveres Lernen als das stille Durchlesen der Unterlagen.

Schlaf, Wasser, Ernährung, Koffein und anderes

Zum Thema Schlaf, Sport, Wasser und Ernährung kommen wir noch im Kapitel Body and Soul. Hier sei aber kurz gesagt, dass Sie sich nicht konzentrieren können, wenn Sie durstig, müde oder hungrig sind. Unser Körper deckt erstmal die Grundbedürfnisse Sicherheit, Nahrung und Schlaf, bevor er uns erlaubt, uns auf die Arbeit zu konzentrieren. Beim Lernen sollten Sie deshalb immer genug trinken und auch ruhig mal ein kurzes (!) Nickerchen machen. Das wirkt Wunder für die Leistungsfähigkeit.

Eva:

„Viel Wasser trinken (…)."

Simon:

„Sport, Koffein."

---

[78] *Newport*, How to Become a Straight A-Student, 2006, S. 104 ff.

Reichlich Bewegung ist wichtig, um im Kopf fit zu bleiben.

Beim Thema Koffein müssen Sie aufpassen, dass Sie es nicht übertreiben. Ich bin eine leidenschaftliche Teetrinkerin und konsumiere daher eine Menge Koffein. Daher weiß ich aus Erfahrung auch, dass man es übertreiben kann und irgendwann die Arbeit durch Schlafprobleme und Hibbeligkeit beeinträchtigt wird.

In der Motivations- und Lifehacking-Literatur, von der ich für dieses Buch eine ganze Menge gelesen habe, werden gerade in den letzten Jahren sogenannte Nootropics[79] und Smart Drugs besprochen. Die Begrifflichkeiten werden nicht immer einheitlich verwendet und umfassen verschiedene Mittel, die angeblich eine positive Wirkung auf die kognitiven Fähigkeiten haben. Dazu werden verschiedene Nahrungsergänzungsmittel gezählt, über deren Wirksamkeit es unterschiedliche Ansichten gibt. In diesem Zusammenhang tauchen aber auch verschreibungspflichtige Medikamente auf, die z.B. zur Behandlung von ADHS und Demenz produziert werden. Es gibt gute Gründe, dass solche Mittel nicht allen Menschen frei zugänglich sind. Sie riskieren gesundheitliche und psychische Probleme, wenn Sie so etwas ohne ärztliche Begleitung nehmen. Und wenn Sie etwas konsumieren, was unter das BtMG fällt, ist das nicht nur potenziell gefährlich für Ihre Gesundheit und hat Suchtpotenzial, sondern kann auch zu Vorstrafen führen, die einer Einstellung in den Staatsdienst, z.B. als Richter oder Staatsanwältin, dauerhaft Steine in den Weg legen.

Ich will gar nicht bestreiten, dass Sie sich in einer extremen Situation befinden, in der Sie besondere Leistungen über längere Zeit erbringen müssen, wie Sie es übrigens in vielen Jobs auch immer wieder müssen. Ich will Sie aber warnen, dass Sie – egal was Sie nehmen – das anwendungsorientierte Lernen und Verstehen nicht durch irgendeine Pille ersetzen können. Die Arbeit müssen Sie selber machen. Doping ist nicht nur unfair und ungesund, sondern mitunter auch illegal. Ich würde zu einer anderen Strategie raten: Der Körper muss mitmachen, denn auch das Gehirn ist Teil des Körpers. Genug Schlaf, Sport und gesunde Ernährung sollten dazukommen. Versuchen Sie außerdem Meditation oder autogenes Training, um die innere Ruhe und Klarheit zu finden, die Sie für optimale geistige Arbeit brauchen. Kommt beides zusammen, dann können Ihnen Körper und Geist die beste Basis für Ihre Leistungsfähigkeit schaffen. Dafür finden Sie im Kapitel Body and Soul eine Menge Tipps.

Ablenkungen digital und analog

Daniel:

„In Lernphase: Handy aus, Internetkabel rausgezogen, Telefon ausgestöpselt, Batterie aus Türklingel (sonst ließen Verwandte nicht locker). Man soll nicht in Selbstmitleid verfallen: Man hat halt das Problem, dass man den Studentenalltag noch gewohnt ist."

---

79 Vgl. z.B. *Aubrey Marcus*, Own your day own your life, 2018; *Dave Asprey*, Gamechangers, 2018, 76 ff.; *Ben Greenfield*, Boundless: upgrade your Brain, Optimize your Body and defy aging, 2020, Chapter 5, 85 ff.

Die Macht des Smartphones

Sie wissen es sicher alle: Konzentration auf ein juristisches Konzept ist schwierig, wenn man dabei gleichzeitig Nachrichten über WhatsApp und Co. wechselt oder auf verschiedenen Seiten surft. Aber das ist natürlich gerade dann verführerisch, wenn der Stoff kompliziert oder langweilig ist. So kann man gut zwölf Stunden vor den Büchern verbringen, ohne etwas gelernt zu haben.

Wir haben unsere Teilnehmenden gefragt, ob sie ihr Nutzungsverhalten bei den sozialen Medien oder ihrem Handy während der Examenszeit geändert haben. Interessanterweise zeigte unsere Umfrage, die seit 2012 läuft, für Personen, die in den Jahren von 2008-2015 Examen gemacht haben, eine seltenere Änderung ihres Nutzungsverhalten. In den letzten Jahren hat sich das geändert. Man kann nicht oft genug betonen, dass unsere Stichprobe sehr klein und nicht repräsentativ ist. Trotzdem ist dieses größere Problembewusstsein für Ablenkungen durch Technik in den letzten Jahren interessant. Das könnte auch eine Folge einer zunehmenden Smartphone-Nutzung der letzten Jahre sein.

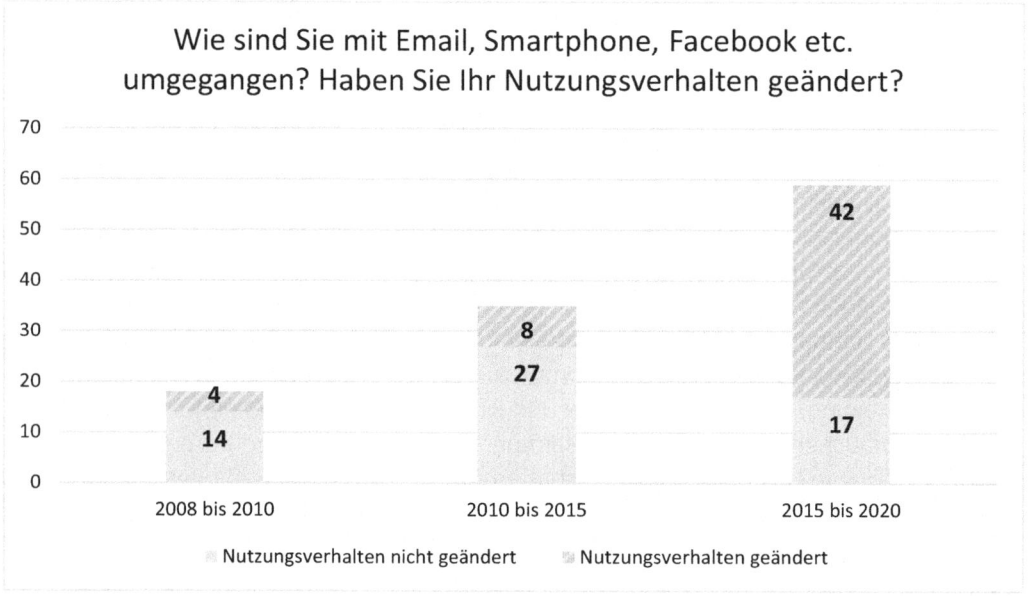

Besonders auffällig war die Besorgnis über Ablenkung durch Smartphone und Co. in unserer Corona-Umfrage.

Wir möchten Sie dazu ermuntern, beim Lernen möglichst auf Lerneinheiten zu zielen, in denen Sie konzentriert bei der Sache sind und nicht alle paar Minuten einen Blick aufs Smartphone werfen. Die ablenkende Wirkung von Smartphones ist erforscht.[80] Bücher zur Produktivitätssteigerung sind voll davon, dass man eine Zersplitterung konzentrierter Arbeit durch diese Ablenkungen vermeiden sollte.[81]

---

80 Vgl. z.B. *Manfred Spitzer*, Smartphone Epidemie, 2019.
81 Vgl. z.B. *Cal Newports* Bücher Deep Work, 2016 und Digital Minimalism, 2019; *Chris Bailey*, The Productivity Project, 2016, 76 ff.

Nochmals: Multitasking funktioniert nicht, das ist wissenschaftlich erwiesen.[82] Unser Gehirn kann sich nicht auf mehrere Sachen gleichzeitig konzentrieren. Es hüpft vielmehr zwischen verschiedenen Themen hin und her. Mit jedem „Themenwechsel" im Kopf, muss man sich aber wieder neu eindenken. Das ist besonders schwer, wenn Sie schwierige juristische Konzepte verstehen wollen. Daher ja auch unser häufig wiederholter Tipp: lieber wenige Stunden am Tag konzentriert lernen als ewig mit einem Skript rumsitzen, das man nach und nach bunt anmalt, während man alle paar Minuten das Smartphone checkt.

Hinzukommt, dass man sich an diese Art zu arbeiten gewöhnt. Wir legen uns schlechte Angewohnheiten zu, die man dann schwer wieder loswird. Wenn Sie praktisch nie wirklich konzentriert bei der Sache sind, wird Ihnen das auch in Zukunft zunehmend schwerer fallen und Sie torpedieren Ihre eigene Arbeit.[83]

Uschi beschreibt in unserer Corona-Umfrage etwas, das sicher vielen so geht:

> „Ich habe mir richtig doofe Angewohnheiten zugelegt. Schlafen bis 9, YouTube bis 12 und dann ist der Tag schon gelaufen."

Das kennen sicher viele. YouTube und Co. sind so gemacht, dass das Ausschalten ähnlich schwierig ist wie das Weglegen einer angebrochenen Tüte Chips. Da hilft nicht übermenschliche Willenskraft, die ist nämlich irgendwann erschöpft (echt), sondern den Einstieg vermeiden. Wenn man z.B. morgens direkt nach dem Aufwachen zum Handy etc. greift, um YouTube zu schauen, dann eine neue Morgenroutine zulegen, z.B. eine kleine Yogaeinheit, dann Duschen, Frühstück und dann los…

Die ablenkende Kraft des Smartphones soll nach einzelnen Studien sogar dann wirken, wenn es umgedreht ist.[84] Die schiere Anwesenheit wirkt ablenkend. Wie vermeidet man das? Am besten ist es da natürlich, das Smartphone einfach in einen anderen Raum zu legen, im Spind in der Uni einzuschließen und nur in den Pausen herauszuholen, oder einem*r Freund*in zum Aufpassen zu geben. So kommt man nicht in Versuchung und kann sich gegenseitig unterstützen.

Tipp von Jule aus der Corona-Umfrage:

> „Mir hat es bisher sehr geholfen, das Handy während des Lernens komplett aus dem Raum zu verbannen."

Antonia:

> „Handy im Spind lassen, wenn ich im Hauptseminar gelernt habe."

---

82 Vgl. nur mit Nachweisen *Kathryne M Young*, How to be sort of Happy in Law School, 2018, 215 ff.
83 *Kathryne M Young*, How to be sort of happy in Law School, 2018, 217 f.
84 Vgl. mit Nachweisen *Manfred Spitzer*, die Smartphone Epidemie 2019.

6 Lerntipps für die Einzelvorbereitung

Das kommt einem erstmal komisch vor. Geradezu nackt fühlt man sich ohne das Gerät und mitunter spürt man sogar „Phantomvibrationen". Wenn das kein Zeichen von Sucht ist? … (Sie sehen, die Autorin weiß, wovon sie schreibt).

Luise und Sebastian haben ein paar weitere Tricks geschickt, um sich selbst zur Konzentration zu zwingen.

Tipp von Luise aus der Corona-Umfrage:

„Sich selbst und den inneren Schweinehund mit kleinen Tricks überlisten: Handy in den Flugmodus schalten und in einen anderen Raum legen, Schreibtisch abends leerräumen, die Apps für überflüssige soziale Medien (Facebook, Instagram) temporär auf dem Handy löschen. Um in Kontakt mit anderen zu bleiben, kann man auf die Portale noch über den PC zugreifen & momentan verpasst man sowieso nicht viel an dieser Front."

Sebastian I:

„Wohl auch die Ohropax. Mit diesen hört man nichts und kann auch nicht einfach so mal rausgehen, telefonieren oder YouTube-Videos anschauen. Also insofern eine (auch physische aber überwiegend) psychische Selbst-Behinderung."

Sie können auch Apps verwenden, mit denen Sie das Smartphone für eine gewisse Zeit sperren.

Andere Ablenkungen

Jens II:

„Von allem, was ablenkt, abschirmen."

Ablenkend wirkt natürlich nicht nur das Smartphone, sondern auch das mit Gemütlichkeit lockende Sofa mit Fernbedienung oder laute Mitbewohner, die andere schöne Sachen machen:

Julia IV aus der Corona-Umfrage:

„Die größte Herausforderung für mich ist, mich zum Lernen zu motivieren, während sich meine beiden Mitbewohnerinnen zusammen die Zeit vertreiben – im Zimmer nebenan gemeinsam Zumba machen, malen, mit ihren Freunden telefonieren oder zusammen Serien schauen."

Hier hilft manchmal die örtliche Veränderung.

Eva:

„(...) möglichst viel am Küchentisch lernen, wo weniger Ablenkung drohte."

Ida hat eine sympathische innere Haltung zu Freunden und Familie mit Kontaktbedürfnis gefunden:

Ida:

„Ich habe mir gesagt, dass andere mit 25 auch wochentags von 9 bis 18 Uhr arbeiten und dass ich das daher auch so mache und tagsüber keine Ausnahmen (Treffen mit Freunden, Shoppen, telefonieren) davon zulasse. So konnte ich auch guten Gewissens um 18 Uhr die Bib verlassen. Meiner Familie habe ich gesagt, dass sie mich lieber abends anrufen soll."

Gegen Umgebungslärm kann mitunter Musik helfen:

Friederike:

„Ich lerne mit klassischer Musik auf den Ohren, Umgebungsgeräusche sind für mich damit egal."

Musik kann aber auch ablenkend wirken. Wenn Sie Musik hören, weil Sie meinen, das macht das Lernen spaßiger, kann es sein, dass Sie damit das Lernen weniger effektiv machen und die Musik nicht konzentriert genießen. Ich persönlich kann mit Musik praktisch nicht konzentriert arbeiten.

Sehr leid konnte einem in der Corona Umfrage Julia tun:

Julia V:

„Mein größtes Problem kann niemand ändern: Ich habe zwei Baustellen vor der Wohnung. Die eine ist draußen vor dem Haus und die andere in der Nachbarwohnung, die gerade renoviert wird. Weder laute Musik noch Ohropax können den Lärm, der ohne Pause den ganzen Tag durchgeht, abhalten und ich bin am Verzweifeln. Das ständige Hämmern lässt sogar den Boden in unserer Wohnung vibrieren. Homeoffice ist ja eine nette Idee, aber leider hier nicht möglich und ich habe auch keine Ausweichmöglichkeit. Aus diesem Grund habe ich seit mehr als einem Monat nicht mehr richtig lernen können und habe auch mittlerweile aufgegeben, obwohl ich spätestens im nächsten Durchgang zum Examen geladen werde."

Die arme Julia konnte der Situation nicht entgehen. Wenn Sie es in Ihrer Lage irgendwie können, sei es durch den Gang in die Bibliothek, wenn die wieder aufmacht, sei es durch den Umzug zu Eltern oder Freunden, dann nutzen Sie solche Gelegenheiten.

6 Lerntipps für die Einzelvorbereitung

Auch persönliche Probleme mit der Familie oder in der Beziehung können ablenken, ebenso wie das Gefühl, dass man eigentlich mit Jura auf dem falschen Weg ist. Ist das bei Ihnen der Fall, dann lohnt es sich, mit sich und diesen Problemen soweit es geht ins Reine zu kommen, gegebenenfalls indem man sich Hilfe sucht.

Crashkurs Lerntipps

- Nach Erkenntnissen der Lernforschung ist die effektivste Art zu Lernen das Antworten auf Fragen (z.B. Abfragen von Karteikarten), bei denen Sie Konzepte und Definitionen aus dem Gedächtnis „suchen" und formulieren müssen. Das schlichte Durchlesen von Unterlagen schneidet nicht gut ab, auch wenn es sich effektiv anfühlt.

- Zur Beherrschung der Stofffülle konzentrieren Sie sich beim Lernen auf den gesetzlichen Prüfungsstoff und dabei auf die Beherrschung der Grundstrukturen und des juristischen Handwerkszeugs, um auch Lösungen zu unbekannten Problemen herleiten zu können.

- Lernen Sie Einzelprobleme mit ihren Lösungen nicht einfach auswendig, sondern erarbeiten Sie sich diese immer mit Blick auf die Grundstrukturen und juristische Methodik, um Wissen und Argumentationsstrukturen auch auf neue Fälle anwenden zu können.

- Wechseln Sie hin und wieder einmal den Lernort, um geistig wach zu bleiben.

- Helfen Sie Ihrer eigenen Konzentrationsfähigkeit durch eine gute Zeiteinteilung, kleine Rituale und Routinen d.h. gute Angewohnheiten, die das Anfangen erleichtern.

- Besonders wichtig sind ein strukturierter Tagesablauf und ein Minimum an Ordnung, wenn Sie, wie in der Corona-Zeit, im Home-Office arbeiten müssen.

- Um konzentriert bei der Sache zu bleiben, entwickeln Sie möglichst Interesse für das Fach, das Sie gerade lernen.

- Vermeiden Sie Ablenkungen beim Lernen. Multitasking funktioniert nicht.

- Legen Sie Ihr Smartphone beim Lernen in einen anderen Raum.

7 Body and Soul

Gibt Antworten auf die Fragen: Wie gehe ich mit Stress und Prüfungsangst um? Wie schaffe ich einen Ausgleich von der täglichen Lernerei, ohne meinen Examenserfolg zu gefährden? Wie wichtig sind Sport und Schlaf?

Es gibt Leute, die haben Angst oder Sorge vor dem Examen, die das Lernen vor sich herschieben und nicht in den Tritt kommen, keine Klausuren schreiben und ihre Unterlagen nicht nacharbeiten. Wenn Sie dazu gehören und sich Sorgen machen, dann durchaus zu Recht. Sie sollten sich vor allem die Tipps zur Zeitplanung und zum konzentrierten Arbeiten ansehen und umsetzen. Für Sie ist es auch sinnvoll, sich intensiver mit dem Thema Prokrastination zu beschäftigen.

Es gibt aber auch die Sorte Leute, und für die ist dieses Kapitel vor allem geschrieben, die unter dem Leistungsdruck (fast) zusammenbrechen. Ihnen soll das Kapitel vor allem Mut machen. Es soll Ihnen helfen, etwas positiver auf die Sache zu schauen und zu erkennen, dass für Sie guter Schlaf, Ausgleich durch Spaß, Sport und vielleicht Meditation wichtige Bausteine für Ihre Examensvorbereitung sind.

Dieses Kapitel beschäftigt sich mit Dingen, die außerhalb unserer Kompetenz liegen. Wir sind beide keine Ärztinnen oder Psychologinnen. Freundlicherweise hat uns die Psychologin *Jessica Holzkämper*, M. Sc. in diesem Kapitel unterstützt und ein paar Tipps mit uns geteilt. Im Übrigen geben wir die Tipps anderer Studierender weiter und teilen unsere eigenen Erfahrungen. Das alles kann eine professionelle Beratung nicht ersetzen und das soll es auch nicht. Wichtig ist uns vor allem, dass Sie wissen, dass Sie nicht allein sind und Hilfe finden können. Praktisch alle haben Angst (ob sie es zugeben oder nicht) und sind gestresst. Unseren Teilnehmenden ist die Vorbereitung auch nicht leicht gefallen, aber sie haben es alle gut geschafft. Das schaffen Sie auch!

Alle haben Angst

Die Stimme der Prüferin:

„Stress und Prüfungsangst sind vollkommen normal. Häufig leiden gute Kandidat*innen, die im Studium durchweg erfolgreich waren, ganz besonders, weil der selbst geschaffene Erwartungsdruck besonders hoch ist. In keinem anderen Fach wird Stress und Prüfungsangst so liebevoll gepflegt und ritualisiert wie bei den Juristen. Das Examen als beängstigende Erfahrung gehört seit jeher zum Selbstverständnis und zur Kultur der juristischen Community. Hochbetagte, äußerst erfolgreiche Juristen erzählen beim Wein immer wieder Warstories aus ihren Examen und träumen immer noch von der „zweiten Klausur im öffentlichen Recht."

Auch unsere meisten Befragten empfanden die Examensvorbereitung als stressig (84%). 43% empfanden die Examensvorbereitung als unangenehm stressig,

Lila:
„Horror"

Lisa:
„Ich empfand die psychische Belastung als besonders schwer."

Oliver:
„Völlige Katastrophe. Riesige Belastung ohne vernünftiges Feedback. Es war immer ein Stochern im Nebel... oder besser, vom Gefühl war man in einem Wirbelsturm und nach dem ersten Examen war dann Stille, weil man im Auge des Sturms war, aber man wusste, dass man nochmal durch den Sturm musste (2. Examen) um da raus zu kommen. Und hinterher kann man nicht einmal Jura."

41 % empfanden die Zeit als stressig und interessant:

Liv:
„Unterschiedlich. In den Panikphasen anstrengend, sonst eher entspannt, weil ich mir die Zeit selbst einteilen konnte."

Rabea:
„Mein Systemverständnis hat sich noch einmal deutlich verbessert. Auch das Mosaik der Juristerei hat sich mehr und mehr während dieser Zeit vervollständigt."

Sebastian I:
„Letztlich sehr angenehm, da man immer wusste, was man tut, und dadurch die freie Zeit mehr genießen kann. Außerdem dadurch, dass man sich eben selbst aussuchen konnte, was man tut."

Immerhin 16 % fanden die Zeit interessant.

62 % gaben auch zu, Angst vor dem Examen gehabt zu haben. Einige erkrankten sogar.

Carina:

„Eher eine natürliche und hilfreiche Nervosität."

Roman:

„In den Wochen und Monaten vor dem Examen hatte ich keine Angst, sondern rationale, wenn auch etwas pessimistische Besorgnis.

An den Tagen unmittelbar vor den Klausuren habe ich die Angst fast wie einen physischen Schmerz gespürt."

Martin:

„Selbstverständlich hatte ich unmittelbar vor dem Freiversuch Angst. Es ist eine Prüfung, welche die komplette juristische Karriere bestimmt. Ich kenne keinen Kommilitonen, der ohne Angst in die Prüfungswoche gegangen ist."

Andreas:

„Im Freischuss war die Angst groß. Ich litt unter Schlafstörungen, die ich mit Unmengen von Koffein bekämpfte (bei einer Klausur schluckte ich 4 Dosen Red Bull nach satten 2 Stunden Schlaf)."

7 Body and Soul

Tanja:

„Selbstverständlich, ich kenne niemanden, der keine Angst hatte. Das hat sich bei mir – und fast auch allen anderen Bekannten – auch körperlich ausgewirkt (bei mir: chronische Magenschleimhautentzündung, sehr geschwächtes Immunsystem)."

Max:

„Ja, Todesangst."

Egal wieviel Angst Sie haben, egal wie gestresst Sie sind. Sie sind damit nicht allein. Vielleicht hilft Ihnen das schon einmal.

Charlotte:

„Nicht in Frage stellen, einfach machen und zwischendurch etwas gönnen, wissen, dass es allen anderen auch so geht."

Die Stimme der Prüferin:

„Stressmanagement muss Teil der Examensvorbereitung sein. Dazu gehört eine vernünftige Balance zwischen Arbeit und Ausgleich. Autogenes Training ist optimal, kostet nichts, vor allem kaum Zeit, 10 Minuten morgens und abends genügen und man kann sich damit vor den Prüfungen und sogar in Prüfungspausen beruhigen und wieder auf den Teppich bringen. Laufen, Schwimmen, Radfahren, Tanzen, jeder Ausdauersport ist hilfreich. Und natürlich Spaß! Gehen Sie ins Kino, haben Sie immer ein wirklich fesselndes Buch in der Nähe. Pflegen Sie Familie und Freundschaften und sprechen Sie über etwas anderes als das Studium und das Examen, gehen Sie der nichtjuristischen Umwelt nicht pausenlos mit übersteigerten Ängsten und Gruselgerüchten auf die Nerven."

Darum kommen nun einige Tipps, mit dem Stress konstruktiv umzugehen.[85]

Kontinuierliches Lernen

Der erste Tipp besteht im Grunde in der Beherzigung aller anderen Tipps in diesem Buch: Wenn Sie sich einen Lernplan erstellen und regelmäßig konzentriert lernen, mit ausreichend Pausen, damit sie auch die nötige Energie und Gelassenheit im Umgang mit den Prüfungen haben, dann können Sie sich immer sagen: „Ich tue das, was nötig ist. Ich arbeite kontinuierlich an meinem Lernplan. Mehr kann und wird keiner von mir verlangen."

---

85 Vgl. auch *Deppner/Lehnert/Rusche/Wapler*, Examen ohne Repetitor, 201, 102 ff.

Aus solchen Überlegungen zogen viele Teilnehmende Energie, um mit Stress umzugehen.

Stefan II:

„Selbstverständlich war ich aufgeregt, durch die strukturierte Vorbereitung war ich mir jedoch relativ sicher, dass alles gelingt."

Alexandra:

„Nein, nicht in dem Sinne Angst, aber Respekt. Mit zunehmender Zeit zum Examen hin wurde ich aber immer ruhiger und sicherer (in Relation zu manch anderen Kommilitonen), dass das, was ich gelernt hatte, reichen müsste. Mein Motto: Man muss nicht ALLES wissen, um ein gutes Examen zu machen. Grundverständnis, Systematik und Argumentation im Einzelfall sind wichtiger."

Wenn Sie Angst haben, besinnen Sie sich also, dass Sie kontinuierlich arbeiten. Denken Sie auch daran, was schon alles geklappt hat:

Max I:

„Habe versucht, mich auf die geglückten Probeklausuren zu besinnen."

Und haben Sie kein schlechtes Gewissen, weil Sie nicht jede Minute arbeiten. Denken Sie an Kapitel 5 zur Zeitplanung. Konzentrierte sechs Stunden Nettolernzeit täglich reichen, Pausen und Wochenende gehören dazu!

Positiv denken und gelassen bleiben

Interessant in unserer Umfrage war, dass einige die Vorbereitung nicht nur als juristische „Hunger Games" sahen, sondern auch als interessant und spannend beurteilten:

Andreas:

„Endlich schlossen sich die Wissenslücken und so etwas wie ein allgemeines Verständnis entwickelte sich. Faszinierend! Die Examensvorbereitung fand ich im Endeffekt schöner und für das Selbstbewusstsein förderlicher als das doch relativ deprimierende Grundstudium."

Stefanie:

„Ich hatte endlich das Gefühl, gut in Jura zu sein und etwas systematisch zu lernen."

Alexandra:

„Das letzte Semester nach dem Rep und vor dem Examen. Das Lernen hat dann sogar Spaß gemacht durch die zahlreichen ‚Aha-Effekte', die sich durch das Wiederholen bemerkbar gemacht haben."

Frederic:

„Ich empfand es als eine ‚Zeit der Erleuchtung'. Vor dem Rep hatte ich auf gut deutsch keine Ahnung. Erst in dieser Zeit habe ich das deutsche Recht überhaupt erst verstehen gelernt und Zusammenhänge begriffen."

Es ist vielleicht kein Zufall, dass unsere erfolgreichen Teilnehmenden das Lernen auch als interessant empfunden haben.[86] Versuchen Sie doch auch einmal, das Gute am Lernen zu sehen und sich darüber zu freuen, wieviel besser Sie Jura jeden Tag verstehen. Das gibt Ihnen Energie und Sie fokussieren sich nicht so sehr auf den Stress und Ihre Angst, sondern auf etwas Positives. Vielleicht denken Sie, das können Sie nicht? Glauben Sie uns, das stimmt nicht. Sie müssen kein juristisches Genie sein (solche Genies sind ohnehin ausgesprochen selten), um sich über Ihr wachsendes Verständnis zu freuen. Was diese Antworten in unserer Umfrage zeigen, ist, dass man es selbst in der Hand hat, wie man das Examen im Kopf einordnet, als Weg der Dornen oder als Zeit der Erleuchtung.[87]

Oder vielleicht machen Sie es wie Simon und Luc und denken an die Zeit nach dem Examen, in der Sie das Gelernte in der Praxis anwenden können.

Simon:

„Positives Denken: Je näher das Examen rückte, desto näher rückte auch die schöne Zeit nach dem Examen heran! Außerdem wollte ich das Gelernte auch endlich umsetzen."

Luc:

„Stress: (…) Manchmal hat es auch geholfen, etwas Juristisches zu lesen, was zwar nicht Examensstoff war, mich aber sehr interessiert hat, um mich daran zu erinnern, wofür man sich das alles antut."

Lassen Sie sich ermutigen, Positives in Jura selbst und in Ihrer Arbeit zu sehen. Wenn Sie den inneren Widerstand, den jeder zeitweise gegen das Lernen hat, in Ihrem Kopf noch mit Horrorszenarien verstärken, dann machen Sie es sich selbst nur schwerer. Lassen Sie Ihren Leistungsdruck los. Jura ist spannend!

---

86 Positive psychology argumentiert jedenfalls, dass eine positive Sicht auf die Dinge produktiv und erfolgreich macht: vgl. *Shawn Achor*, The Happiness Advantage, 2010, 37 ff. = Das Happiness-Prinzip, 2020.

87 Vgl. dazu *Shawn Achor*, The Happiness Advantage, 2010, 62 ff. = Das Happiness-Prinzip, 2020.

Sie können es aber auch cool sehen, so wie Alexander:

Alexander II:

„Rational; so etwas gehört zum Leben und ist auch gut so. Ansonsten geht unsere Gesellschaft unter. Es muss Leistung verlangt werden."

Wenn Sie Alexanders Auffassung zur Leistungsgesellschaft nicht teilen (ich habe da so meine Zweifel…), können Sie sich vorstellen, dass Sie mit der Stressresistenz und den Fähigkeiten, die Sie jetzt unter Beweis stellen, später anderen Menschen helfen können. Zumindest lernen Sie, wie Sie künftig solche Herausforderungen in den Griff kriegen:

Corinna:

„Disziplinierend und effektivierend: man lernt, seine Zeit effektiv zu nutzen und Abläufe zu strukturieren."

Wie Sie es auch immer machen, wir ermutigen Sie, Ihre Haltung zur Arbeit positiver zu gestalten.

Ida:

„Sich nicht verrückt machen. Spaßfaktoren und Jura-freie Dinge im Leben behalten."

Kontakt mit Familie und Freunden

Nehmen Sie sich Zeit für Kontakte zu Familie und Freunden. Telefonieren kann man immer und die Nähe, die man durch die Stimme eines anderen Menschen verspürt, ist besser als nur zu schreiben. Man kann auch Video-Calls bzw. Facetime etc. nutzen, um diese Menschen trotz Distanz zu sehen. Die Technik verstehen Sie alle besser als wir.

Tipp von Shari aus unserer Corona-Umfrage:

„Gedanken und Gefühle teilen, um festzustellen, dass man mit seinen Sorgen nicht allein ist/gewohnte Treffen über Skype weiterhin abhalten. Emotionen nicht ‚runterschlucken', vielleicht hilft lachen, tanzen, schreien oder weinen."

Besuche können auch Wunder wirken. Niemand kann sich so um einen kümmern wie die eigene Mutter. Man kann hier Abstand gewinnen und merkt, dass es auch eine Welt außerhalb der Jura-Blase gibt.

Juliane:

„Ich habe einen Monat bei meinen Eltern gelernt, mich versorgen lassen und bin regelmäßig mit dem Hund spazieren und einkaufen gegangen."

Janine:

„Ich habe mit meinen Freunden darüber geredet und immer, wenn es mir zu viel wurde, bin ich für eine Woche zu meiner Familie nach Hause gefahren und habe Jura vollständig aus meinen Gedanken verbannt."

Ihre Familie und echte Freunde wissen, dass Sie es jetzt schwer haben und werden Sie unterstützen, auch wenn Sie in dieser Zeit nicht einfach sind und Nichtjuristen berechtigterweise nicht so ganz kapieren, wie schlimm alles ist. Niemand ist so verständnisvoll wie die eigene Familie und wirklich gute Freunde, die einen akzeptieren, so wie man ist, und einem zeigen, dass man geliebt wird und wichtig ist, egal wie das Examen läuft. Persönliche Kontakte sind ganz wichtig in dieser stressigen Zeit. Vernachlässigen Sie sie nicht![88]

Tipp von Jana aus unserer Corona-Umfrage:

„Mit der Familie über seine Ängste reden, aber auch den anderen zuhören und gemeinsam Lösungen finden."

Janas zweiten Punkt finde ich (Anne Sanders) auch wichtig. Sie sollten zumindest hin und wieder auch ein offenes Ohr für andere haben. Erstens, weil das nur fair ist. Schließlich haben auch andere Probleme und die sind oft nicht gerade klein. Krankheiten, Trennungen und wirtschaftliche Probleme in Ihrer Familie oder bei Ihren Freunden warten ja nicht ab, bis Sie mit dem Examen fertig sind. Zweitens sind Sie für Ihr Umfeld in der Vorbereitungszeit wahrscheinlich auch nicht immer ganz einfach zu ertragen:

Julius:

„Meine Freunde haben sehr unter meinen Stimmungsschwankungen gelitten; (…)."

Da ist es nur angemessen, sich auch mal in andere hineinzuversetzen.

Drittens kann es auch Ihnen helfen, wenn Sie ein offenes Ohr für andere haben und anderen helfen.

---

[88] *Shawn Achor*, The Happiness Advantage, 2010, 171 ff. = Das Happiness-Prinzip, 2020.

Anderen helfen

Wirklich, sich um andere kümmern macht glücklich.[89] Das muss gar nicht viel sein. Kaufen Sie z.B. für Ihre Oma oder ältere Leute in Ihrer Nachbarschaft ein oder engagieren Sie sich einmal in der Woche in einer sozialen Einrichtung. Es reicht auch, wenn Sie Freunden und Familienmitgliedern einmal wirklich zuhören. Für andere da sein tut gut; man fühlt sich selbst stärker und es hilft, die eigene Situation realistisch einzuordnen. Das zeigt uns Corinna in sehr bewegender Weise:

> *Corinna:*
>
> „Zum Glück hatte ich nicht viel Angst und Stress durch das Examen. Während der Examenszeit war ein Familienmitglied sehr krank. Regelmäßige Besuche auf der Intensivstation relativieren die Belastung durch eine Prüfung. Ich hatte den Eindruck, viele meiner Kommilitonen sehen neben dem Examen keine Lebensinhalte mehr und Verabsolutieren die Examensnote sowie das Jurastudium insgesamt. Ich habe für mich gelernt, dass einem wesentlich Schlimmeres widerfahren kann als eine schlechte Examensnote und das Leben dadurch auch nicht zu Ende ist."

Auch das ist natürlich wieder eine Frage der Balance. Sie dürfen und sollen in Ihrer Examenszeit durchaus die Rettung der Welt auf später verschieben. Aber es ist gut und wichtig zu wissen, dass man nicht der einzige Mensch auf der Welt ist. Das hilft Ihnen auch, mit Stress umzugehen und sich nicht verrückt machen zu lassen. Außerdem: Jura sollte es Ihnen nicht wert sein, ein egozentrischer Kotzbrocken zu werden.

Seelenhygiene

Anderen helfen heißt nicht, dass Sie sich mit toxischen Menschen umgeben sollen, die die ganze Zeit Panik verbreiten oder Ihnen das Gefühl geben, dass Sie das mit dem Examen nicht schaffen. Damit meine ich aber nicht die Freunde, die als Stimme der Vernunft z.B. vorschlagen, die Probeklausuren auch mal unter echten Examensbedingungen zu schreiben, auch wenn Ihnen das unangenehm ist. Nein, hier geht es um Leute, die Ihnen nicht guttun. Da sollten Sie überlegen, ob Sie den Kontakt nicht besser eine Weile reduzieren.

Vergleichen Sie sich nicht mit anderen

Vielleicht geht es Ihnen manchmal wie mir, dass Sie sich oft mit anderen vergleichen und denken, dass die so viel klüger sind, viel mehr arbeiten und so viel entspannter und so viel bessere Klausuren schreiben und so ein viel besseres Examen machen.

Ein guter Freund hatte dazu folgenden Rat: *„Wir vergleichen immer unser Inneres, das aufgewühlt und unsicher ist, mit dem Äußeren eines anderen Menschen, das so glatt und gut aussieht. Wir können in den anderen Menschen aber nicht hineinschauen und wissen nicht, wie es drinnen aussieht."*

---

[89] *Shawn Achor*, The Happiness Advantage, 2010, 52 f. = Das Happiness-Prinzip, 2020.

Vergleichen Sie sich nicht, auch wenn das schwer ist. Sie sind richtig wie Sie sind und es kommt allein darauf an, dass Sie Ihr Bestes geben.

Kopfkino managen

Wenn man in der Vorbereitung steckt, ist es sehr einfach, sich in schrecklichen Worst-Case-Szenarien zu verlieren. Hier hilft es meist realistisch zu sein: ich arbeite meinen Lernplan konzentriert ab. Dann werde ich auch die Prüfung schaffen. Manchmal kann es dabei helfen, Angstszenarien einmal bewusst zu Ende zu spielen und zu fragen: „Wäre der worst case so schlimm?" Das hat ein guter Freund in der Examenszeit einmal mit mir gemacht. Dann sieht man: Auch dann geht das Leben weiter. Jura ist nicht alles.

Matthias:

„Mit ein paar Kommilitonen habe ich außerdem eine ‚Plan-B'-Liste geschrieben mit tollen und interessanten Dingen, die man tun könnte, sollten wir tatsächlich endgültig nicht bestehen (Ausbildung, andere Studiengänge usw.)."

Luisa II:

„Ich habe versucht, immer daneben ein Leben zu haben. Ich habe durch mehrere parallel studierte Masterstudiengänge versucht, mich unabhängiger vom Ausgang des Examens zu machen."

Yoga, Religion und Co

Das ist ein sehr persönliches Thema, bei dem Sie selbst herausfinden müssen, welchen Weg Sie gehen wollen. Unsere Teilnehmenden haben verschiedene Wege genommen:

Luis:

„Autogenes Training."

Felix:

„Rosenkranz beten, in die Kirche gehen, mit Eltern sprechen."

Anni:

„Yoga und Meditation helfen mir."

Luisa:

„Ich habe Yoga für mich entdeckt."

Für uns beide spielt Meditation[90] und Gebet, aber auch Yoga eine wichtige Rolle bei der Bewältigung von Stress und den Herausforderungen des Lebens, die nach dem Examen auch nicht immer klein sind. Mich zu ihrem Yoga-Lehrer mitzunehmen, war der wichtigste Beitrag meiner Mutter zu meiner Examensvorbereitung. Geben Sie diesen uralten Techniken eine Chance.

Wenn man betet, kann man den Druck des Examens abgeben, an Gott, an das Universum, wer oder was das auch immer für Sie ist und wie Sie es auch immer nennen wollen. Versuchen Sie es ruhig mal. Wenn ich bete, dann tut es mir gut loszulassen, einzugestehen, dass ich nicht alles weiß und kann, dass die Dinge zu groß für mich sind. Dann stelle ich mir vor, dass ich die Last einer anderen Kraft überlasse, die tun wird, was gut und richtig ist.

Kennen Sie das Gelassenheitsgebet des US-Theologen Reinhold Niebuhr, englisch **Serenity Prayer**? Es ist in Selbsthilfegruppen beliebt.

> *Gott, gib mir die Gelassenheit, Dinge hinzunehmen, die ich nicht ändern kann,*
> *den Mut, Dinge zu ändern, die ich ändern kann,*
> *und die Weisheit, das eine vom anderen zu unterscheiden.*

Sie können die Examensvorbereitung natürlich sein lassen, so gesehen können Sie die Dinge ändern. Aber wenn Sie Examen machen wollen, müssen Sie sich vorbereiten. Das muss man akzeptieren, man kann es nicht ändern. Was man aber ändern kann, ist Ihre Einstellung zum Examen. Sie sind nicht das Opfer, das dem Leistungsdruck hilflos ausgeliefert ist.[91] Wenn Sie Leistungsdruck verspüren, wenn Ihnen ganz schlecht wird, weil Sie denken, dass die anderen besser sind als Sie, dass Sie versagen werden, dann machen Sie sich diesen Druck selbst. Glauben Sie mir, ich weiß wovon ich rede. Das hilft Ihnen nicht, sondern blockiert Sie. Wer gute Klausuren schreiben will, ein gutes Prüfungsgespräch führen will, der muss raus aus dem Kopfkarussell, in dem man sich immer um sich selbst und das eigene mögliche Versagen dreht. Lassen Sie los, gehen Sie Ihren Weg zum Examen mit Freude, im Kontakt mit anderen, mit positiver Energie, die Sie in der Auseinandersetzung mit Jura beflügelt. Und sagen Sie sich immer wieder, dass Ihr Wert als Mensch nichts mit Ihrer Examensnote zu tun hat. Sie sind wertvoll und wunderbar, egal welchen Weg Sie gehen werden.

Meditieren, Yoga, autogenes Training und Atemübungen kann man ganz hervorragend mit verschiedenen Apps lernen. Dabei geht es nicht etwa darum, Erleuchtung zu finden – wenn Sie es doch tun, herzlichen Glückwunsch – sondern auf den eigenen Atem zu hören, sich auf den eigenen Körper zu konzentrieren und innere Ruhe zu finden, die das Gedankenkarussell zum Halten bringt. Es geht darum, im Hier und Jetzt zu sein und nicht an die letzte Woche (zu wenig gelernt, schrecklich!) oder den nächsten Monat (Oh Gott, da sind schon Klausuren!) zu denken.

---

90 Hilft, sich glücklicher zu fühlen: *Shawn Achor*, The Happiness Advantage, 2010, 51 f.
91 *Shawn Achor*, The Happiness Advantage, 2010, 62 ff. = Das Happiness-Prinzip, 2020.

Die Stimme der Prüferin:

„Üben Sie Gelassenheit, ganz bewusst. Akzeptieren Sie, dass nur ein Teil des Erfolgs Ergebnis Ihrer Leistung und Ihrer Anstrengung ist, Glück aber eben auch eine zentrale Rolle spielt. Glück muss man sich schenken lassen, man darf auch darum beten, durch schlaflose Nächte und Arbeit rund um die Uhr erzwingen kann man es nicht. Einer meiner Studienfreunde hatte für den Vorabend seiner mündlichen Prüfung Karten für ein Konzert von Bruce Springsteen in Amsterdam, das seit Monaten ausverkauft war. Der Freundeskreis war sich einig: Man kann auch zu cool sein und damit das Glück herausfordern. Er ließ sich aber nicht beirren und machte trotz oder vielleicht gerade wegen des Musikgenusses ein oberes Prädikat."

Selfcare und Entspannung vor den Klausuren

Wenn Ihnen Beten, Yoga und Co. zu esoterisch ist, dann gibt es auch andere Wege, etwas Ruhe in Ihren Kopf zu bringen. Manche Menschen sitzen einfach da und schauen an die Decke und denken an nichts. Das ist im Grunde auch Meditation, auch wenn die Person das nicht so bezeichnet. Andere finden inneren Frieden und Abstand von Jura beim Sport (dazu später mehr), beim Stricken, Malen, auf der Tanzfläche, beim Baden, Putzen oder Kochen. Konzentrieren Sie sich wenigstens einmal am Tag komplett auf etwas, das nicht Jura ist.[92] Hier sind ein paar Tipps dafür:

Vera:

„Ich hatte vermutlich relativ wenig Stress, aber es gab Momente, in denen ich auch Angst hatte. Ich habe versucht, psychisch stabil zu bleiben und ‚Selfcare' betrieben, d.h. jeden Monat etwas Nettes gemacht, worauf ich mich freuen konnte. Wenn ich gemerkt habe, es geht nichts mehr rein, habe ich Schluss gemacht, Außerdem habe ich zwei Wochen vor dem Examen nichts mehr gemacht und auch zwischen den Klausuren nicht gelernt."

Luc:

„Stress: in stressigen Phasen habe ich versucht, so bald wie möglich etwas Abstand zu gewinnen, z.B. aus der Stadt rauszukommen, einen Spaziergang zu machen, Musik zu hören oder etwas Schönes zu lesen."

Simon:

„Entspannung, Spaziergänge und der Gedanke, dass es ‚nur' der Freischuss ist."

---

92 *Shawn Achor*, The Happiness Advantage, 2010, 55 f. = Das Happiness-Prinzip, 2020.

Sophia:

„Jeden Sonntag etwas Schönes unternehmen und die Auszeit sehr bewusst genießen."

Musik hilft

Tipp von Sarah:

„Ich habe mir bei XX eine Playlist (Musik ist in jeder Situation wichtig für mich und hilft mir immer) erstellt und höre sie mir jeden Morgen beim Aufstehen an. Es sind Lieder, die mich motivieren, die mich selbst in dieser Situation bei Laune halten und mich motivieren."

Motivierende Lieder habe ich auch, wenn ich unter hohem Zeitdruck an wichtigen Projekten arbeite. Es gibt z.B. strahlende Stücke Barockmusik, aber auch aktuell aufbauende Lieder oder Musik aus Star Wars, die ich mir anhöre, um mich wenigstens für ein paar Minuten unverwundbar zu fühlen.

Tipps zum seelischen Gleichgewicht von der Fachfrau Jessica Holzkämper, M. Sc. (Psychologische Psychotherapeutin i.A.)

1. „Unterstützung in Anspruch zu nehmen, ist klug und alles andere als eine Schande. Denn in extremen Lebenssituationen benötigen wir zusätzliche Bewältigungsstrategien. Nahezu jede Universität hat eine eigene psychologische Beratungsstelle (PBS), bei der man anonym, zeitnah und kostenlos Beratung und Coaching erhalten kann. Dabei gilt: Prävention statt Intervention."

2. „In der Examensvorbereitung zählt das Motto: „me first". Das bedeutet konkret: deine Bedürfnisse haben (mindestens) einmal im Leben Priorität, denn das ist eine der Grundlagen für erfolgreiches und stressarmes Lernen."

3. „Nicht jeder muss dich und das, was du gerade erlebst, nachvollziehen können, um für dich da zu sein. Insbesondere Freunde oder Bekannte aus anderen Studiengängen/Berufen/Bereichen ermöglichen dir einen Fokuswechsel, was sich positiv auf Stimmung, Konzentration und Antrieb auswirken kann."

4. „Schon 30 Minuten Gehen pro Tag reduziert (besonders in intensiven Belastungsphasen) laut WHO das Hormon Cortisol und damit das Ausmaß von erlebtem Stress. Die damit einhergehende Antriebsteigerung verringert die Wahrscheinlichkeit, eine depressive Episode zu erleben. Also schon mit ‚der Runde um den Block' tust du dir und allen um dich herum in dieser Phase einen Gefallen."

5. „In dieser Phase ist Abschalten kaum möglich. Yoga ist, insbesondere durch seine meditativen Anteile, eine hilfreiche Ausgleichsmöglichkeit. Regelmäßige Praxis (mindestens einmal pro Woche) schult weiterhin die Emotionsregulation. Dies kann in der schriftlichen Prüfungswoche bedeuten, absolvierte Prüfungen leichter hinter sich zu lassen und den Fokus besser auf das Bevorstehende richten zu können."

Wir haben auch darum gebeten, etwas genauer zu sagen, wann es nicht nur klug, sondern gesundheitlich angezeigt ist, sich Hilfe zu holen? Was sollte man als Warnzeichen ernst nehmen?

„Das ist pauschal schwer zu beantworten. Die folgenden Faktoren sind allgemein Hinweise auf psychische Gefährdung

- Schlafstörungen und dabei vornehmlich die Reduktion der gesamten Schlafzeit pro Nacht auf dauerhaft (länger als 8 Tage) weniger als 7 Stunden
- (unangemessene) Stimmungsschwankungen, die du auch von deinem engen Umfeld zurück gemeldet bekommst
- verminderte Konzentrations- und Aufmerksamkeitsfähigkeit, was beispielsweise durch Flüchtigkeitsfehler und Vergesslichkeit im Alltag deutlich wird
- vermehrter oder verminderter Appetit stellt ebenfalls einen Marker für das Ausmaß der Stabilität der Grundstimmung dar
- Verlust von Freude an Aktivitäten, die ursprünglich positive Erfahrungen/Erlebnisse waren

Bei diesen Aussagen ist es wichtig festzuhalten, dass die Zeitangaben subjektive Werte, basierend auf Erfahrung, sind und keiner wissenschaftlichen Studie zugrunde liegen."

Anmerkung von uns: Die Lektüre der Ratschläge in diesem Kapitel und diesem Büchlein ersetzen nicht die Beratung durch den Profi. Wenn Sie ein Problem haben, suchen Sie sich im eigenen Interesse professionellen Rat.

Psychologische Beratung und Einstellung in den Staatsdienst

Immer wieder wird unter Studierenden sehr vorsichtig die Frage gestellt, ob eine Beratung oder Behandlung wegen Prüfungsangst, einer Depression o.Ä. später ein Hindernis bei der Einstellung in den Staatsdienst, z.B. als Richterin oder Staatsanwalt, sein kann. Manche, so wird berichtet, zahlen den Therapeuten selbst, um sicher zu gehen, dass eine entsprechende Behandlung nicht aktenkundig wird.

Dazu ist zunächst einmal zu sagen, dass Krankenkassen und Ärzte über solche Behandlungen keine Auskunft geben dürfen. Das ändert allerdings nichts an Ihrer Verpflichtung, vor der Verbeamtung wahrheitsgemäße Angaben zu machen. Ggf. werden Sie dann aufgefordert, behandelnde Ärzte von der Schweigepflicht zu entbinden. Das ist aber unabhängig davon, wer die Behandlungen bezahlt hat.

Rechtlich geht es hier um die gesundheitliche Eignung bei der Einstellung in den Beamtendienst. Sie wissen ja sicher, dass jeder Mensch gem. Art. 33 Abs. 2 GG nach „Eignung, Befähigung und fachlicher Leistung" den gleichen Zugang zu jedem öffentlichen Amt haben muss. Eine Person, die aufgrund einer physischen oder psychischen Erkrankung den Dienst nicht leisten kann, ist nicht geeignet. Um diese Eignung festzustellen, gibt es vor der Verbeamtung eine amtsärztliche Untersuchung. Nicht nur Polizistinnen und Lehrer, auch Richter und Staatsanwältinnen müssen körperlich und mental stabil genug sein, um ihren Beruf ausüben zu können. Schon allein aus diesem Grund lege ich (Anne Sanders) Ihnen sehr ans Herz, sich ggf. rechtzeitig Hilfe zu suchen. Damit können Sie nicht nur dafür sorgen, dass es Ihnen jetzt besser geht und Sie die Prüfung besser bewältigen, sondern auch, dass Ihre Probleme nicht in Zukunft schlimmer und sogar chronisch werden.

Was aber, wenn Sie in der Prüfungszeit eine Behandlung wahrgenommen haben, es Ihnen aber danach gut geht und Sie nun gern in den Staatsdienst möchten. Kann das bedeuten, dass sie gesundheitlich ungeeignet sind? Wenn Sie früher einmal krank waren, z.B. einen Bandscheibenvorfall hatten oder eine Depression, muss der Dienstherr bei Einstellung eine Prognose anstellen, wie wahrscheinlich es ist, dass Sie künftig Ihre Dienstpflichten nicht erfüllen können und man Sie in den vorzeitigen Ruhestand versetzen muss. Bis 2013 ging das BVerwG davon aus, dass die gesundheitliche Eignung vorliege, wenn die Dienstunfähigkeit vor Erreichen der Altersgrenze mit an Sicherheit grenzender Wahrscheinlichkeit ausgeschlossen werden konnte. Mit dem Urteil vom 25.7.2013 änderte das BVerwG[93] seine Rechtsprechung. Nun soll eine Person nur dann gesundheitlich nicht geeignet sein, wenn tatsächliche Anhaltspunkte die Annahme rechtfertigen, dass mit überwiegender Wahrscheinlichkeit vom Eintritt einer Dienstunfähigkeit vor Erreichen der gesetzlichen

---

[93] 2 C 12.11, NVwZ 2014, 300, bestätigt seitdem im Urteil vom 30.10.2013 – 2 C 16.12 – NVwZ 2014, 372 Rn. 26 und im Beschluss vom 12.7.2018 – 2 B 17.18 – Buchholz 310 § 133 (nf) VwGO Nr. 118 = juris Rn. 5.

Altersgrenze auszugehen ist. Einen Beurteilungsspielraum gibt es dabei nicht.

Die Frage, wann eine Erkrankung (psychischer oder physischer Art) der Einstellung in den Staatsdienst nach diesem Maßstab entgegensteht, kann man natürlich nicht allgemeingültig beantworten. Wie immer geht es um den konkreten Fall, in dem ggf. ein Verwaltungsgericht auf der Grundlage ärztlicher Gutachten entscheiden muss, ob die Entscheidung des Dienstherrn rechtmäßig war. Angesichts des obigen Maßstabs ist aber davon auszugehen, dass – wenn jemand gegenwärtig arbeitsfähig ist – eine frühere psychische Erkrankung ganz erheblich sein bzw. chronisch geworden sein muss, um eine negative Prognose rechtfertigen zu können. Eine einmalige Behandlung wegen Prüfungsangst oder einer depressiven Episode dürfte diese Anforderungen wohl kaum erfüllen.

Lassen Sie sich also nicht davon abhalten, sich Hilfe zu suchen, weil Sie Ihre Chancen auf Einstellung in den Staatsdienst nicht gefährden wollen. Wer verantwortungsvolle Entscheidungen für andere treffen möchte, sollte auch gut und verantwortungsvoll mit sich selbst umgehen.

Lernen im Schlaf

Warum Schlaf gerade für Examenskandidat*innen wichtig ist

Viele unserer Befragten betonten die Wichtigkeit von genug Schlaf. So z.B. auch:

Stefan I:

„Ausreichend essen und schlafen ist das A und O, (…)."

Ida:

„Einen gesunden Lern-Rhythmus entwickeln, also schön regelmäßig lernen und nicht mal zwölf Stunden und mal nur drei am Tag. Immer genug schlafen."

Stefan und Ida haben vollkommen Recht, sowohl was den Rhythmus angeht als auch den Schlaf. Es gibt eine ganze Menge Bücher dazu, wie wichtig Schlaf ist.[94] Schlafmangel macht nach Aussage von Experten „dick, dumm und krank".[95] Schlaf ist wichtig für Ihre Gesundheit, die Hirnfunktionen und die Psyche. Wer nicht ausreichend schläft, wird

---

[94] *Matthew Walker*, Das große Buch vom Schlaf = Why we sleep, 2018; *Shawn Stevenson*, Jeder Mensch kann schlafen lernen = Sleep Smarter, 2016; *Vorster*, Warum wir schlafen. 2019.

[95] Vgl. nur Prof. Dr. *Jürgen Zulley* 2005, https://www.stern.de/gesundheit/schlaf/schlafforschung--zu-wenig-schlaf-macht-dick--dumm-und-krank--3294588.html; https://www.zeit.de/2010/13/M-Schlaf; Prof. Dr. *Christoph Schöbel*, https://www.businessinsider.de/wissenschaft/schlafmangel-macht-uns-dick-dumm-und-krank-sagt-ein-schlafmediziner-2019-7/ (visited 27.3.2020); *Matthew Walker*, Das große Buch vom Schlaf = Why we sleep, 2018, 107 ff.; *Shawn Stevenson*, Jeder Mensch kann schlafen lernen = Sleep Smarter, 2016, xxiii f.

leichter übergewichtig, denn wer müde ist, isst mehr Junkfood.[96] Achten Sie mal drauf. Bei mir stimmt das definitiv... Schlafmangel kann offenbar sogar Diabetes, Alzheimer und Herz-Kreislaufkrankheiten begünstigen.[97] Regelmäßiger Schlaf ist gut für die psychische Stabilität.[98] Und Schlafmangel kann nicht nur für Sie langfristig tödlich sein, sondern auch kurzfristig für Dritte: Jedenfalls in den USA werden mehr Autounfälle von übermüdeten Fahrern verursacht als von solchen, die Alkohol und Drogen konsumiert haben.[99]

Aber selbst, wenn Ihnen „dick, krank und gefährlich" im Examensstress egal sein sollte, „dumm" definitiv nicht. Aber auch das stimmt. *Kathryne M Young* bezeichnet Schlafmangel als das Kryptonit des Jurastudierenden.[100] Müde Menschen behalten weniger, denn im Schlaf werden neue Informationen vom Kurz- ins Langzeitgedächtnis übertragen.[101] Schlaf hilft Ihnen vor und nach dem Lernen. Das kennen Sie sicher auch aus eigener Erfahrung: Wenn Sie wirklich konzentriert gearbeitet haben, dann sind Sie müde und Sie müssen Ihrem Gehirn die Chance geben, aufzuräumen und neue Kraft für den nächsten Tag zu sammeln. Sparen Sie also nicht am Schlaf, nur um abends länger arbeiten zu können! Sie behalten mehr, wenn Sie schlafen.

Wieviel Schlaf man braucht ist unterschiedlich, aber empfohlen werden für junge Erwachsene und Erwachsene sieben bis neun Stunden pro Nacht. Finden Sie einfach mal heraus, wieviel Schlaf Sie brauchen, indem Sie sich ein paar Tage keinen Wecker stellen. Nach wieviel Schlaf fühlen Sie sich richtig fit? Vielleicht sind Sie erstaunt, wie gut es Ihnen nach ausreichend Schlaf auf einmal geht!

Schlafprobleme

Was aber, wenn Sie gern schlafen würden und es nicht können? Es gibt ein paar Tipps, die Sie in der entsprechenden populärwissenschaftlichen Literatur finden[102] und ausprobieren können, wenn Sie Ihren Schlaf allgemein verbessern möchten. Wichtig ist schonmal der Ort, wo Sie schlafen. Er sollte ruhig, dunkel und kühl sein. Also nicht die Heizung zu hoch aufdrehen. Ernsthafte Probleme beim Schlafen sind aber gar nicht selten, und wir sind keine Ärzte. Wenn Sie über längere Zeit unter Schlafproblemen leiden, sollten Sie fachlichen Rat einholen. Schlafstörungen können ein Zeichen für medizinische oder psychische Probleme sein, bei denen Sie Hilfe brauchen.

Stress

Es wundert Sie sicher nicht, dass Stress zu Schlafmangel führen kann. Wenn Sie hellwach im Bett liegen, mit panischer Angst vor den Klausuren, dann macht es die Sache nicht

---

96 *Shawn Stevenson*, Jeder Mensch kann schlafen lernen = Sleep Smarter, 2016, 3; *Matthew Walker*, Das große Buch vom Schlaf = Why we sleep, 2018, 169.
97 *Matthew Walker*, Das große Buch vom Schlaf = Why we sleep, 2018, 164 ff.
98 *Matthew Walker*, Das große Buch vom Schlaf = Why we sleep, 2018, 146 ff.
99 *Matthew Walker*, Das große Buch vom Schlaf = Why we sleep, 2018, 134; *Brian C Tefft*, Acute sleep deprivation and culpable motor vehicle crash involvement. Sleep, 2018; DOI: 10.1093/sleep/zsy144.
100 *Kathryne M Young*, How to be (sort of) happy in Law School, 2018, 138.
101 *Walker*, Das große Buch vom Schlaf = Why we sleep, 2018, 109 ff.
102 *Walker*, Das große Buch vom Schlaf = Why we sleep, 2018, Apendix; *Stevenson*, Jeder Mensch kann schlafen lernen = Sleep Smarter, 2016.

besser, wenn Sie immer wieder auf die Uhr sehen und feststellen, dass Ihre Schlafenszeit ungenutzt verrinnt. „Morgen kann ich nicht lernen", geht es Ihnen wahrscheinlich nun durch den Kopf. „Und wenn ich nicht lernen kann, dann werde ich das Examen nicht schaffen!" Ein teuflisches Gedankenkarussell setzt sich in Gang. Glauben Sie uns, damit sind Sie nicht allein! Wir haben oben Tipps zum Umgang mit Stress gesammelt. Versuchen Sie es damit.

Es ist hilfreich, keine leuchtenden Zeitanzeigen im Zimmer zu haben, das stresst nur zusätzlich und das Licht hält wach. Außerdem sollte man, wenn man nicht einschlafen kann oder nachts aufwacht, besser aufstehen, als sich stundenlang im Bett hin und her zu wälzen. Der Körper soll das Bett schließlich mit Ruhe und nicht mit Schlafstress verbinden (dazu mehr sogleich unter Schlafhygiene). Dann kann man ein wenig herumgehen und vielleicht etwas (nichts zu Aufregendes, besser auch nichts Juristisches) lesen. Mir tut es dann oft gut, das Fenster zu öffnen, langsam zu atmen und mir die Bäume in der Dunkelheit oder die Sterne anzusehen. Stellen Sie sich vor, wie weit die weg sind und wie klein alle Sorgen, die man hier hat, von da oben aussehen. Gehen Sie erst dann wieder ins Bett, wenn Sie sich müde fühlen.

Schlafhygiene

Schlafhygiene klingt nicht gerade sexy, sondern eher nach altmodischem Flanellschlafanzug und Kernseife. Was bedeutet das? Ihr Körper ist ein Gewohnheitstier, wenn Sie im Bett zu viel anderes machen als schlafen, dann assoziiert er das Bett nicht mit Schlaf und das erschwert das Einschlafen. Wer nicht gut schläft, sollte nicht im Bett lernen und auch nicht im Bett fernsehen, Netflix schauen etc. Das Bett ist zum Schlafen da, zum Kuscheln und für … Alles andere machen Sie lieber anderswo.

Vorsicht mit der Chemie

Vorsichtig sollten Sie damit sein, das Einschlafen durch Alkohol, Tabletten und sonstige chemische Hilfsmittel zu befördern. Milde Hilfsmittel wie Baldrian oder Lavendel (z.B. ein paar Tröpfchen auf das Kissen) können Sie gern versuchen, aber Schlafmittel sollten Sie nur mit ärztlicher Begleitung nehmen. Alkohol mag das Einschlafen erleichtern, aber macht den Schlaf insgesamt leichter und weniger erholsam. Es kann Ihnen passieren, dass Sie dann öfter aufwachen. Abgesehen davon birgt Alkoholgewöhnung eine nicht unerhebliche Suchtgefahr und je nach Menge schränkt es die Leistungsfähigkeit am nächsten Tag ein.

Sport und Schlaf

Ausreichend Bewegung hilft bei Stress und verbessert den Schlaf. Sie sollten allerdings vorsichtig sein, abends Sport zu machen, das erschwert offenbar das Einschlafen.

Licht und Schatten

Schlafen tut man, wenn es dunkel ist, das wissen Sie schon seit Sie klein sind. Lichtquellen im Zimmer, insbesondere von Smartphone, Fernsehen etc. sollte man ca. 2 h vor dem Einschlafen ausmachen. Außerdem wissen Sie sicher, dass man die entsprechenden Bildschirme in Ihrem Leben schon einige Stunden vor der Schlafenszeit so einstellen sollte, dass sie gelbes und kein blaues Licht absondern. Blaues Licht sagt dem Körper nämlich, dass es Morgen ist und Sie jetzt wach sein und aufstehen müssen.

Wenn Sie Schlafprobleme haben, sollten Sie auch mal schauen, ob dunklere Vorhänge Ihnen helfen können. Auch eine dunkle Schlafmaske reicht nicht immer aus. Umgekehrt verbessert es interessanterweise den Schlaf, wenn Sie tagsüber ausreichend Tageslicht bekommen. Ein weiterer Grund für einen täglichen Spaziergang! Damit wird sozusagen die innere Uhr gestellt, die bei uns viel zu oft durch künstliches Licht durcheinander ist. Ein fester Rhythmus hilft Ihnen, dass Sie müde sind, wenn Sie ins Bett gehen. Unregelmäßige Schlaf- und Wachzeiten können das Einschlafen erschweren.

Einschlafrituale

Genauso wie ein kleines Ritual den Arbeitstag einläuten kann, kann Ihnen ein Ritual helfen, nach einem Arbeitstag „runter zu kommen" und dann gut einzuschlafen. Sie sollten etwa zwei Stunden vor dem Einschlafen nicht mehr arbeiten, sondern etwas anderes machen, das Sie entspannt und zur Ruhe kommen lässt. Aufregende Filme und Serien mit Suchtfaktor sind vielleicht nicht so gut dafür geeignet (ich weiß schon, warum ich kein Internet zu Hause habe…). Manche lesen etwas ohne Jura. Ich höre sehr gern immer die gleichen Hörbücher zum Einschlafen. Auch Tagebuchschreiben kann einem helfen, den Tag hinter sich zu lassen. In Zeiten, in denen mir etwas auf der Seele lag, habe ich abends gern eine Liste mit drei Dingen geschrieben, über die ich mich an diesem Tag gefreut hatte und für die ich dankbar war. Dankbarkeit tut gut und hilft gegen Stress. Sanfte Musik, Milch mit Honig oder Kräutertee können auch Teil eines Einschlafrituals sein.

Mittagsschlaf wirkt Wunder!

Ein kleiner Mittagsschlaf wirkt Wunder bei der Produktivität,[103] ist allerdings kein Ersatz für ausreichend Schlaf in der Nacht.[104]

> *Eva:*
>
> „An langen Tagen zu Hause am Schreibtisch tat es besonders gut, zwischendurch ein wenig zu schlafen."

Versuchen Sie das ruhig mal, es gibt auch Personen, bei denen das gar nicht geht. Es sollte jedenfalls nicht zu lang sein, dann stört es auch nicht den Schlafrhythmus. Ich schwöre z.B. auf eine 20-minütige Meditation mit einer Meditationsapp nach dem Mittagessen. Eine sehr erfolgreiche Freundin von mir hat in der Examenszeit täglich sogar drei Schlafpausen von je 30 Minuten gemacht.

---

[103] *Ben Greenfield*, Boundless, 2020, 129 ff.
[104] *Matthew Walker*, Das große Buch vom Schlaf = Why we sleep, 2018, 143 f.

Kein Sport ist Mord

Fast alle Teilnehmenden empfehlen nachdrücklich, sich Zeit für Sport zu nehmen.

Christine:
„Ja! Sport ist ein guter Ausgleich zum Lernen. Ich war viermal die Woche beim Training."

Bettina:
„3x die Woche Fitnessstudio/Lauftreff."

Alexander:
„Abends Ausdauer- und Kampfsport."

Jana:
„Leider viel zu wenig. Die körperliche Kondition und den Ausgleich, den Sport bietet, hatte ich total unterschätzt. Jetzt (vor dem Zweiten Staatsexamen) mache ich das."

Sport hilft dem Körper beim langen Sitzen:

Matthias:
„Als körperlichen Ausgleich für das lange konzentrierte Sitzen in der Bibliothek habe ich möglichst viel Sport getrieben."

Außerdem ist Bewegung gut gegen Stress, psychische Probleme und macht glücklich.[105]

Anja:
„Viel Sport und sich zwischendurch von Familie und Freunden aufbauen lassen."

Wenn Sie Sport mit anderen treiben, z.B. in einer Mannschaft oder Laufgruppe, ist das auch eine super Gelegenheit, soziale Kontakte zu pflegen. Damit tun Sie Ihrer Stimmung und Ihrem Körper gleichzeitig etwas Gutes!

Wenn Sie immer noch zögern, sich die Zeit für Sport zu nehmen, dann überzeugt es Sie

---

[105] Vgl. zu den positiven Effekten körperlicher Bewegung *John Medina*, Brain Rules, 2014 = Gehirn und Erfolg, 2012, S. 7 ff.; *John J. Ratey*, Spark – the revolutionary new science of exercise and the brain, 2008, 113.

vielleicht, dass es Untersuchungen gibt, nach denen Sport das Lernen erleichtert.[106] Manche Forscher empfehlen Sport sogar als Mittel gegen die Folgen von Demenz! Wenn Sie darüber nachdenken, Medikamente zu nehmen, die die Hirntätigkeit verbessern, nehmen Sie lieber Sport mehrfach die Woche. Das hilft Ihnen mehr als jedes Mittelchen und dazu ohne Nebenwirkungen! Felix bringt es perfekt auf den Punkt:

Felix:

„Sport war so wichtig wie Lernen, deshalb in meinem Kopf ‚Lernzeit'."

Essen und Trinken

Wir haben unsere Teilnehmenden nicht nach ihren Essgewohnheiten gefragt, aber ausreichend trinken und essen sowie eine relativ gesunde Ernährung tauchten trotzdem in den Tipps auf:

Stefan I:

„Ausreichend essen und schlafen ist das A und O."

Eva:

„Viel Wasser trinken (…)."

Stefan II:

„3 mal in der Woche Ausdauersport, relativ gesunde Ernährung."

Sie sind erwachsen und sollten wissen, was Ihnen guttut. Nur zur Erinnerung: Sie erbringen in der Vorbereitung und im Examen Höchstleistungen. Behandeln Sie Ihren Körper nicht als Transportgerät für das Gehirn, sondern als Gesamtorganismus, in dem alle Teile für Ihren Erfolg zusammenwirken müssen. Eine einigermaßen gesunde Ernährung mit Nüssen, guten Fetten, Gemüse und (wenn sie es essen) hin und wieder Fisch tut nicht nur Ihrer Linie, sondern auch Ihrem Kopf und Ihrer Stimmung gut.

Zur gesunden Ernährung für Examenskandidat*innen gehört auch, dass Sie regelmäßig und ausreichend essen. Ihr Kopf braucht viel Energie! Das ist keine Zeit für Diäten, sondern für eine ausgewogene Ernährung.

---

106 *John Medina*, Brain Rules = 2B14 = Gehirn und Erfolg, 2012, S. 7 ff.; *John J. Ratey*, Spark – the revolutionary new science of exercise and the brain, 2008, 35 ff., der argumentiert, Sport lasse sogar Gehirnzellen wachsen.

Sicher geht es Ihnen auch so: in der stressigen Examenszeit tröstet man sich gern hin und wieder mit Essen und Trinken. Mal ein Bier und ein Glas Wein, hin und wieder Eis, Schokolade und Chips sind auch völlig in Ordnung. Genießen Sie es!

Jan B:

„Einen ablenkenden (gerne action-lastigen und simplen) Film gucken, dazu ein Glas Wein oder ein Bier trinken und versuchen, sich nicht verrückt machen zu lassen."

Tipp von Lara aus unserer Corona-Umfrage:

„Ganz viel Süßes essen, lieber dick als durchgefallen."

Ja, das geht mir auch so. Ich habe um einiges mehr an Schokoladencreme und Essigchips gegessen, als ich das sonst mache. Das ist auch völlig in Ordnung, wenn man das nicht zu oft macht. Zu viele solch billiger Kohlenhydrate sind allerdings nicht hilfreich, nicht nur weil das ungesund ist, sondern weil die unvermeidlichen Einbrüche nach dem „Zuckerhoch" die Konzentration stören. Die leckeren Sachen besser nicht am Schreibtisch lagern, um automatisches Essen zwischendurch zu vermeiden (vor allem bei Chips, die diesen eingebauten Zwang haben, die Packung auf einmal leer zu essen). Lieber in den Pausen holen und bewusst genießen.

Crashkurs: Body and Soul

- Alle haben Angst vor dem Examen. Sie sind nicht allein.
- Schlaf und Sport sind Lernzeit! Beides ist wichtig für Ihren Erfolg.
- Suchen Sie sich Strategien für den Umgang mit Stress unter Einbindung von Eltern, Partnern und ggf. professionellen Beratern.
- Versuchen Sie Yoga, Meditation oder nehmen Sie sich Zeit für etwas anderes, das Ihnen innere Ruhe schenkt und Sie daran erinnert, dass es nicht nur Jura auf der Welt gibt.
- Regelmäßig ausreichend ausgewogen essen und genug Wasser trinken tut Körper und Geist gut.
- Versuchen Sie, das Positive in Ihrer Examensvorbereitung und Ihrem kontinuierlich besser werdenden juristischen Verständnis zu sehen.
- Sie sind ein wertvoller Mensch, egal wie Sie abschneiden!

8 Die Klausurphase

Gibt Antworten auf die Fragen: Wie bereite ich mich am Tag selbst auf die Klausuren vor? Was mache ich hinterher?

Vorbereiten

Manche Leute bleiben auch an den Tagen völlig cool, an denen sie Klausuren schreiben. Das sind wenige, und ich (Anne Sanders) beneide sie glühend. Wenn Sie mit uns nicht zu dieser beneidenswerten Gruppe gehören, dann kann es sein, dass Ihnen etwas Planung Sicherheit gibt. Fahren Sie vorher einmal zum Ort, wo Sie Ihre Klausuren schreiben werden. Informieren Sie sich über Anreisemöglichkeiten (ÖPNV, Auto, Fahrrad?) und überlegen Sie, was am sinnvollsten ist. Berücksichtigen Sie dabei mögliche Staugefahren, vorhandene Parkmöglichkeiten und Zugverspätungen. Überlegen Sie, wie groß der Zeitpuffer sein soll, den Sie sicherheitshalber einplanen wollen.

Schauen Sie sich einmal das Gebäude an und informieren Sie sich so gut es geht bei Freunden über den genauen Ablauf. Wenn Sie sich vorstellen können, was passiert, kann Ihnen das Sicherheit geben.

Machen Sie sich eine Liste mit allem, was Sie mitnehmen müssen. Planen Sie rechtzeitig, was dazugehört und was Sie rechtzeitig besorgen und erledigen müssen z.B. Gesetzestexte kaufen/aktualisieren. Packen Sie die Tasche schon am Abend vorher. Etwas auf einer Liste abzustreichen, kann beruhigend wirken.

Lernen Sie am Tag vor einer Klausur nicht mehr. Bei den Klausuren geht es darum, dass Sie sich auf den Sachverhalt einlassen. Wenn Sie in letzter Minute spezifisches Detailwissen in den Kopf stopfen, können Sie leicht vermuten, dass Sie genau diesen Fall vor sich haben, obwohl das gar nicht stimmt. Wenn man nur einen Hammer in der Hand hat, denkt man, jedes Problem wäre ein Nagel.

Geben Sie sich genug Zeit, einzuschlafen und Kraft zu sammeln. Also früh Handy und andere Bildschirme ausschalten. Beim Einschlafen vor einem großen Tag helfen mir immer ein warmes Bad/Dusche und danach Einreiben mit Lavendelöl. Wenn Sie mit sich selbst reden, dann sagen Sie besonders an diesem Abend freundliche Dinge zu sich selbst: „Du hast Dich gut vorbereitet und schaffst das!" oder „Morgen kannst Du endlich zeigen, was Du kannst!" Wenn Sie nicht einschlafen können, dann versuchen Sie, sich zu entspannen und sagen sich, dass Ihr großartiger Körper Sie zur Not morgen auch ganz ohne Schlaf mit Adrenalin durch die Klausur bringen wird. Mir hilft das mehr als mir auszumalen, dass ich ohne Schlaf versagen werde.

Gemütlich oder Poweroutfit?

Es schadet nicht, sich ein paar Gedanken über ein passendes Outfit zu machen und alles am Abend vorher bereit zu legen. Vielleicht haben Sie Anziehsachen, in denen Sie sich besonders wohl fühlen oder die Glück bringen? Nein, ich behaupte nicht, dass Ihre Tigersocken Sie wirklich unbesiegbar machen, aber auch ein kleiner Placebo-Effekt kann an Tagen wie diesen nicht schaden. Praktisch sind mehrere Lagen, falls der Raum unerwartet kalt oder warm ist.

Schick müssen Sie für die Klausuren nicht sein, also ist ein Riesen-Shirt mit Löchern völlig in Ordnung. Es kann aber auch sein, dass Sie das Gefühl haben, in Schlumperklamotten nicht Ihre beste Leistung zu bringen und dass Sie sich in etwas Schickem oben oder drunter (ja, auch schöne Wäsche) oder auch gut geschminkt selbstbewusster fühlen. Aus den USA hört man, dass manche Law School Students sich bei ihren schriftlichen Abschlussprüfungen als professionelle Performer fühlen wollen und deshalb Anzüge tragen.[107]

In Oxford trägt man zu den Examen sub fusc,[108] d.h. für Herren dunkler Anzug, weißes Hemd, Fliege und Gown und für Damen dunkler Rock oder Hose mit weißer Bluse, schwarzem Band um den Hals und Gown. Schwarze Schuhe und mortar boards oder soft cap (Barrett, bzw. wahlweise eine spezielle Mütze für Damen) gehören dazu. Ich hatte zuerst meine Zweifel, ob ich in diesem Aufzug Klausuren schreiben könnte, empfand es dann aber als ausgesprochen angenehm, dass ich mir nicht überlegen musste, was ich anziehen sollte. Das Anziehen dieser traditionellen Kluft gab mir zudem ein Gefühl von Sicherheit und Feierlichkeit, als würde ich eine Rüstung anlegen. Nein, so „Harry Potter"-mäßig sollen Sie nicht zur Klausur gehen, aber vielleicht gibt Ihnen das eine Idee für Ihre persönliche Rüstung.

Positiv denken!

Max II:

„Respekt vor dem Examen ja, Angst nein. Auch wenn es in der Praxis nicht immer ganz einfach ist, sollte man versuchen, ein positives Gefühl für die Klausuren zu entwickeln ('Jetzt geht es endlich los. Jetzt kann ich zeigen, dass sich die Vorbereitungszeit gelohnt hat.'), Angst hingegen hindert eher."

Klar, vor den Klausuren ist man aufgeregt. Versuchen Sie aber, möglichst positiv an die Sache heranzugehen.[109] Stellen Sie sich gerade hin, vielleicht machen Sie noch ein paar Dehn- oder Yogaübungen, bevor Sie losziehen. Sagen Sie sich: „Ich bin so gespannt zu zeigen, was ich kann!", auch wenn Sie sich am liebsten in einem Mauseloch verstecken wollen. Das sage ich mir bis heute, wenn ich Vorträge halten muss. Positive Energie wird Ihnen helfen, die Nerven zu behalten. Selbstsabotage à la „ich kann es nicht und werde versagen" hilft Ihnen nicht und stimmt auch nicht. Sie haben sich gut vorbereitet und werden es daher schaffen!

---

107 *Kathryne M Young*, How to be (sort of) happy in law school, 2018, 243.
108 https://www.ox.ac.uk/students/academic/dress.
109 Zu den guten Effekten positiven Denkens: *Shawn Achor*, The Happiness Advantage, 2010, 37 ff. = Das Happiness-Prinzip, 2020.

Lächeln Sie, auch wenn Sie sich nicht danach fühlen. Das gibt positive Energie. Vielleicht hilft Ihnen ein Bild eines geliebten Menschen, Ihres Hundes oder einfach etwas zum Lachen auf dem Schreibtisch? Als ich mein erstes Examen machte, malte meine Mutter lächelnde Gesichter auf zwei Zitronen, die ich während der Klausuren auf meine Schönfelder-Kiste stellte und die mich angrinsten. Nichts hat mir so sehr in dieser stressigen Atmosphäre geholfen, als hin und wieder meine Zitronen anzulächeln.

Kleine Routinen

Kleine Routinen, die Sie schon im Klausurenkurs entwickeln können, können Ihnen helfen, in den Klausuren Sicherheit zu finden. Denkbar ist z.B. nach der Erstellung der Lösungsskizze einmal auf die Toilette zu gehen und/oder etwas zu essen, um danach noch einmal alles zu durchdenken. Kleine Routinen helfen auch, sich nach einem Blackout wieder in den Griff zur kriegen. Helfen Ihnen Ohrstöpsel und ein Stressball bei der Konzentration? All das können Sie bei den Probeklausuren schon ausprobieren, dann fühlt sich das, was Sie da machen, nicht so ungewohnt an. Mir empfahl ein Strafrechtsdozent, bei einem Blackout einfach auf den Schmierzettel zu schreiben „Tatbestand, Rechtswidrigkeit, Schuld", um mich daran zu erinnern, dass ich das alles kann.

Powernahrung

Genug Wasser trinken sichert die Leistungsfähigkeit. Machen Sie sich keine Sorgen, wenn Sie deshalb mal rausmüssen. Der Geist arbeitet unterwegs weiter, und Sie können die Klausur mit ein wenig Abstand nochmal überdenken. Achtung bei zu viel Kaffee oder Tee, das kann einen gerade unter dem zusätzlichen Adrenalin in der Klausur hibbelig machen.

Essen, das laut ist (sie wollen ja keine bösen Blicke kassieren, wenn etwas bei Ihnen knirscht und knistert), schmiert oder kleckert, ist nicht so geeignet. Auch das wissen Sie sicher. Ich hatte im Examen immer ein Glas meiner Lieblings-Schokocreme mit Löffel dabei. Ich habe natürlich nicht das ganze Glas ausgelöffelt, fand es aber besser als Schokolade in Tafelform. Vorsicht aber beim Leistungsabfall durch den Zuckercrash. Bei den langen Klausuren sollte man auch durchaus etwas Nahrhaftes mitbringen, das aber nicht müde machen sollte. Aus den USA werden Nüsse und Beeren empfohlen, mir persönlich würde das für fünf Stunden nicht reichen, da brauche ich eher ein lecker belegtes Brot oder Müsli mit Joghurt und Obst aus einem Glas. Verwöhnen Sie sich! Sie haben es verdient! Probieren Sie geeignete Kost schon mal bei den Probeklausuren aus.

Und danach?

Es ist keine gute Idee, sich nach der Klausur über die Lösung zu unterhalten. Glauben Sie es uns, vieles, was über geschriebene Klausuren geäußert wird, ist großer Mist. Das gilt für die Leute, die nach der Klausur draußen stehen und panisch fragen „hast Du GoA geprüft?", ebenso wie für Kommentare im Internet. Mit Simon warnen wir Sie dringend davor, nach einer Klausur im Internet nach Lösungen zu suchen:

> **Simon:**
>
> *„In diesen Foren wird von Examenskandidaten über zukünftige Klausuren spekuliert, vor allem aber über vergangene Klausuren diskutiert. Die Lektüre der teilweise fundierten, größtenteils aber verwirrenden und Panik hervorrufenden Beiträge bringt keinen inhaltlichen Mehrwert, ändert nicht die geschriebene Klausur und verunsichert nur im Hinblick auf die noch zu erbringenden Leistungen (mündliche Prüfung oder folgende Klausuren beim sog. Abschichten)."*

Im Corona-Sommer 2020 wurde in Bielefeld eine Openbook-Klausur geschrieben, die ich gestellt hatte. Mitglieder meines Teams verfolgten damals live eine lebhafte (und in ihrer Zulässigkeit zweifelhafte) Diskussion über Jodel, in der so viel Unsinn über die Lösung verbreitet wurde, dass man nur hoffen konnte, dass sich nicht zu viele Studierende von eigenen guten Gedanken haben abbringen lassen.

Denken Sie am besten gar nicht mehr an Ihre Klausuren, auch wenn es schwerfällt. Viele Menschen (uns beide eingeschlossen) können kaum einschätzen, wie ihre Leistungen später beurteilt werden. Da ist außerdem auch immer etwas Glück dabei. Wenn man mir nach meinen beiden Examen nach ein paar Wochen des Wartens die Möglichkeit gegeben hätte, die meiner Ansicht nach schlechtesten Klausuren auszusortieren, wären die am besten benoteten Arbeiten rausgeflogen. Im Übrigen können Sie die Sache eh nicht mehr ändern. Also nicht verrückt machen lassen! Lieber Sport treiben, gut essen und schlafen und sich etwas gönnen!

Crashkurs: Die Klausurphase

- Planen Sie die Klausurtage vorher einschließlich Anreise und versuchen Sie, möglichst viel über den Ablauf in Erfahrung zu bringen.
- Planen Sie rechtzeitig, was im Vorfeld besorgt/erledigt werden muss, z.B. Gesetzestexte aktualisieren.

8 Die Klausurphase

- Machen Sie eine Checkliste mit den Dingen, die Sie mitnehmen müssen, und packen Sie alles am Abend vorher ein.
- Gehen Sie den Tag vor der Klausur entspannt an und lernen Sie nicht mehr.
- Geben Sie sich ausreichend Zeit zum Einschlafen.
- Machen Sie sich ein paar Gedanken zu geeigneter Kleidung und Verpflegung.
- Denken Sie positiv und lächeln Sie. Das gibt Energie und die brauchen Sie.
- Nach den Klausuren nicht über die Lösung diskutieren oder Lösungen im Internet suchen, sondern Sport treiben, gut essen und schlafen.

9 Die mündliche Prüfung

Gibt Antworten auf die Fragen: Wie bereite ich mich vor? Wie übe ich den Vortrag? Wie nutze ich Protokolle? Wie präsentiere ich mich der Kommission?

Zunächst etwas zur Beruhigung: Ein Großteil unserer Teilnehmenden fand die mündliche Prüfung angenehmer als erwartet.

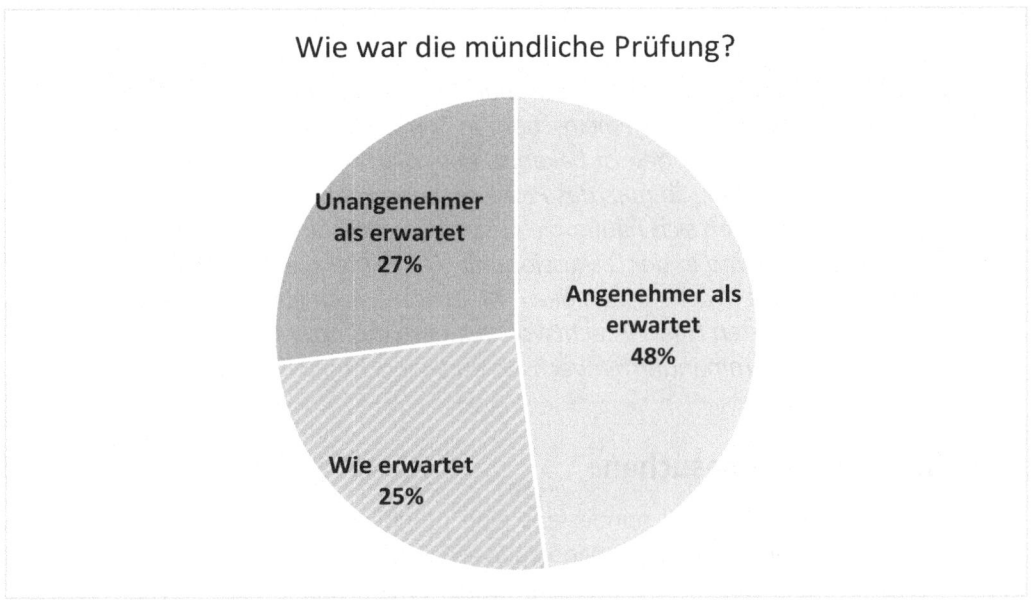

Viele berichten von ehrlich bemühten Prüferinnen und Prüfern, die mit viel Wohlwollen auf dem Weg zu einer fairen Note unterstützen. Die folgenden Tipps zur Vorbereitung verdanken wir zum großen Teil einem erfahrenen Prüfer und Referendarausbilder, dem an dieser Stelle noch einmal herzlich gedankt sei.

Vorbereitung vor der mündlichen Prüfung

Vorbereitung planen

Spätestens wenn die Klausuren vorbei sind, sollten Sie sich einen Zeitplan für die Monate bis zur mündlichen Prüfung machen. Das heißt nicht, dass Sie sofort weiterlernen sollen! Klausuren kosten Kraft, also planen Sie zunächst einmal Urlaub ein. Es ist durchaus empfehlenswert, wenn Sie ein paar Tage mal komplett abschalten und nur schlafen, Sport machen, Kraft sammeln und Abstand gewinnen. Das sollte aber auch nicht zu lange dauern, denn Sie haben ja noch einiges vor. Setzen Sie sich einen Termin, an dem Sie wieder mit der Lernerei anfangen und erstellen Sie einen Lernplan unter Berücksichtigung der Besonderheiten der mündlichen Prüfung in Ihrem Bundesland.

9 Die mündliche Prüfung

Die Stimme der Prüferin:

„Die mündliche Prüfung wird nach meiner Wahrnehmung in der Examensvorbereitung viel weniger ernst genommen als die Klausuren, obwohl sie letztlich einen maßgeblichen Einfluss auf die Note hat. Vielfach denkt man über die mündliche Prüfung überhaupt erst nach den Klausuren nach. Wer nicht schon während des Studiums geübt hat, sich knapp und präzise mündlich zu äußern und auf professioneller Augenhöhe ein überzeugendes Rechtsgespräch zu führen, wird das in der knappen Zeit zwischen Klausuren und mündliche Prüfung kaum noch nachholen können. Es gibt daher keine bessere Vorbereitung, als schon während des Studiums wirklich jede Gelegenheit zur mündlichen Äußerung wahrzunehmen, in der Vorlesung, in der Arbeitsgemeinschaft, in Seminaren oder – das ist die Kür – in einem moot court. Im Übrigen ist bekannt, dass man meist erst beim Sprechen über ein Problem merkt, ob man das Problem verstanden hat. In der Diskussion über ein Problem klären sich häufig die Gedanken. Deshalb lehre ich so gern. Im Vortrag des Stoffes und in der Diskussion mit den Teilnehmern meines Examenskurses lerne ich jede Woche etwas dazu. Mein Mann kam völlig begeistert aus einer seiner allerletzten Handelsrechtsvorlesungen und erzählte mir, nun habe er das Problem des Kommanditistenwechsels endlich richtig verstanden."

Mündliche Prüfung besuchen

Schauen Sie sich auf jeden Fall mindestens eine mündliche Prüfung vor Ihrem eigenen Termin an. Wenn das in Ihrem Bundesland zulässig ist, gehen Sie mehrfach hin, am besten auch kurz vor der eigentlichen Prüfung, wenn einer Ihrer Prüfer prüft.

Mitunter wundert man sich als Zuschauer, dass Prüflinge einfach erscheinende Fragen nicht beantworten können. Das hat nicht selten damit zu tun, dass Prüflinge unter einem ganz anderen Druck stehen und sich damit selbst blockieren können. Durch den Besuch mündlicher Prüfungen können Sie diese Aufregung etwas reduzieren. Sie werden mit der Umgebung vertraut, lernen den Ablauf der mündlichen Prüfung und die Prüfungssituation kennen. Sie erleben Prüfer*innen live und bekommen ein Gefühl, wie Fragen gestellt werden und Prüflinge und Prüfer*innen interagieren. Mit etwas Glück wird sogar etwas zu einem Fragekomplex gefragt, der Ihnen selbst in Ihrer Prüfung begegnet.

Prüfungstraining

An vielen Universitäten werden mündliche Probeprüfungen angeboten. Nehmen Sie diese Gelegenheit unbedingt wahr.

Nach dem Besuch einer mündlichen Prüfung empfiehlt unser erfahrener Prüfer und Referendarausbilder ein Training mit Prüfungssimulation in der Lerngruppe. Je ein Lerngruppenmitglied übernimmt ein Prüfungsfach, bereitet Fragen vor und stellt Fragen und kleine Fälle im Rahmen eines möglichst realistischen Prüfungsgesprächs. Auch Vorträge sollten integriert werden, wenn das Halten eines Vortrags in Ihrem Bundesland dazu gehört. Dazu später mehr. Am Ende der simulierten Prüfung zieht sich die Prüfungskommission zurück und verkündet anschließend Noten mit – ganz wichtig – einer Begründung. Sagen Sie genau, was Ihnen gut und weniger gut gefallen hat. Ziel ist, möglichst viel Feedback zu geben. In der Sache genau und im Ton freundlich und konstruktiv sollte das Motto sein. Je mehr Sie gegenseitig lernen, desto mehr haben Sie davon. Versuchen sie diese Übung möglichst mit einigen Kommilitonen durchzuführen, die im Studium ebenso gut oder besser sind als Sie. Diese Übung hat nicht nur Vorteile für die Person, die geprüft wird und die so mehr Übung mit Prüfungsgesprächen bekommt. Die von Ihnen, die in die Rollen der Prüfungskommission schlüpfen, bekommen so Einblick in die Gedankengänge auf der anderen Seite der Prüfung und lernen besser verstehen, welche Überlegungen Prüfer bei der Vorbereitung ihrer Fragen anstellen und worauf sie hinauswollen.

Das ist besonders gut vor der mündlichen Prüfung, wenn Sie alle schon mal gesehen haben, wie so eine Prüfung aussieht. Für jede Session legen Sie neu fest, wer der Prüfer für welches Rechtsgebiet und wer der Prüfling ist. Sie können es auch mal so machen, dass eine von Ihnen die Prüferin für ein Rechtsgebiet ist und alle anderen Prüflinge. Auch hier versetzen Sie sich in die Rolle der Prüfer und das ist eine gute Übung.

Der Weg zum guten Vortrag

In einigen Bundesländern (z.B. Nordrhein-Westfalen) müssen die Kandidaten in der ersten Staatsprüfung einen Vortrag halten. Tipps für die Vorbereitung geben zwei ehemalige Kollegen von mir (Anne Sanders) aus Bonn, wo sie sich beide lange intensiv damit beschäftigt haben, Studierende auf den Vortrag vorzubereiten.

Der zivilrechtliche Kurzvortrag in der mündlichen Prüfung von Prof. Dr. Susanne Gössl, LL.M. (Tulane) & PD Dr. Rafael Harnos

Im Kurzvortrag in der mündlichen Prüfung, wie er in einigen Bundesländern[110] vorgesehen ist, geht es darum, in einem kurzen Zeitfenster von 10 oder 12 Minuten[111] die Lösung eines Falls zu präsentieren. Die folgenden Seiten sollen einen Überblick darüber geben, wie dieser Kurzvortrag vorbereitet und damit das Ergebnis verbessert werden kann.

Grundlage eines jeden gelungenen Vortrags ist selbstverständlich zunächst, dass das materielle Recht beherrscht wird. Ohne dieses lässt sich keine gute Vortragsnote erreichen. Zugleich haben wir als mehrjährige Lehrende in der Vortrags-AG an der Universität Bonn festgestellt, dass darüber hinaus auch Vortragsstil, Präsentation und der damit verbundene Eindruck auf die Prüfungspersonen durch gute Vorbereitung verbessert werden können. Ein souveräner Vortragsstil mag auch dabei helfen, die inhaltlichen Lücken Ihrer Lösung zu verdecken: Deshalb sollten Sie, selbst wenn Sie sich unsicher sind, nach außen den Eindruck vermitteln, dass Sie hinter Ihrer Lösung stehen.

Unsere Erfahrungen beziehen sich im Schwerpunkt auf den Vortrag im Zivilrecht. Fachspezifische Besonderheiten können sich in den anderen Rechtsgebieten ergeben. Sie sind in den Fußnoten angemerkt. Die Autor*innen bedanken sich bei PD Dr. *Scarlett Jansen* (Strafrecht) und PD Dr. *Armin von Weschpfennig* (öffentliches Recht) für Hinweise aus den anderen beiden Fachsäulen.

Sprache und Vortragsstil: Gutachtenstil in Vortragsform

Teilweise scheinen Studierende anzunehmen, dass sich aus dem Vortragsformat ein anderer Prüfungsstil ergibt als in Klausuren. Dies ist aber nicht so: Stellen Sie sich Ihren Vortrag grundsätzlich so vor wie eine vorgetragene Klausurlösung.[112] Anders als im Aktenvortrag im Zweiten Staatsexamen wird daher der Sachverhalt nicht wiedergegeben. Stattdessen beginnen Sie – nachdem Sie die Prüfungskommission mit „Sehr geehrte Prüfungskommission" begrüßt haben – mit der Fallfrage (oder der ersten Frage) und bilden einen sauberen Obersatz.[113] Auch in der Folge sollten Sie darauf achten, dass Sie wie gewohnt subsumieren und Ergebnis und Obersatz miteinander korrespondieren lassen. Abstriche an eine saubere Formulierung sind allerdings möglich, wenn damit der Vortrag verständlicher wird. Etwa brauchen Sie nicht bei allen Normen die Absätze, Unterabsätze und Varianten zu nennen, es sei denn, diese sind für die Anspruchsgrundlage extrem relevant (Beispiel: Im Bereicherungsrecht ist die Nennung des Absatzes, Satzes und Falls in § 812 BGB wichtig,

---

110 Berlin gem. § 9 Abs. 2 S. 1 JAO Berlin; Brandenburg gem. § 9 Abs. 2 S. 1 BbgJAO; Hamburg gem. § 30 Abs. 1 S. 3 HmbJAG und Nordrhein-Westfalen, § 10 Abs. 3 S. 1 JAG NW.
111 Berlin und Brandenburg: 10 Minuten und 5 Minuten Vertiefungsgespräch (§ 9 Abs. 2 S. 1 der jw. JAO), Hamburg: 10 Minuten (§ 20 Abs. 2 S. 3 HmbgJAG), Nordrhein-Westfalen: 12 Minuten (§ 15 Abs. 4 S. 3 JAG NW).
112 Im öffentlichen Recht sind hier allerdings mitunter gerade bei der Zulässigkeitsprüfung Abstriche notwendig, um nicht zu viel Zeit zu verlieren.
113 Auch im Strafrecht sind die richtigen Obersätze existenziell, d.h. auch eine exakte Formulierung, an welche Handlung oder Unterlassung die Prüfung anknüpft (..., indem er ...).

weil Sie damit zeigen, welche Kondiktion Sie prüfen).[114] Ebenso können Sie in komplexen Personenverhältnissen bei der Benennung der einzelnen Personen etwas umschreibender werden, sollten Sie das Gefühl haben, sonst den Überblick zu verlieren, wer was gemacht hat und welche Ansprüche verfolgt (Beispiel: "Vater" statt "V", "Geschäftsführer" statt "G" etc.). Hier lässt sich keine absolute Regel aufstellen, aber achten Sie etwas auf Ihr Bauchgefühl, welche Beschreibungen verständlich sind und welche eher verwirren.

Auch wenn Sie üblicherweise nicht mit Vortragsangst kämpfen: Schreiben Sie sich Ihren ersten Satz ausformuliert auf Ihre Lösungsskizze. Sollten Sie zu Beginn des Vortrags einen „Blackout" oder sonstigen Hänger haben, können Sie hierauf zugreifen. Anschließend ist es leichter, in den gewohnten Vortragsfluss zu finden. Ähnliches empfiehlt sich für Definitionen, damit Sie diese im entscheidenden Zeitpunkt präsent haben.

Mängel im materiellen Recht

Mängel im materiellen Recht können durch den Vortragsstil nicht kompensiert werden. Aber stellen Sie sich den Vortrag wirklich wie eine gesprochene Klausur vor – arbeiten Sie sich an die Fragestellung heran, prüfen Sie die in Betracht kommenden Anspruchsgrundlagen und nutzen Sie die erlernte juristische Methodik, um zu einer zufriedenstellenden Lösung zu finden. Dies wird – wie auch in einer Klausur – im Zweifel mehr gewürdigt als eine auswendig gelernte Wissenswiederholung.

Zeiteinteilung

Es ist nicht notwendig, die Zeit bis zur letzten Sekunde auszureizen. Im Gegenteil ist es vollkommen ausreichend, wenn man einige Minuten vor der vorgegebenen Zeit fertig ist, sollte der Vortrag dafür alle relevanten Informationen enthalten.[115] Versuchen Sie daher insbesondere nicht, völlig eindeutige Fragen künstlich zu problematisieren und so den Vortrag „aufzublähen". Auch hier gilt wie oben gesagt: Stellen Sie sich den Vortrag wie eine gesprochene Klausurskizze vor. Es genügt, wenn Sie die wirklichen Probleme ausführlich behandeln und damit zeigen, dass Sie die Schwerpunkte erkannt haben.[116] Umgekehrt ist es schlecht, wenn Sie die Zeit überschreiten, da der Vortrag dann – gegebenenfalls mitten im Satz – unterbrochen wird.[117] Denken Sie bei der Zeiteinteilung daran, dass ein Fall im Kurzvortrag in der Regel zwei bis drei Probleme aufwirft, die Sie in der Lösung ausführlicher behandeln sollten.

Vortragstempo

Auch wenn Sie die maximale Vortragszeit unbedingt einhalten müssen, darf dies nicht dazu führen, dass Sie die Lösung zu schnell vortragen. Denken Sie daran, dass die Kom-

---

[114] Im Strafrecht und im öffentlichen Recht gilt etwas anderes: Hier ist es extrem wichtig, exakt zu zitieren.
[115] Im öffentlichen Recht deutet dies aber häufig darauf hin, dass Punkte nicht ordentlich geprüft wurden – hier sollten Sie also max. 1-2 Minuten vor Ablauf der Zeit enden.
[116] Anders als im Zivilrecht scheint im Strafrecht regelmäßig hoher Zeitdruck zu herrschen. Machen Sie sich daher schon bei der Lösungsskizze Gedanken über die Schwerpunktsetzung und üben Sie dies, um ein Gefühl für die richtige Zeiteinteilung zu erlangen.
[117] Im Strafrecht sollte insbesondere noch Zeit für Gesamtergebnis und die Konkurrenzen sein. Planen Sie dies ein.

missionsmitglieder sich Notizen machen, um den Vortrag bewerten zu können. Das ist nur möglich, wenn Sie die Kommission nicht mit Informationen überfluten. Dies gilt ganz besonders, wenn Sie viele Normen auf einmal nennen. Anders als bei einer Klausur haben die Prüfer nicht die Möglichkeit, in der Lösung nach vorne zu blättern, um Ihren Gedankengang nachzuvollziehen. Deshalb muss Ihre Lösung schon nach dem ersten Zuhören verständlich sein. Selbstverständlich soll Ihr Vortrag nicht zu langsam und dadurch langweilig sein. Bauen Sie in die Lösung einen Spannungsbogen ein, um das Interesse der Prüfungskommission aufrechtzuerhalten.

Lösungsskizze und Umgang mit dem Gesetz

Üben Sie, Ihre Lösungsskizze so vorzubereiten, dass sie Sie während des Vortrags unterstützt. D.h., Sie sollten sie so anfertigen, dass Sie während des Sprechens den Überblick nicht verlieren und sich zurechtfinden, sollten Sie einmal den Faden verlieren. Schreiben Sie also groß und deutlich, nehmen Sie keine Verweisungen oder Ergänzungen vor (oder nur im Notfall) und achten Sie auf eine klare Struktur der Aufzeichnungen.

Das Gesetz sollte beim Vortrag aufgeschlagen vor Ihnen liegen, damit Sie keinen Kommentar wie „Sie arbeiten also ohne Gesetz" ernten. Trotzdem sollten Sie das Gesetz nur sparsam verwenden. Wenn Sie eine Norm wortwörtlich zitieren wollen, so schreiben Sie sich die relevante Passage ab, schlagen Sie das Gesetz bereits vor Beginn des Vortrags an der richtigen Stelle auf oder legen Sie ein Blatt Papier in das Gesetz – der Schönfelder ist nicht besonders gut geeignet, auf die Schnelle eine Norm zu finden (das Gleiche gilt selbstverständlich für den Sartorius oder andere umfangreiche Gesetzessammlungen). Längeres Blättern im Gesetz kostet darüber hinaus Zeit, Nerven und wirkt unprofessionell. Andererseits ist es etwa bei einer Wortlautauslegung schön, wenn Sie den relevanten Wortlaut auch parat haben.[118]

Körperhaltung und Blickkontakt

Achten Sie während des Vortrags darauf, dass Sie eine gerade Körperhaltung haben. Sollten Sie zu einer gebeugten Haltung neigen, setzen Sie sich auf den vorderen Rand des Stuhls – damit nehmen Sie automatisch eine gerade Haltung ein. Halten Sie die Zettel nicht fest, denn sobald diese zu „flattern" beginnen, wirkt dies unruhig. Die Hände sollten Sie am besten ruhig auf den Tisch legen und Ihre Zettel dazwischen halten, um beim Umblättern keine Unruhe zu erzeugen. Gestik ist nicht unzulässig, sollte aber sparsam eingesetzt werden. Sollten Sie Schmuck o.Ä. tragen oder die Haare länger haben, achten Sie darauf, dass Sie beim Sprechen nicht damit spielen; auch dies erzeugt den Eindruck von Unsicherheit. Sollten Sie nicht sicher sein, ob Sie dies auch in der „Echtsituation" durchziehen können, empfiehlt es sich, auf Schmuck zu verzichten oder die Haare zurückzubinden.

Während des Vortrags sollten Sie den Blickkontakt mit der Prüfungskommission halten, idealerweise mit allen Prüfpersonen und nicht nur dem Kommissionsmitglied vom Fach – im Zweifel sind alle Kommissionmitglieder während des Großteils der Zeit mit Protokol-

---

[118] Ähnliches gilt <u>insbesondere im öffentlichen Recht</u>, in dem Sie häufiger mit unbekannten Ermächtigungsgrundlagen konfrontiert werden, bei der sauberen Obersatzbildung weniger bekannter Normen.

lieren beschäftigt. Wenn Ihr Blick auf dem Zettel hängt, wirken Sie weniger souverän, als wenn Sie den Eindruck vermitteln, mit der Kommission auf Augenhöhe zu reden. Zudem zeigen Sie den Kommissionsmitgliedern, dass Sie in der Lage sind, die Lösung frei vorzutragen, was sich positiv auf Ihre Benotung auswirken kann. Sollten Sie Probleme damit haben, Personen länger in die Augen zu schauen, wählen Sie das jeweilige Kommissionsmitglied und schauen Sie ihm zwischen die Augen oder auf die Stirn – aus seiner Perspektive wirkt es, als hielten Sie Blickkontakt. Achten Sie aber auch darauf, nicht zu lange auf eine Person fixiert zu sein – penetrantes Anstarren kann irritierend wirken. Um den richtigen Mittelweg zu finden, hilft – wie meist – etwas Übung und Bauchgefühl.

Rechtzeitige Vorbereitung und Übung

Bereiten Sie sich auf den Kurzvortrag rechtzeitig vor, d.h. üben Sie diesen mindestens dreimal, wenn möglich häufiger. Wir haben festgestellt, dass sich die Qualität des Vortrags bei mehrfacher Wiederholung signifikant verbessert. Es wäre auch grob fahrlässig, wenn Sie sich erst eine Woche vor der mündlichen Prüfung auf die ungewohnte Situation einstellen, eine juristische Falllösung mündlich in einer knappen Zeit zu präsentieren. Üben Sie deshalb die Vorträge mit Ihren Bekannten und nutzen Sie die Angebote, die Ihre Universität für Sie bereitstellt. Wenn Sie sich nicht trauen, selbst vorzutragen, hören Sie sich die Vorträge der anderen Studierenden an. Sie werden schnell merken, dass der Kurzvortrag durchaus machbar ist.

Im Zweifel ist es besser, einige Wochen zu früh als zu spät mit der Vorbereitung zu beginnen: Auch wenn der Termin der mündlichen Prüfung noch nicht feststeht, können Sie in einem Vorbereitungskurs den Vortragsstil üben und zugleich das materielle Recht wiederholen, das – wie eingangs gesagt – die Grundlage für jeden erfolgreichen Vortrag bildet.

Zusammenfassung

Üben Sie Ihren Vortrag – aber achten Sie auch darauf, das materielle Recht nicht zu vernachlässigen. Im Zweifel kann ein gut vorgetragener, aber inhaltlich schwacher Vortrag niemals einen in der Präsentation schlechten, aber inhaltlich starken Vortrag übertrumpfen. Doch haben wir festgestellt, dass durch wiederholte Übung auch der Umgang mit dem materiellen Recht sicherer wird. Daher empfehlen wir, den Vortrag parallel zur Wiederholung des materiellen Rechts zu üben und damit beides im Wechsel zu verbessern. Und schließlich noch ein Satz zur Beruhigung: Die Prüfungskommission ist sich bewusst, dass Sie sich in einer Extremlage befinden. Im Zweifel wird sie Fehler im Vortrag (zu schnelles Reden, Zittern etc.) auf Unsicherheit und Nervosität schieben. Machen Sie sich also nicht verrückt damit, unsere Hinweise sklavisch beachten zu müssen. Und viel Erfolg!

9 Die mündliche Prüfung

Die Stimme der Prüferin:

„Der Vortrag ist nach meiner Erfahrung ein sehr aussagekräftiges Prüfungsformat. Er ist äußerst praxisnah. Als Jurist*in werden Sie Ihr ganzes Berufsleben lang entsprechende kurze gutachterliche Stellungnahmen abgeben müssen, wenn auch nicht in genau 10 Minuten und mit genau 1 Stunde Vorbereitungszeit. Mein erster, ganz wunderbarer Chef, kein Jurist, aber ein höchst erfolgreicher CEO, begrüßte mich fast immer mit dem Satz: Liebe Frau Dr. Dauner, länger als 3 Minuten höre ich nicht zu und mehr als eine Seite lese ich nicht. Im Vortrag in der mündlichen Prüfung zeigt sich schon nach wenigen Sätzen, ob das juristische Handwerkszeug beherrscht wird, ob verstanden wurde, dass juristische Arbeit immer auch eine Form von Kommunikation ist. Der Vortrag gelingt als mündliche Kommunikation nur dann, wenn der Vortragende den Empfängerhorizont seiner Prüfungskommission berücksichtigt hat: Zwei von den drei Prüfern sind nicht vom Fach, sie müssen aber genauso mitgenommen, überzeugt oder sogar begeistert werden wie der Experte. Daraus folgt, dass Sie nicht zu viel voraussetzen sollten. Die Gedankengänge sollten Schritt für Schritt entwickelt werden. Die Formulierungen sollten hörerfreundlich sein, nicht zu lang, nicht kompliziert, plastisch und einprägsam.

Inhaltlich gelten für den Vortrag dieselben Regeln wie für eine gute Klausur: Präzise Analyse und Ausschöpfung des Sachverhaltes, Arbeit mit Wortlaut und Systematik des Gesetzes, klare und konsistente Gedankenführung, Schwerpunktbildung (Unproblematisches knapp, Problematisches ausführlich), Argumentation pro und contra. Die meisten Aufgabenstellungen sind nach meiner Einschätzung juristisch einfach, deutlich einfacher als in den Klausuren und deutlich einfacher, als die Kandidat*innen das erwarten. Das ist vor allem für gute Kandidat*innen gefährlich. Sie suchen häufig nach tiefgründigen, abgefahrenen Problemen und komplexen Theorienstreitigkeiten. So gut wie immer geht es aber (ganz im Sinne des JAG NW) um rechtlich und tatsächlich einfach gelagerte Fallgestaltungen. Erwartet wird eine handwerklich saubere, argumentativ überzeugende und vor allem auch praktisch brauchbare Lösungen, nicht weniger, aber auch nicht mehr.

Das muss man üben. Mit dieser Übung sollte man nicht erst nach den Klausuren anfangen. Ich wundere mich immer: Es ist Allgemeingut, dass man in der Examensvorbereitung Klausuren schreiben muss, viele, über die Anzahl mag man sich streiten. Entsprechende Empfehlungen für das Vortragtraining gibt es bisher kaum. Das ist schwer nachzuvollziehen: Nach meiner Einschätzung sollte man nicht weniger Vorträge halten, als man Klausuren ausschreibt. Ein besonders geeignetes Forum ist die private Arbeitsgemeinschaft. Es müssen nicht immer Originalaufgaben sein, man kann auch Fälle aus den Ausbildungszeitschriften nehmen oder Teile von Examensklausuren. Eine solche Übung hat den Vorteil, dass Sie viel weniger Zeit in Anspruch nimmt als das Ausschreiben einer ganzen Klausur. Der Lerneffekt ist identisch. Mit jedem Vortrag wird gleichzeitig auch für die Klausur trainiert.

Es geht nicht um rhetorische Brillanz, sondern um eine Routine, die Sicherheit verleiht und dafür sorgt, dass man in einer Krise vernünftig reagiert. Wenn Sie bei der Vorbereitung mit dem Fall überhaupt nicht zurechtkommen, müssen Sie trotzdem in der Lage sein, 10 Minuten so zu füllen, dass die Chance auf ein ausreichend besteht. Wenn Sie den Faden verlieren, müssen Sie die Souveränität haben, Luft zu holen, eine Bemerkung zu machen, dass Sie sich verheddert haben und noch einmal neu ansetzen. Wenn Sie das schaffen, wird das von der Prüfungskommission immer positiv honoriert. Weinen, Abbrechen, Rauslaufen darf überhaupt gar keine Option sein. Die Zeitfenster von 10 Minuten und 60 Minuten müssen Ihnen in Fleisch und Blut übergegangen sein. Sie müssen Erfahrung haben, wie Sie die Vorbereitungszeit effizient gliedern, wie Sie Eingangssatz und Schlussstatement gestalten. Sie müssen das freie Sprechen auf der Grundlage einer Gliederung trainieren. Sie müssen eine Kontrollroutine entwickeln, dass Sie den Sachverhalt wirklich genau lesen und verstehen und vor allem keine Bearbeitervermerke übersehen."

Dazu zwei kleine Ergänzungen von mir (Anne Sanders):

1. Nicht nur Probevorträge in den Arbeitsgemeinschaften:

Simon:

"Wenn man den AG-Partner gut kennt, sollte man Probevorträge auch mal vor anderen Leuten halten. Damit steigt die Anspannung und die Übung wird realistischer."

2. Um Ihre Zeit richtig einzuteilen, dürfen Sie eine Uhr benutzen. Damit in der Prüfung alles klappt, unbedingt **schon vorher mit Ihrer Examensuhr üben**. Keinesfalls sollten Sie mit einer Uhr in die Prüfung starten, die Sie am Tag vorher ganz neu besorgt oder ausgeliehen haben, egal wie schick sie ist. Wenn Sie am Anfang minutenlang auf Ihrer Uhr herumtippen müssen, nervt das die Kommission und Sie bringt es aus dem Konzept. Das muss nicht sein. Achten Sie auch darauf, dass die Uhr nach Ablauf der Zeit weiterläuft und nicht etwa anfängt zu klingeln. Vielleicht fällt nicht sofort auf, dass die Zeit abgelaufen ist, vielleicht gibt man Ihnen gnädig die Möglichkeit, Ihren Satz zu beenden. Das kann aber keine Kommission tun, wenn Sie sie mit lautem Klingeln darauf hinweisen, dass Sie die Zeit nicht eingehalten haben.

Was lernen für die mündliche Prüfung?

Im mündlichen Prüfungsgespräch werden meist **kurze Fälle**, seltener aber auch **Wissensfragen** gestellt. Meist geht es darum, ein bestimmtes Problem zu erarbeiten, wie die Strafbarkeit unter einer bestimmten Norm, eine Anspruchsgrundlage oder eine bestimmte Ermächtigungsgrundlage zu prüfen. Wiederholen Sie zur Vorbereitung Ihre Unterlagen/Karteikarten und konzentrieren Sie sich auf Grundstrukturen und systematische Zusammenhänge. Lösen Sie viele kleine Fälle, z.B. mit den Büchlein aus der „Prüfe dein Wissen"-Reihe.

Immer nützlich ist es, sich mit **aktuellen Entscheidungen** der obersten Gerichte oder **Reformvorhaben des Gesetzgebers** zu befassen. Bei aktueller Rechtsprechung nicht einfach den Fall und die Lösung auswendig lernen, sondern überlegen, was das Problem des Falles war und ob und wie ein anderer Sachverhalt die Lösung verändert hätte. Dazu kann es helfen, die Entscheidung der Vorinstanz zu lesen. Außerdem sollten Sie spätestens jetzt **regelmäßig Zeitung lesen**. In der mündlichen Prüfung geht es häufig um aktuelle Fragen und es ist daher gut, wenn Sie sich über aktuelle Geschehnisse auf dem Laufenden halten. Fast alle aktuellen Fragen haben auch juristische Relevanz, das macht das Jurastudium so spannend! Die mündlichen Prüfungen nach dem Corona-Lockdown waren z.B. voll von Fragen zur Strafbarkeit des Anhustens und dem Wegfall der Geschäftsgrundlage. Denken Sie, wenn Sie sich informieren, immer mal daran, welche juristischen Fragen sich im Zusammenhang mit dem aktuellen Tagesgeschehen stellen können. Auch LTO und verfassungsblog.de sind gute Quellen, um bei aktuellen juristischen Fragen über laufende Debatten informiert zu sein.

Nebengebiete und insbesondere das **Prozessrecht** sollten Sie bei der Vorbereitung auf die mündliche Prüfung nicht vernachlässigen. Einerseits wird nicht selten eine prozessuale Zusatzfrage im Vortrag gestellt, andererseits sind Praktiker*innen in merklicher Überzahl in den Prüfungskommissionen.

Rechtsgeschichte spielt in der mündlichen Prüfung nicht selten eine Rolle. Hier sollten Sie sich zumindest rudimentäre Grundlagen erarbeiten. Und jammern Sie nicht, dass Sie Geschichte in der Schule immer doof fanden. Rechtsgeschichte ist spannend, denn sie zeigt Ihnen die Ursprünge all des Rechts, das Sie anwenden. Daten brauchen Sie weniger, eine ungefähre Vorstellung, in welchem Jahrhundert bestimmte Entwicklungen passiert sind, reicht meist. Sie können den Urlaub bzw. die Zeit nach dem ersten Abschalten schon nutzen, um Grundlagen aufzufrischen, indem Sie z.B. ein gut lesbares Buch mit rechtshistorischem oder politisch-juristischem Bezug lesen. Es gibt viele spannende Bücher z.B. zur Rolle der Juristen in der Nazizeit, zur Entstehung des Grundgesetzes oder des BGB. Ein paar Kenntnisse zur Rechtsgeschichte des „Dritten Reichs" sollte jede*r deutsche Jurist*in ohnehin haben. Es ist traurig, wenn Sie auf die Frage, wer Roland Freisler war, raten: „Das war ein angesehener Jurist, der viel erledigt hat."[119]

Nach der Ladung

Termin und Prüfer*innen

Wenn Sie zur mündlichen Prüfung geladen wurden, dann stehen das **Datum** und auch die Prüfer*innen fest. Es lohnt sich, mal nachzusehen, ob das Datum auf einen wichtigen Gedenktag fällt. Das macht nicht viel Mühe, kann sich aber auszahlen. Wenn Sie z.B. am 27. Januar, 23. Mai, 17. Juni oder 20. Juli geprüft werden, dann kann es sein, dass ein Mitglied der Kommission fragt, was Sie mit dem Tag verbinden.

---

119 Wenn Sie nicht wissen, warum diese Antwort, die tatsächlich in einer mündlichen Prüfung gegeben wurde, unfreiwillig komisch und traurig ist, dann sollten Sie mal recherchieren.

Recherchieren Sie, was Sie über die **Mitglieder der Kommission** in Erfahrung bringen können. Was machen sie genau beruflich? Bei Richter*innen lohnt ein Blick in die Geschäftsverteilung. Haben sie etwas veröffentlicht? Prüfer*innen stellen nicht selten Fragen aus ihrer täglichen Praxis oder ihrem Forschungsspezialgebiet.

Protokolle, das heißt Berichte über Prüfungen, gibt es aus verschiedenen Quellen. Wenn es zu Mitgliedern Ihrer Kommission Protokolle gibt, schauen Sie sich diese an. Dort nehmen die Kandidaten persönliche Einschätzungen vom Prüfer vor („Nett" „Wohlwollend", Streng") und äußern sich über den Inhalt der Prüfung. Ist der Prüfer „protokollfest", das heißt prüft er weitgehend immer dasselbe, dann kann das beruhigend sein und bei der Vorbereitung helfen. Aber Vorsicht! Es ist nicht gesagt, dass ein Prüfer das Programm nicht auch ändert oder einen Fall mit einem ganz neuen Twist prüft. Man sollte sich also nicht zu sehr in Sicherheit wiegen. Passen Sie auf, nicht jeder Autor solcher Protokolle erkennt, ob jemand ähnliche Themen prüft. Möglicherweise sind die Themen ähnlich, nur die Fallgestaltungen sind unterschiedlich.

Aber auch wenn Prüfer die Themen wechseln, können Protokolle wichtige Hilfestellungen geben. Schauen Sie sich das Protokoll mit Blick auf folgende Fragen an: Wird ein Gespräch geführt oder abgefragt? Wird ein Fall gestellt oder Fragen? Wird Standardwissen abgeprüft oder eher exotisches? Haben Fragestellungen einen aktuellen Bezug? Manche Prüfer stellen auch gern rechtshistorische Fragen. Das ist vollkommen legitim. Sollten Sie eine*n solche Prüfer*in haben, müssen Sie rechtshistorische Grundlage auffrischen oder erstmals anlernen.

Die Stimme der Prüferin:

„Die wichtigste Grundlage für die Vorbereitung auf das mündliche Examen sind die Protokolle, die unschätzbare Informationen über Ihre Prüfer enthalten, und zwar immer, auch wenn diese Prüfer angeblich nicht protokollfest sind. Sie dürfen nicht damit rechnen, dass ein Prüfer irgendeinen Fall, den er schon einmal geprüft hat, erneut abfragt. Es gibt entsprechende Legenden, ich habe das aber noch nicht erlebt. Allerdings hat jeder Prüfer Vorlieben, die nicht selten stark von seiner beruflichen Realität geprägt sind. Es ist daher sinnvoll, sich darüber zu informieren, was Ihre einzelnen Prüfer eigentlich derzeit in ihrem Berufsleben konkret machen.

Die Prüfer sind ganz überwiegend Praktiker, wenn Sie von einem Richter oder Staatsanwalt geprüft werden, sollten Sie in den Basics der ZPO und der StPO sattelfest sein, einfach weil Ihre Prüfer damit täglich zu tun haben und ihnen das infolgedessen auch in den Sinn kommt, wenn sie sich nicht speziell vorbereitet haben. Sachliche und örtliche Zuständigkeit, Versäumnisurteil, Berufung und Revision sollten für Sie nicht völlig fremd sein, ein Praktiker wird Sie kaum nach den verschiedenen Rechtskrafttheorien fragen.

Misstrauen Sie den Kennzeichnungen in den Protokollen wie „nett" oder „unangenehm". Prüfer können sehr freundlich sein, aber die Schwelle der zehn Punkte nach oben prinzipiell nicht überschreiten, Prüfer können außerordentlich hart fragen, dann aber auch gute und kreative Antworten mit hohen Punktzahlen honorieren. Mein Mann (Manfred Lieb – nomen non est omen, hieß es in den Protokollen) sagte *immer, für die Wiederholung des Gesetzeswortlautes kann ich nicht 12 Punkte geben; wer mehr will als befriedigend, muss aushalten, härter angefasst zu werden. Denken Sie – das ist fast der wichtigste Tipp – genau darüber nach, ob die Protokolle etwas über die Persönlichkeit Ihrer Prüfer aussagen. Es gibt Prüfer, die einen einzigen Fall prüfen und erwarten, dass die Kandidat*innen sehr genau und kleinteilig, Schritt für Schritt vorgehen. Hat man einen solchen Prüfer, dann ist es gar nicht gut, wenn man ihm mit den ersten Sätzen den Fall kaputt macht (eine allgemeingültige Weisheit für das Examen: zu schlau ist ganz schlecht) Es gibt auch Prüfer, die sich mehr für das Gesamtsystem interessieren und abstrakte Verständnisfragen stellen. Jeder Prüfer ist anders und meistens kann man den Protokollen ziemlich genau entnehmen, wie der jeweilige Prüfer tickt und sich darauf einstellen."*

Die Vorbesprechung

In manchen Bundesländern gibt es nur eine Vorbesprechung mit dem Vorsitzenden direkt vor der Prüfung.

Die Stimme der Prüferin:

„Bereiten Sie sich auf dieses Gespräch mit dem Vorsitzenden gründlich vor. Fast immer bietet sich die Gelegenheit, etwas zu Studienverlauf, Berufswünschen, Besonderheiten der eigenen Biografie zu sagen. Überlegen Sie sich vorher, ob Sie mit dem Vorsitzenden über Ihre Erwartungen und Hoffnungen für die mündliche Prüfung sprechen möchten. Das braucht Fingerspitzengefühl, eine gute Mischung aus Demut und Selbstbewusstsein. Manchmal ergibt sich die Gelegenheit, selbst eine Frage an den Vorsitzenden zu stellen. Man sollte diese Chance nicht damit vergeuden, nach der Mittagspause zu fragen. Einer meiner Kandidaten hat mich gefragt, ob ich eigentlich auch im Examen sehr nervös gewesen sei. Die Antwort war klar, obwohl ich die Klausuren schlimmer fand als die mündliche Prüfung."

In manchen Bundesländern kann es aber auch eine Vorbesprechung mit einzelnen Prüfer*innen geben. Sollte ein Mitglied der Kommission das dort ablehnen, machen Sie sich keine Sorgen; er oder sie hat wahrscheinlich einfach keine Zeit. Wenn Sie, zum Beispiel im Rahmen der Vereinbarung einer Vorbesprechung (soweit das in Ihrem Bundesland üblich ist), mit Mitgliedern der Kommission in Kontakt treten, dann seien Sie professionell und freundlich. Lesen Sie E-Mails vor dem Abschicken durch, verwenden Sie Titel richtig, vermeiden Sie Tippfehler, besonders bei Namen. Seien Sie zu Terminen pünktlich. Wenn Sie z.B. eine Staatsanwältin in ihrem Büro aufsuchen, kalkulieren Sie Zeit für Sicherheitskontrolle und das Finden des richtigen Raums ein. Sagen Sie den Termin ab, wenn Sie aus irgendeinem Grund doch nicht kommen können. Prüfer*innen sind zu professionell, um Ärger bei Fehlern in diesem Zusammenhang an Ihnen auszulassen, aber guten Willen erzeugen Sie so nicht. Außerdem hat jeder Mensch von Ihnen Respekt und Höflichkeit verdient. Freundliches und professionelles Verhalten ist daher natürlich in gleichem Maße für Menschen in Vorzimmern oder Geschäftsstellen angezeigt, die Ihnen bei der Terminvereinbarung helfen. Von Personen, die zu meiner Sekretärin unfreundlich sind, habe ich z.B. keine hohe Meinung und damit bin ich nicht allein.

Treten Sie selbstbewusst und freundlich, aber nicht fordernd auf. Denken Sie daran, dass Sie nicht allein auf der Welt sind. Ihr Examen ist für Sie ein Meilenstein auf Ihrem Weg, aber Ihre Prüferin hat vielleicht ein krankes Kind zu Hause und einen schwierigen Fall auf dem Tisch, in dem es um organisierte Kriminalität, das Sorgerecht für ein Kind oder die wirtschaftliche Existenz eines Mandanten geht. Seien Sie also dankbar, dass sie sich Zeit für Sie nimmt.

Stellen Sie sich freundlich vor und zeigen Sie Interesse für die Arbeit Ihres Gegenübers. Nicht, weil Sie „Schleimen" (ätzendes Wort) wollen, sondern, weil jeder Mensch Interesse verdient hat. Das wünschen Sie sich ja schließlich auch für sich. Fragen Sie im Vorgespräch nach dem Ablauf der Prüfung, z.B. ob der Reihe nach geprüft wird oder man sich melden soll, wenn man eine Frage beantworten möchte. Fragen Sie auch freundlich, ob Sie sich auf bestimmte Bereiche in der Vorbereitung besonders konzentrieren sollen. Seien Sie aber nicht unfreundlich, wenn Ihr Gegenüber keine Eingrenzung vornehmen möchte.

Wenn Sie bestimmte Pläne für die Zeit nach dem Examen haben, z.B. an einem LL.M.-Programm teilnehmen möchten, wofür Sie eine bestimmte Note brauchen, dann sprechen Sie das ruhig an, aber bitte freundlich und nicht fordernd. Sollten Ihre Vornoten überraschend unterhalb Ihrer Studienleistungen und den Ergebnissen in den Probeklausuren liegen, können Sie dies auch thematisieren. Sie können z.B. offen ansprechen, dass Sie von Ihrer eigenen Leistung enttäuscht sind, aber in der mündlichen Prüfung gern zeigen möchten, was Sie können. Vermeiden sollten Sie es, die Schuld bei anderen zu suchen („die Klausuren waren viel zu schwer", „der Korrektor war unfair"). Selbst wenn das stimmen sollte, das wirkt nicht souverän.

Sollten Sie durch einen familiären Notfall oder durch eine schwere Krankheit im Examen an einer optimalen Leistung gehindert worden sein, können Sie das knapp und professionell äußern. Ansonsten wäre ich mit persönlichen Äußerungen vorsichtig. Die Kommission ist nicht Ihr Gegner, das sind alles normale Menschen mit Familien, Sorgen und Interessen und die allermeisten freuen sich über eine gelungene Prüfung. Sie sind aber auch nicht Ihre Kumpel.

Lebenslauf

In manchen Bundesländern muss man für die mündliche Prüfung einen Lebenslauf mit Foto abgeben.

Die Stimme der Prüferin:

> „Nehmen Sie sich Zeit für Ihren Lebenslauf und Ihr Foto. Wenn ich als Vorsitzende einer Prüfungskommission eine Akte aufmache, bin ich immer wieder schockiert, was für unpassende Bilder mir „entgegenspringen", das Foto ist alt, billig oder lieblos aufgenommen, die Kleidung ist unprofessionell (Krawatte muss nicht unbedingt sein), der Blick unsympathisch, man könnte denken, es handele sich um ein Fahndungsfoto. Denken Sie immer daran, dass der erste Eindruck nicht ganz unwichtig ist, die mündliche Prüfung ist wie jedes Vorstellungsgespräch bei einem

Anwalt ein professioneller Kontext, in dem Sie auch beweisen müssen, ob Sie die Spielregeln professionellen Auftretens schon beherrschen.

Der Lebenslauf sollte formal perfekt sein, Tippfehler oder offensichtliche Rechtschreibfehler machen einen ganz schlechten Eindruck, die Formatierung sollte auch vernünftig sein, wenn Sie es nicht selber hinbekommen, dann suchen Sie Unterstützung. Überlegen Sie genau, was Sie in Ihrem Lebenslauf über sich selbst mitteilen wollen und was nicht. Sie sollten keine Nebensächlichkeiten aufpusten, aktives Selbstmarketing ist in diesem Kontext in Deutschland noch nicht üblich, aber wenn Sie etwas zu berichten haben, dann sollten Sie das auch tun, Auslandsaufenthalte, ehrenamtliches oder politisches Engagement, interessante Hobbys. Wenn sie Lesen als Hobby angeben, dann sollten Sie aber auch die Frage nach Ihrer derzeitigen Lektüre souverän beantworten können und nicht ins Stottern geraten. Der Vorsitzende hat dann Anknüpfungspunkte für sein Gespräch mit Ihnen."

Die mündliche Prüfung

Davor

Für den Abend und den Morgen vor der Prüfung gilt das gleiche wie für das Klausurenschreiben. Auch hier sollten Sie zeitlich planen, wann und wie Sie pünktlich zum Prüfungsort kommen. Eine Packliste mit allem, was Sie mitnehmen müssen, kann Ihnen auch hier Ruhe geben. Genug Schlaf ist wichtig, wenn Sie aber nicht einschlafen können, machen Sie sich nicht mit Horrorvorstellungen verrückt. Ihr Körper wird Sie an diesem wichtigen Tag zur Not mit Adrenalin wachhalten, auch wenn Sie kein Auge zu tun. Ausreichend frühstücken ist eine gute Idee, aber oft leichter gesagt als getan. Ich kriege auch bei größter Nervosität warmen Porridge herunter, andere schwören auf gekochte Eier oder Smoothies. Vorsicht auch hier wieder mit Koffein: Viel hilft nicht viel, sondern macht hibbelig und unkonzentriert.

Das Outfit

Tipps zum Anziehen zu geben ist eine heikle Sache. Sie sind alle erwachsen und entscheiden selbst, wie Sie sich präsentieren wollen. Die folgenden Anregungen beruhen auf persönlichen Gesprächen mit Prüfer*innen, bei denen ich selbst erstaunt war, wieviel so auffällt. Mir ist vor allem wichtig, dass Studierende, die keine Richter*innen und Anwält*innen in der Familie haben, nicht von diesen Erwartungen überrascht werden. Was Sie davon umsetzen möchten, ist selbstverständlich Ihre Entscheidung.

Im Gegensatz zu den Klausuren sollte es für die mündliche Prüfung etwas Schickes, Professionelles sein, d.h. Anzug mit Hemd und Krawatte für die Herren, Hosenanzug oder Kostüm für Damen. Denkbar sind auch Businesskleider und Kombinationen mit Stoffhose und Jackett. Von Jeans würde ich abraten. Überlegen Sie rechtzeitig vorher, was Sie anziehen wollen, falls Sie noch etwas ausbessern, reinigen, bügeln, ausleihen oder nachkaufen müssen. Nehmen Sie etwas, das Ihnen passt und in dem Sie sich wohlfühlen. Also nicht unbedingt das neue Kostüm zum ersten Mal tragen und dabei feststellen, dass der Rock kneift und Sie kaum Luft kriegen oder dass Sie inzwischen aus dem Konfirmationsanzug herausgewachsen sind. Sehen Sie Ihr Prüfungsoutfit als Ihre Rüstung, mit der Sie der Prüfungskommission stark und kompetent gegenüberstehen. Je besser Sie sich fühlen, umso besser die Ausstrahlung und auf die kommt es heute an! Das muss für Damen gar nicht das weiße Blüschen mit Perlenkette sein, auch ein ordentliches farbiges Shirt unter dem Jackett ist denkbar, solange es professionell aussieht. Herren sollten allerdings bei Hemd und Krawatte bleiben, auch wenn sie das nicht mögen. Die Schuhe sind Teil des Outfits, d.h. keine Sneaker. Auch sehr hohe Absätze sind nicht gut, besonders wenn man schwere Gesetzestexte herumträgt und dabei umknickt. Schuhe sollten geputzt und in gutem Zustand sein, also besser rechtzeitig checken, ob sie zum Schuster müssen. Wenn Sie wissen, dass Sie bei Aufregung rote Flecken am Hals bekommen, tragen Sie am besten ein Tuch um den Hals oder etwas Hochgeschlossenes. Das gibt Ihnen auch zusätzliche Sicherheit.

Auch wenn jeder das selbst entscheiden muss, mein Rat wäre, dass Damen sich attraktiv, aber nicht sexy anziehen sollten. Es gibt eine ganze Reihe Prüfer*innen, die es stört, wenn Ausschnitte tief und Röcke eng und kurz sind.

Man sieht Ihre Hände auf dem Tisch, achten Sie daher darauf, dass die Hände einigermaßen gepflegt sind, ebenso wie der ganze Rest von Ihnen. Einen gepflegten Bart muss man nicht abrasieren, aber Sie sollten nicht so aussehen und riechen, als ob sie direkt aus dem Bett in die Prüfung gerollt sind. Schmuck eher wenig und schlicht. Armreifen können sehr stören, wenn sie auf dem Tisch klappern. Beim Make-up würde ich zu deckend, aber natürlich raten. Genug, um hektisch rote Wangen etwas zu neutralisieren, aber nicht so, als wollten Sie direkt danach in einen Club gehen. Zum Feiern lieber später nachlegen. Ach ja, und wasserfeste Wimperntusche, man weiß nie, was im Stress passiert.

Essen oder trinken Sie vor oder während der Prüfung nichts Färbendes und Fettiges und seien Sie vorsichtig! An diesem Tag zittern vielleicht auch Ihnen mal die Hände. Zur Sicherheit außerdem ein extra Shirt und ggf. extra Krawatte mitbringen. Das Gleiche gilt für eine extra Strumpfhose, wenn Sie einen Rock tragen. Sie brauchen das wahrscheinlich nicht, aber wie bei einem Regenschirm ist es besser, wenn man ihn hat, aber nicht braucht.

Auch an heißen Tagen sollten Sie etwas Präsentables unter der Jacke tragen. Bei meiner eigenen Prüfung wollte ich meine Jacke im glühend heißen Berliner JPA auch nach freundlicher Erlaubnis der Kommission nicht ablegen, weil ich darunter ziemlich wenig anhatte.

Das Prüfungsgespräch

Wichtig ist bereits das Auftreten vor der Kommission. Auch hier gilt: Lächeln! Das verbessert Ihre Stimmung, selbst wenn Sie sich dazu zwingen müssen. Außerdem hebt es das Selbstbewusstsein und schafft positive Energie bei Ihnen und der Kommission. Gerade stehen bzw. sitzen und das Gegenüber offen anlächeln ist ein Tipp, den mir einmal eine sehr erfolgreiche Frau gegeben hat, die viel Zeit in harten Verhandlungen verbracht hat.

9 Die mündliche Prüfung

Die Vorbereitung auf den Vortrag wurde oben schon thematisiert.

In der mündlichen Prüfung werden meist kleine Fälle gestellt und besprochen, manchmal unterbrochen von Wissensfragen. Häufig lassen die Prüfer*innen die Lösung der Reihe nach entwickeln. Prüfer*innen schätzen es nicht, wenn man ihnen ihren Fall kaputt macht und gleich alle Probleme aufzählt, die erst im späteren Durchlauf dran wären. Wenn Sie also dran sind und den Fall kennen, dann entwickeln Sie die Lösung Schritt für Schritt und posaunen nicht gleich ein Ergebnis heraus. Das ist auch schon deshalb nicht richtig, weil Prüfer*innen meist nicht auf ein bestimmtes Ergebnis herauswollen, sondern sehen wollen, wie Sie das juristische Handwerkszeug anwenden, den Fall entwickeln und wie Sie argumentieren. Sagen Sie also nicht „das ist so, weil der BGH es so entschieden hat". Das ist ein Ergebnis, keine Falllösung.

Wenn Sie gerade eine ähnliche Entscheidung des BGH kennen, dann können Sie gern darauf hinweisen. Lassen Sie es dabei aber nicht bewenden, sondern arbeiten Sie mit dem juristischen Handwerkszeug, argumentieren und begründen Sie. Die Rechtsprechung des BGH ist in unserem Rechtssystem keine originäre Rechtsquelle. Verwechseln Sie auch Definitionen nicht mit Beispielen. Wenn Sie z.B. gefragt werden, was ein Verbrechen ist, dann ist „Mord" nicht die richtige Antwort.

Was sagen die Prüfungsämter?

Alle Prüfungsämter, die unsere Anfrage beantworteten, waren sich in Bezug auf die „Dos and Don'ts" des Prüfungsgesprächs einig: das **Prüfungswissen muss sitzen**. Wichtig ist aber auch die **strukturierte mündliche Darstellung**. Prüflinge sollten genau auf die Fragestellung der Prüfenden eingehen und die gestellte Frage beantworten. Etwas zu einem Thema vorzutragen, nach dem nicht gefragt wurde, wird nicht empfohlen. Dies kann auch unangenehme Folgefragen auslösen, die man dann zu beantworten hat. Wie auch im Klausurenschreiben kommt es auch in der mündlichen Prüfung auf richtige Schwerpunktsetzung an. Also nicht Unproblematisches ewig lang ausführen, sondern problematische Punkte diskutieren.

Wenn Sie die Antwort nicht wissen, dann sollten Sie **nicht schweigen, sondern laut nachdenken**. Das bedeutet nicht, dass Sie raten sollen, sondern dass Sie strukturiert überlegen, wo Sie z.B. die passende Anspruchsgrundlage im BGB finden könnten oder welche Strafbarkeit in Betracht kommt oder welches Grundrecht verletzt sein könnte. Darum ist es so wichtig, dass die Grundkenntnisse in jedem Bereich sitzen und Sie Ihr Systemverständnis trainieren. Schauen Sie sich z.B. das Inhaltsverzeichnis des BGB an, blättern Sie durch Gesetze, damit Sie wissen, wo Sie was finden können. Meist ist es genau das, worauf die Kommission hinauswill. Außerdem kann die Kommission Ihnen dann auch durch gezielte Nachfragen Hilfestellungen geben.

Fragen vorausahnen?

Sehr schlaue Kandidat*innen können das Prüfungsgeschehen sogar ein Stück weit vorausahnen. Spricht z.B. ein Prüfer eine prozessuale Frage in der zivilrechtlichen Prüfung an, so kann es gut sein, dass im Straf- oder Öffentlichen Recht eine vergleichbare prozessuale Frage aufgeworfen wird. Also lohnt es sich, in der Pause den vorherigen Teil inhaltlich kurz

Revue passieren zu lassen und zu überlegen, ob man die Frage für das nächste Rechtsgebiet „transformieren" kann. Das hilft auch, die Weichen im Kopf für den nächsten Teil umzustellen. Sehr clevere Personen können, wie ein erfahrener Prüfer ansprach, sogar Fragen provozieren, indem sie z.B. im Vortrag sehr knapp ein Problem ansprechen, das über den Fall hinausgeht à la „darauf kam es im vorliegenden Fall allerdings nicht an". Unter Umständen fragt der entsprechende Prüfer dann später danach. Dies sollte man aber nur ganz knapp machen und nur, wenn man das Problem gut kennt. Langes Abweichen vom Thema ist ein Fehler!

Nachfragen

Meistens sind die Fälle so kurz, dass man sie gut behalten kann. Wenn Sie etwas nicht verstanden oder in der Aufregung vergessen haben, fragen Sie sofort freundlich nach. Manche Prüfer*innen bringen seitenlange ausgedruckte Sachverhalte mit dem Fall mit, den Sie lösen sollen. Das ist nicht ideal. Trotzdem müssen Sie den Fall lösen, der vor Ihnen liegt. Tief durchatmen und systematisch nachdenken.

Crashkurs: Mündliche Prüfung

- Vorbereitung auf die mündliche Prüfung spätestens nach der letzten Klausur planen.
- Ausreichend, aber nicht zu lange Urlaub/freie Zeit nach den Klausuren einplanen.
- Mündliche Prüfung(en) besuchen, um die Abläufe kennenzulernen.
- Prüfungstraining mit der Lerngruppe machen.
- Vortrag üben, dabei besonders auf die Zeiteinteilung und den ersten und letzten Satz achten.
- Angebote zum Vortragstraining und zur Übung für mündliche Prüfungen an der Universität nutzen.
- Zeitung lesen, aktuelle Entwicklungen in der Rechtsprechung und der Gesetzgebung im Auge behalten.
- Grundwissen mit Blick auf die systematischen Zusammenhänge wiederholen.
- Rechtsgeschichte und Prozessrecht auffrischen.
- Protokolle gut nutzen, recherchieren, was Prüfer*innen beruflich machen.
- Auftreten gegenüber der Kommission – einschließlich der Vorbesprechung – freundlich und professionell.
- In der mündlichen Prüfung kommt es, wie in den Klausuren auch, auf systematische Fallprüfung und Argumentation an, nicht auf eine bestimmte Lösung. Also nicht einfach ein Ergebnis nennen, sondern strukturiert prüfen.
- Wenn man die Antwort nicht weiß, nicht schweigen, sondern „laut nachdenken" und das juristische Handwerkszeug nutzen.

10 Der universitäre Schwerpunkt

Gibt Antworten auf die Fragen: Worauf achte ich bei der Planung? Welchen Schwerpunkt sollte ich wählen? Was ist bei der Schwerpunktarbeit und den Schwerpunktklausuren zu beachten?

Zeitplan erstellen und gut informieren!

Wie in Bezug auf den staatlichen Teil auch, sollte man sich über den Schwerpunkt ein paar Gedanken machen, bevor man damit anfängt. Manche Studierende wechseln für den Schwerpunkt sogar die Universität. Das ist natürlich eine folgenreiche Entscheidung, die aber nicht einmal notwendig mit einem Umzug verbunden sein muss, wenn Sie z.B. in Bonn oder Berlin wohnen und sich damit im Einzugsbereich mehrerer Fakultäten befinden. Wenn das für Sie eine Option ist, überlegen Sie es sich.

Neben der Wahl des Schwerpunktbereichs ist es erforderlich, dass Sie sich genau informieren, welche Veranstaltungen Sie wann besuchen können und welche Leistungen Sie wann erbringen können bzw. müssen. Das ist an jeder Fakultät anders und mitunter weichen auch die Regeln je nach Schwerpunkt voneinander ab. Am besten fassen Sie sich die jeweiligen Fristen und zu erbringenden Leistungen übersichtlich zusammen und speichern die Informationen irgendwo, wo Sie leicht darauf Zugriff nehmen können. Bei Unklarheiten bei der entsprechenden Stelle nachfragen. Es ist immer eine gute Idee, wenn Sie dann möglichst frühzeitig nachfragen, also nicht erst fünf Minuten vor Ablauf einer Anmeldefrist. Je freundlicher Sie nachfragen, umso lieber hilft man Ihnen.

Welchen Schwerpunktbereich wähle ich?

Die Stimme der Prüferin:

„Welches Fach wähle ich? Es sollte auf jeden Fall ein Bereich sein, der Sie wirklich interessiert und Ihnen Spaß macht. Sie sollten morgens aufstehen und sich auf die juristische Arbeit im Schwerpunkt freuen und vielleicht abends noch länger als geplant sitzen bleiben, einfach weil die Arbeit sie fasziniert und interessiert. Für eine spätere Berufstätigkeit spielt die Wahl eines bestimmten Schwerpunkts eine ganz untergeordnete Rolle. Wirtschaftskanzleien und Unternehmen stellen gern auch Mitarbeiter ein, die im Kirchenrecht promoviert oder sich mit rechtsgeschichtlichen und rechtstheoretischen Fragen beschäftigt haben. Entscheidend ist allein, dass sich der junge Jurist mit irgendetwas selbstständig und gründlich auseinandergesetzt hat. Für Justiz und Staatsanwaltschaft spielt der Schwerpunkt ohnehin keine Rolle.

Daneben kann es weitere „Sekundärmotive" geben: Profitiere ich vom Schwerpunkt auch für den Staatsteil? Werden im Schwerpunkt Rechtspflege und Notariat nicht überwiegend Themen behandelt, die auch klausurrelevant sind? Ich halte von diesem Motiv nicht viel, man profitiert von jeglicher vertieften Befassung mit einem Rechtsgebiet auch für alle anderen Rechtsgebiete, die für den Klausurerfolg entscheidende juristische Methodenlehre und das juristische Handwerkszeug werden in so gut wie allen Schwerpunkten adressiert.

Nicht ganz irrelevant ist die Frage nach der individuellen Kultur der einzelnen Schwerpunkte, besonders nach Themenspektrum, Format der schriftlichen Arbeit, Benotungspraxis etc. Jeder Schwerpunkt ist anders, jeder Prüfer ist anders, man sollte möglichst viele Informationen sammeln, um eine solide Entscheidungsgrundlage zu haben. Wenn es in einem Schwerpunkt so gut wie nie Prädikatsnoten gibt, sollten Sie recherchieren, woran das liegen könnte. Umgekehrt sollte man gegenüber Gerüchten, dass in einem Schwerpunkt generell gut benotet würde, sehr skeptisch sein."

Auch unsere Teilnehmenden der Umfrage waren sich weitgehend einig: den Schwerpunkt wählt man nach Interesse.

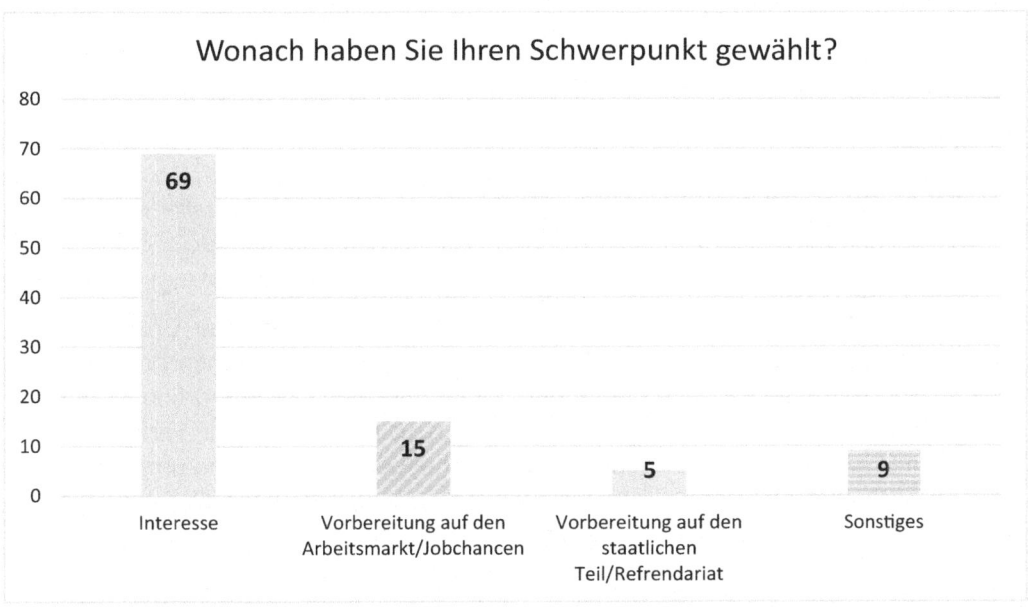

Kevin II zur Frage, was er heute anders machen würde:

„Ich würde nach Interesse wählen und nicht danach, was meine Freunde wählen. So konnte ich mich leider gar nicht motivieren."

Es gibt viel zu wenige Gelegenheiten, bei denen man im Jurastudium endlich einmal machen kann, was man möchte. Abgesehen davon, dass Spaß schon für sich genommen gut ist, lernt man auch lieber für ein Fach und schreibt bessere Noten, wenn man sich dafür begeistert. Trauen Sie sich, Ihrem Interesse zu folgen und besuchen Sie auch durchaus mal eine Vorlesung, die sie nicht unbedingt brauchen, die Sie aber interessiert. So rät

Asterix zum Schwerpunkt:

„Mehr Zeit in diesen investieren und auch mehr Zusatzvorlesungen besuchen, um so auch über den Tellerrand zu schauen."

Der Schwerpunkt ist auch eine Gelegenheit, sich mit einem Bereich zu beschäftigen, in dem man sich eine berufliche Zukunft vorstellen kann. Obwohl der Schwerpunkt bei der Einstellung in Justiz und Anwaltschaft nur eine untergeordnete Rolle spielt, kann man mit einem bestimmten Schwerpunkt Interesse für eine Materie signalisieren, gerade wenn es im staatlichen Teil nicht so geklappt hat, wie Sie sich erhofft haben.

Lassen Sie sich nicht allein von Gerüchten leiten, wo (angeblich) die Noten am besten sind. Zum einen sind die Noten in einem bestimmten Bereich oft deshalb gut, weil dort Überzeugungstäter*innen aktiv sind, die einfach viel für das Fach machen möchten. Zum anderen muss man auch in den angeblich „einfachen" Fächern etwas tun und das fällt schwer, wenn es einen nicht interessiert. Wenn Sie ein bestimmtes Fach interessiert und es gibt dort auch noch besonders oft gute Noten: Go ahead! Wenn Sie allerdings aus verlässlicher Quelle wissen, dass die Noten in einem bestimmten Schwerpunkt unnötig knauserig vergeben werden, dann berücksichtigen Sie das. So schrieb

Franzi:

„Ich würde einen Schwerpunkt wählen, in dem bessere Noten schneller vergeben werden und mich nicht von den persönlichen Vorlieben leiten lassen."

Sympathie für bestimmte Dozent*innen ist übrigens auch ein legitimer Grund, sich für einen Schwerpunkt zu entscheiden. Wir lernen von manchen Menschen besser als von anderen und wenn Sie jemanden gefunden haben, den Sie inspirierend finden, dann ist das ein guter Grund, den Schwerpunkt danach auszusuchen. Eine tolle Performance im Schwerpunkt kann auch der Ausgangspunkt für eine spätere Bewerbung um eine Promotion sein. Viele Professor*innen betreuen lieber Menschen, von denen sie schon aus dem Schwerpunkt wissen, dass sie wissenschaftlich gut arbeiten können.

Die Schwerpunktarbeit

Die Schwerpunktarbeit macht in den meisten Bundesländern den größten Teil der Schwerpunktnote aus. Grund genug, dieses Projekt gut vorzubereiten. Informieren Sie sich zunächst an Ihrer Uni, welche Anmeldefristen etc. dabei gelten.

Schwerpunktarbeiten sind meist Themenhausarbeiten, keine Falllösungen, wie Sie sie in den Klausuren vorlegen müssen. Themenhausarbeiten schreiben Sie – wenn überhaupt – im Studium ausgesprochen selten. Es ist also kein Wunder, dass das vielen Studierenden nicht leichtfällt.

Lila hat dazu folgenden Tipp:

„An Bachelorarbeiten von Freunden orientieren, damit man einen besseren Eindruck hat, wie eine Themenhausarbeit angefertigt werden soll."

Dieser Tipp ist gut, trotzdem ist bei der Umsetzung Vorsicht geboten. Arbeiten aus anderen Fächern sind (jedenfalls nach unserem Verständnis) meist weniger strukturiert als bei Jurist*innen. Gute Struktur bleibt wichtig, erfolgt aber nicht mehr in der Form eines Gutachtens.

Auch das Lesen von Aufsätzen ist eine gute Übung. Ungefähr so soll sich eine Schwerpunktarbeit dann einmal lesen.

Kaum jemand geht ins Examen, ohne auch nur eine einzige Probeklausur geschrieben zu haben, aber für jede Menge Prüflinge ist die Schwerpunktarbeit das erste Mal seit Beginn des Studiums, dass sie etwas nicht im Gutachtenstil schreiben. Das sollte Ihnen nicht so gehen!

Auch für das Schreiben von Schwerpunktarbeiten gibt es viele Übungsformate. Viele Unis bieten Probeseminare in Vorbereitung auf den Schwerpunkt freiwillig oder verpflichtend an. Egal wie das bei Ihnen aussieht, nehmen Sie teil und nutzen Sie das Feedback. Außerdem würde ich empfehlen, schon während des Studiums an zumindest einem Seminar teilzunehmen und dort eine Seminararbeit zu schreiben, am besten in dem Bereich, in dem Sie auch den Schwerpunkt machen wollen. Je öfter Sie so eine Arbeit schon geschrieben haben, umso leichter fällt es Ihnen.

Zu Aufbau, Formalien etc. für Schwerpunktarbeiten gibt es eigene Literatur.[120] Hier aber eine Reihe von Tipps aus unserer Erfahrung vom Korrigieren von Schwerpunktarbeiten.

Die Stimme der Prüferin:

„In der schriftlichen Schwerpunktarbeit wird in der Regel kein Gutachten verlangt, sondern eine Themenarbeit im Format einer klassischen Seminararbeit, eine Urteilsanmerkung, eine Buchbesprechung. Der Fantasie des Prüfers sind keine Grenzen gesetzt. Daher sollten Sie entscheidendes Augenmerk darauf richten, welches Format gefragt ist. Viele durchaus nicht unbegabte Teilnehmer an meinen Schwerpunktseminaren sind schon deshalb gescheitert, weil sie nicht die geforderte Urteilsbesprechung abgeliefert haben, sondern nach wenigen Seiten schon wieder in den Gutachtenstil zurückgefallen sind und geprüft haben, „wie die Rechtslage ist".

Wenn Sie Klarheit gewonnen haben, welches Format gefordert ist, sollten Sie sich grundsätzlich und gründlich mit der Themenstellung auseinandersetzen: wo liegt das Kernproblem des Themas? Warum sollte man sich mit dem Thema befassen (auch wenn man nicht in der Schwerpunktprüfung steckt)? In welchem größeren Kontext steht das Thema? Wie könnte meine Arbeit das Thema plastisch machen und weiterbringen? Durchaus hilfreich kann auch die Frage nach der Motivation

---

[120] Nachweise finden sich z.B. auf der Homepage vom LS Sanders und im Anhang.

des Prüfers sein: Warum könnte ihn das Thema interessieren, warum könnte er das Thema gestellt haben? Womit beschäftigt sich mein Prüfer wissenschaftlich? Hat er selbst etwas zu dem Thema geschrieben? Wenn ja, dann wäre es schon ein Gebot der Höflichkeit und der praktischen Vernunft, zu lesen, zu rezipieren und vor allem auch zu zitieren.[121]

Schon vor der Themenausgabe sollten Sie sich gründlich mit den Standards einer wissenschaftlichen Arbeit befasst haben. Wenn in Ihrer Fakultät Vorbereitungsseminare für den Schwerpunkt angeboten werden, sollten Sie das Angebot wahrnehmen, auch wenn die Teilnahme an einem solchen Seminar nicht obligatorisch ist. Fordern Sie detailliertes Feedback ein, reflektieren Sie Ihren Arbeitsprozess, jegliche Investition wird sich später auszahlen (und meist auch positiv auf die Klausuren auswirken).

In den meisten Lehrstühlen gibt es Handreichungen zu den Formalien, zu Gliederung, Literaturverzeichnis und Fußnoten. Damit sollte man sich vor der Themenausgabe vertraut machen, damit man später keine Zeit verliert. Über manches kann man sich streiten, aber klugerweise halten Sie sich genau an die Vorgaben. Sicherlich ist es wichtig, dass am Ende jeder Fußnote ein Punkt steht und wie man Entscheidungen des Bundesgerichtshofs zitiert. Noch wichtiger sind aber inhaltliche Fragen: Wissen Sie, was ein gutes Literaturverzeichnis und einen guten Fußnotenapparat ausmacht? Ist Ihnen klar, dass das Literaturverzeichnis schon sehr relevante Auskünfte über die Qualität Ihrer Arbeit gibt? Wenn Sie eine Urteilsanmerkung zu verfassen haben und im Literaturverzeichnis nicht alle diejenigen Stellungnahmen zu dem Urteil auftauchen, die man mit wenigen Klicks in Beck-online finden und abrufen kann, ist für den Prüfer schon indiziert, dass Sie ein Prädikat eigentlich nicht mehr erreichen können.

Haben Sie sich mit der Funktion von Nachweisen auseinandergesetzt? Wissen Sie, wann man Kommentare zitieren muss und wann man auf Anmerkungen und vielleicht sogar Monographien zurückgreifen muss? Kennen Sie überhaupt die verschiedenen Gattungen von Quellen? Ich habe als Vorsitzende in der mündlichen Prüfung Kandidaten kennengelernt, die zwar Prädikatsklausuren geschafft, aber nach eigener Aussage noch nie einen Kommentar in die Hand genommen oder ein Urteil des BGH im Original gelesen hatten. Wissen Sie, welche Funktion die Quellen für eine wissenschaftliche Arbeit haben?

Das Herzstück jeder wissenschaftlichen Arbeit ist die präzise und verlässliche Information über den Diskussionsstand, die Kontextualisierung des Problems. Dabei sollte präzise zwischen der Darstellung der Rechtsprechung und des Schrifttums und der eigenen Auffassung unterschieden werden. Können Sie das? Haben Sie das schon einmal gemacht? Meine Erfahrung lautet: eher selten, obwohl entsprechende Kenntnisse und Kompetenzen in einem wissenschaftlichen Studium ganz selbstverständlich bereits im Grundstudium erworben sein müssten. Dass das

---

121 Anmerkung von *Anne Sanders*: Das bedeutet nicht, dass Sie keine andere Ansicht vertreten dürfen. Absolut nicht! Aber Sie sollten sich bewusst sein, warum Ihr Dozent eine bestimmte Meinung vertritt. Einfach nur ins Literaturverzeichnis schreiben reicht nicht.

> *heute häufig anders ist, mag man beklagen. Es ändert aber jedenfalls nichts daran, dass im Schwerpunkt ohne wissenschaftliches Know-how keine Spitzenleistungen zu erzielen sind."*

Formalien

Wenn es zu den Formalien Vorgaben gibt, dann einhalten! Überschreitungen der Seitenzahlbegrenzung sind auf jeden Fall zu vermeiden. Zur Art, wie man Literaturverzeichnisse und Fußnoten gestaltet, gibt es nicht immer Vorgaben. Wichtig ist auf jeden Fall, dass Sie **einheitlich zitieren**, auch Rechtsprechung. Man kann sich z.B. an der Zitierweise in einer Zeitschrift orientieren. Uneinheitliches Zitieren sagt zum Leser: Ich habe die Nachweise per Copy and Paste aus den Kommentaren geholt und mir nicht mal die Mühe gemacht, sie anzupassen. Verweisen Sie immer auf die Originalquelle, d.h. wenn Sie eine Auffassung von Professorin Müller und die Gegenansicht von Professor Schmidt zitieren, dann bitte deren Werke und nicht für beide Ansichten den Kommentar, in dem beide Ansichten referiert werden.

Literaturverzeichnis/Recherche

Ihr Literaturverzeichnis sollte erkennen lassen, dass Sie umfassend recherchiert haben und alles Wichtige berücksichtigt haben, was es zu dem Thema gibt. Ein Literaturverzeichnis sollte daher die wichtigen Kommentare in Ihrem Bereich, Lehrbücher (keine Skripten!), und auch Monographien (z.B. Doktorarbeiten und Habilitationen) enthalten. Außerdem sollten Sie die wichtigsten Aufsätze zu Ihrem Thema ausgewertet haben.

Meine (Anne Sanders) Faustregel ist ca. acht Seiten, die relativ eng formatiert sind. Also nicht auf jeder Seite zwei Einträge. Das fällt auf und macht keinen guten Eindruck. Acht Seiten sind ein Richtwert, wenn zu Ihrem Thema weniger verfügbar ist, dann kann ein gutes Literaturverzeichnis, das die wesentlichen Werke zu einem Thema enthält, auch durchaus kürzer sein. Aber zu den meisten Themen, die gestellt werden, gibt es eine Menge Literatur. Wichtig ist mir, dass Sie mitnehmen, dass eine SPB-Hausarbeit eine wissenschaftliche Arbeit ist. Sie wollen Ihren Leser darüber informieren, was zu Ihrem Thema vertreten wird und auf dieser Grundlage Ihre eigene Ansicht erarbeiten. Wenn Sie ein Anwalt wären, müssten Sie Ihren Mandanten auf der Grundlage Ihrer Arbeit umfassend zu dem Thema beraten können. Eine gute Schwerpunktarbeit kann man als Aufsatz in einer Fachzeitschrift veröffentlichen. Es reicht nicht, zwei bis drei Aufsätze zu lesen und in einen Kommentar zu schauen. Was machen Sie, wenn in den anderen Kommentaren und Aufsätzen etwas ganz anderes steht?

Setzen Sie sich mit Rechtsprechung auseinander. Stellen Sie sich vor, Sie sollen als Anwalt Ihren Mandanten beraten. Würden Sie dann die Rechtsprechung links liegen lassen? Natürlich nicht, denn die Gerichte entscheiden ja, wie Recht angewandt wird. Entsprechend müssen Sie Rechtsprechung in Ihrer Arbeit berücksichtigen und zwar nicht nur die des BGH, sondern auch der OLG und ggf. auch erstinstanzliche Entscheidungen. Außerdem versteht man das juristische Problem oft erst dann richtig, wenn man nicht nur die BGH-Entscheidung gelesen hat, sondern auch die der Instanzen vorher.

Schauen Sie während der Arbeit auch, ob es aktuelle Entwicklungen zu dem Thema gibt. Gibt es ein neues Urteil oder ein neues Gesetz oder Gesetzgebungsverfahren in dem Bereich? Wenn Sie so etwas übersehen, dann ist das ein dickes Minus. Denken Sie wieder an Ihre künftige Tätigkeit als z.B. Anwältin. Was passiert, wenn Sie Ihren Mandanten auf der Grundlage einer veralteten Rechtsprechung beraten, oder ihm nicht sagen, dass sich die Rechtslage bald ändern wird? Die gleiche Sorgfalt, die eine gute Anwältin auszeichnet, die wollen wir schon jetzt in Ihrer Schwerpunktarbeit sehen.

Struktur und Inhalt

Eine gute Gliederung ist das A und O einer guten Schwerpunktarbeit. Die zu finden ist oft gar nicht so einfach. Entwickeln Sie früh eine erste Gliederung, aber seien Sie bereit, sie auch nochmal zu ändern, wenn Sie das Thema besser verstehen. Anders als in der Fallprüfung ergibt sich die Reihenfolge ja nicht aus den Tatbestandsmerkmalen einer Norm. Sinnvollerweise beginnt man mit einer Einleitung und endet mit einem Fazit. Stellen Sie sich die Teile dazwischen wie eine Reise vor, auf die Sie Ihren Leser mitnehmen. Wenn Sie z.B. jemanden auf einen Rundgang durch Ihre Stadt mitnehmen, dann machen Sie sich wahrscheinlich Gedanken, welchen Weg Sie wählen, damit Ihr Gast einen guten Überblick und Eindruck bekommt und Schritt für Schritt alle wichtigen Sehenswürdigkeiten kennenlernt. Sie würden sich überlegen, welche Reihenfolge verwirrend wirken könnte und welche Punkte Sie aus Zeitgründen auslassen würden. Ähnlich funktioniert es in Ihrer Arbeit: Machen Sie den Leser mit dem Thema vertraut, führen Sie durch die verschiedenen Punkte der Thematik und zeigen Sie, was Sie selbst denken.

In den darstellenden Teilen sollten Sie darauf achten, dass Sie die wesentlichen Aspekte der Fachdiskussion genau referieren. Wenn ein Urteil im Mittelpunkt der Arbeit steht, ist die sorgfältige Darstellung der Entscheidung wichtig. Machen Sie sprachlich, z.B. durch Formulierungen wie „Müller begründet dies mit folgenden Argumenten..." und der Verwendung der indirekten Rede immer ganz klar, ob Sie fremde Ansichten referieren oder eine eigene Ansicht äußern. Dies ist wahrscheinlich der häufigste Fehler, den ich in Schwerpunktarbeiten bemängeln muss.

Zentral ist die Schwerpunktsetzung. Über praktisch jedes Schwerpunktthema können Sie ganze Bücher schreiben. Daher müssen Sie genau bestimmen, was in Ihre Arbeit kommt und was nicht. Selbstverständliches sollte man knapp abhandeln und nahe am Thema bleiben. Wer z.B. über die Elternschaft lesbischer Paare schreibt, sollte nicht die Hälfte der Arbeit mit einer Darstellung des allgemeinen Abstammungs- und Adoptionsrechts verbringen. Aber was tun Sie, wenn das Thema sehr groß ist und Sie nicht alles ausführlich bearbeiten können?

Sinnvollerweise legen Sie Ihre Schwerpunktsetzung bereits in der Einleitung dar und klären, was die Arbeit thematisiert und was nicht. Das bedeutet nicht, dass Sie Ihr Thema so umdefinieren, dass Sie über zentrale Punkte gar nichts mehr schreiben. Es ist aber durchaus legitim, in einem sehr weiten Thema gewisse eigene Schwerpunkte zu setzen. Fragen Sie im Zweifel vor Ausgabe der Themen Ihre Professorin, wie Sie mit einem solchen Problem umgehen sollen.

Jede Schwerpunktarbeit benötigt eine eigene Stellungnahme, in der Sie darlegen, was Sie zu dem Thema denken. Auch wenn Sie das schwer finden, weil Sie denken, „die Leute, die darüber schreiben, sind alle schon so viel weiter als ich. Ich kann das doch nicht besser wissen." Sie müssen keine ganz neuen Argumente erfinden, aber je mehr Sie selbst nachdenken und eigene Gedanken entwickeln, umso besser wird Ihre Arbeit sein. Arbeiten, die eine solche Stellungnahme nicht haben, können jedenfalls bei mir keine gute Note erhalten. Je besser und tiefgründiger die Argumentation, je mehr sie erkennen lässt, dass hier jemand verstanden hat, worüber er oder sie schreibt, desto besser die Note.

Zeigen Sie Ihre gedankliche Struktur durch Ihre Absätze. Schreiben Sie nicht seitenlang ohne Absatz, geben Sie aber auch nicht jedem Satz einen eigenen Absatz. Beides zeigt, dass Sie Ihre Gedanken nicht gut genug geordnet und strukturiert haben. Und packen Sie nicht mehr als einen Gedanken in einen Satz. Das verwirrt den Leser.

Sprache

Die Qualität der Sprache ist entscheidend für eine Schwerpunktarbeit. Schreiben Sie klar und präzise. Gute Sprache bedeutet Verständlichkeit. Unklare Sprache ist ein Zeichen unklarer Gedanken. Sie müssen Ihrem Professor nicht zeigen, wie viele schwierige Worte Sie kennen und wie lang Ihre Sätze sein können. Das ist jedenfalls für mich kein guter Stil. Irgendwo habe ich mal den Satz gelesen: „Ein guter Text gibt dem Leser das Gefühl, dass er klug ist. Ein schlechter Text gibt dem Leser das Gefühl, dass er dumm ist." Schreiben Sie also klar und verständlich. Informieren und überzeugen Sie Ihre Leser. Ihr Publikum sind fachkundige Leser, die sich allerdings im konkreten Bereich nicht auskennen.

Vermeiden Sie Füllworte. Eine liebe Freundin schrieb mir mal an den Rand eines Entwurfs meiner Habilitationsschrift als ich das Wort „wohl" verwendete: „Wohl heißt, ich weiß es nicht genau, aber ich mag nicht mehr darüber nachdenken." Wolkige Füllworte zeigen nicht, dass Sie schlau sind, sondern dass Sie noch nicht genau genug wissen, was Sie sagen wollen.

Schreiben Sie nur das, was auch Sie selber verstanden haben und formulieren Sie selbst. Wenn Sie einen schönen Satz eines anderen Autors abschreiben ist das, wenn Sie es nicht richtig nachweisen, ein Plagiat. Auch wenn Sie es richtig nachweisen, können Sie Ihre Arbeit aber nicht aus einzelnen Zitaten zusammensetzen wie einen Flickenteppich oder eine Collage. Es muss ein einheitlicher, stringenter Text werden.

Ein guter Text entsteht nicht von heute auf morgen, an dem muss man arbeiten. Hemmingway sagte mal so schön: „The only kind of writing is rewriting." Meine Aufsätze sind im ersten Entwurf auch noch nicht lesbar. Nehmen Sie sich die Zeit, an Ihrem Text zu feilen. Planen Sie ausreichend Zeit zum Korrekturlesen ein und lassen Sie den fertigen Text vor Abgabe zumindest einmal eine Nacht ruhen, damit Sie mit frischem Blick darauf schauen können.

Zeitplan

Beginnen Sie mit der Arbeit an Ihrer Schwerpunktarbeit an dem Tag, an dem Sie die Aufgabenstellung erhalten. Mit diesem Tipp schlagen Sie der „Aufschieberitis" ein Schnippchen. Egal, wieviel Zeit Sie haben, am Ende wird es zu wenig sein. Behalten Sie bei der Recherche und beim Schreiben immer den Seitenumfang im Auge. Natürlich können Sie später immer kürzen – das macht die Arbeit sogar meist stringenter und besser –, aber wenn Sie erstmal 100 Seiten schreiben und dann auf 30 herunterkürzen müssen, riskieren Sie, dass das schwierig wird.

Machen Sie sich einen Zeitplan für Recherche, das Erstellen der ersten Gliederung, das Abarbeiten einzelner Teile und für die Fertigstellung. Sie werden den Zeitplan wahrscheinlich immer einmal korrigieren müssen, aber passen Sie immer auf, dass Sie genügend Luft nach hinten haben. Arbeiten, die in der letzten Minute „zusammengehauen" werden, könnten immer deutlich besser sein, wenn sie mit mehr Ruhe entstanden wären. Gönnen Sie sich die Ruhe, die aus einer guten Zeitplanung entsteht! Auch hier schafft Disziplin Freiheit.

Sie brauchen, wie gesagt, Zeit zum Korrekturlesen, zum Ausdrucken und nochmaligen Korrekturlesen, und zum Liegenlassen vor dem letzten Korrekturlesen. Arbeiten mit vielen Tipp- und Grammatikfehlern machen einen schlechten Eindruck und gehen nach meiner Erfahrung immer mit wenig durchdachtem Inhalt einher. Eine sehr gute Herangehensweise ist es auch, sich den Text vor Abgabe einmal laut vorzulesen. Dabei fallen Ihnen schlechte Sätze und Fehler auf, die man sonst leicht überliest.

Planen Sie ausreichend Zeit für eine gute Präsentation der Arbeit ein. Legen Sie sich vorab einen Plan B zurecht, damit Sie auch pünktlich abgeben können, wenn in der letzten Minute der Drucker spinnt. Eine Leim- oder Ringbindung dauert etwas. Halten Sie für den Notfall einen ordentlichen Schnellhefter bereit, damit Sie Ihre Arbeit, wenn alle Stricke reißen, wenigstens nicht mit einer Büroklammer zusammenhalten müssen.

Vortrag

In vielen Prüfungsordnungen gehört ein Vortrag zu Ihrer Schwerpunktarbeit dazu. Auch hier ist gute Vorbereitung angezeigt.

Zeit einhalten!

Oberstes Gebot, wie bei allen anderen Vorträgen in Prüfungssituationen, ist, dass man die Zeit einhält. Also auch hier Probehalten! Ablesen sollte man eher vermeiden. Für die Uhr gilt das Gleiche wie das schon beim Examensvortrag Gesagte.

Format und Publikum

Bei der Planung jedes Vortrags sind das Format und das Publikum wichtig. So auch hier. Müssen Sie Ihre Schwerpunktarbeit in einer mündlichen Prüfung verteidigen oder einen Vortrag in einem Seminar halten? Davon hängt der Zuschnitt Ihres Vortrags ab. Oder soll es eine Disputation für Ihre*n Professor*in sein? Dann auf die interessantesten Probleme der Arbeit konzentrieren. Wenn es vorher Feedback zur Arbeit gab, sollten Sie das Feedback aufgreifen. Hat ein Korrektor z.B. eine Auseinandersetzung mit einem bestimmten Urteil vermisst, sollte das Urteil im Vortrag thematisiert werden. Wenn der Vortrag vor Studierenden zu halten ist, ist es wichtig, dass diese verstehen, worum es geht.

In beiden Fällen kann es sein, dass nicht genug Zeit bleibt, um alle interessanten Punkte zu thematisieren. Wenn man einen Vortrag abliest, dann rechnet man ca. 2,5 Minuten pro Seite mit 1,5 Zeilenabstand. Eine 30-seitige Arbeit in 30 Minuten vorlesen zu wollen wird also scheitern. Man muss also Punkte auslassen. Es bietet sich an, diese Punkte kurz anzudeuten und auf die Diskussion zu verweisen: „Darauf gehe ich in der Diskussion gern noch im Detail ein".

Wenn eine Diskussion mit anderen Studierenden erwünscht ist, müssen Sie damit rechnen, dass sich keiner traut, etwas zu sagen. Geben Sie die Gelegenheit, Verständnisfragen zu stellen. Sie können sich auch Fragen für die Runde überlegen, z.B. mit Blick auf einzelne Punkte, die Sie besonders interessant fanden.

Auch die Vorbereitung eines Handouts mit der Gliederung des Vortrags und wichtigen Gesetzestexten ist eine gute Idee.

Vor dem Vortrag sollten Sie aktuelle Entwicklungen im Bereich Ihres Themas checken. Es ist doof, wenn es wenige Tage vorher ein neues Urteil zur Fragestellung gegeben hat, oder ein neuer Gesetzesentwurf bzw. Aufsatz veröffentlicht wurde und man kennt ihn nicht. Das nehmen zwar nicht alle Dozenten übel, aber wenn man aktuelle Entwicklungen berücksichtigt, dann macht das einen guten Eindruck.

Die Stimme der Prüferin:

„Der Vortrag wird häufig unterschätzt. Er kann die Note nicht unerheblich beeinflussen. Informieren Sie sich über die Handhabung in Ihrer Fakultät und in dem von Ihnen gewählten Schwerpunkt. Fragen Sie in der Vorbesprechung nach dem Empfängerhorizont: Soll es ein Vortrag für den Prof und die Assistenten sein, oder richtet sich der Vortrag an die anderen Teilnehmer?

Nach meiner Erfahrung ist eine gute Präsentation – wenn sie gestattet ist – die beste Investition. Sie entlastet das Gedächtnis und erleichtert über die Visualisierung das Verständnis bei den Hörern. Alles, was Sie über gute PowerPoint-Präsentationen gehört und gelesen haben, stimmt: Sie sollten nicht zu voll sein, sie sollten nicht zu viel Text enthalten, sie sollten nicht vom Vortrag ablenken, sondern ihn unterstützen. Vereinfachende Skizzen können sehr hilfreich sein, Bilder sind Geschmackssache, ein bisschen Infotainment schadet nichts, es sei denn der Prüfer ist als völlig spaßfrei bekannt.

Der Vortrag sollte keine Kurzfassung des kompletten Manuskriptes sein, die im Intercity-Tempo abgespult wird. Setzen Sie Schwerpunkte, vereinfachen Sie, konzentrieren Sie sich auf das Wesentliche.

Sie müssen den Hörer begeistern und bei der Stange halten. Sprechen Sie langsam und professionell. Vertrauen Sie nicht der freien Rede. Sie sollten ein Redemanuskript entwerfen, das sie mehrmals laut vortragen, bis sie es weitgehend auswendig können. Davon können Sie sich selbstverständlich im Ernstfall lösen, aber sie sollten nicht ins Quatschen geraten. Einleitung und Schluss bleiben immer im Gedächtnis, hier sollten Sie besonders Wert auf prägnante und ansprechende Formulierung legen.

Falls im Anschluss an den Vortrag eine Diskussion vorgesehen ist, müssen Sie darauf gefasst sein, dass auch Fragen im Umfeld Ihres Vortragsthemas gestellt

> werden. Überlegen Sie sich, welche Fragen der Prüfer und eventuell die anderen Teilnehmer haben könnten. Organisieren Sie einen Probelauf mit Freunden, deren Fragen könnten auch die Fragen Ihrer Prüfer sein.
>
> Ist es in Ihrer Fakultät üblich, dass sich die anderen Teilnehmer an der Diskussion beteiligen, dann müssen Sie sich auch darauf vorbereiten. Es ist keine Zeitverschwendung, sich über die anderen Vortragsthemen zumindest soweit zu informieren, dass man halbwegs intelligente Fragen stellen kann."

Schwerpunktklausuren

Uff, denken Sie sicher. Oben gab es doch schon ein ganzes Kapitel über das Klausurenschreiben. Warum hier jetzt noch mehr? Gerade weil man in der Vorbereitung auf den staatlichen Teil so viel Zeit mit Probeklausuren verbringt, denkt man leicht: Kein Problem, das kann ich. Das ist aber manchmal leider ein Irrtum. Zum einen liegen Ihre letzten Klausuren im staatlichen Teil wahrscheinlich schon eine Weile zurück, wenn Sie im Schwerpunkt sind. Dann fühlt man sich leicht eingerostet, wenn man schließlich in der Klausur den Füller in die Hand nimmt. Zum anderen sind Klausuren im Schwerpunkt oft ganz anders strukturiert als die im staatlichen Teil. Wer den Schwerpunkt vor dem staatlichen Teil schreibt, dem fehlt sogar diese Klausurenpraxis.

Nehmen Sie sich also ausreichend Zeit, frühzeitig das Prüfungsformat herauszufinden. Es fängt mit der Dauer an. Schwerpunktklausuren dauern nicht unbedingt fünf Stunden, sondern sind oft deutlich kürzer. Wenn man das letzte Mal im staatlichen Teil Klausuren geschrieben hat, unterschätzt man leicht, wie schnell zwei Stunden vorübergehen. Wenn man dann nach 60 Minuten in gewohnter Manier gerade die Lösungsskizze fertig hat, könnte es eng werden…

Wenn Sie ein klassisches Gutachten in der Klausur schreiben müssen, dann denken Sie rechtzeitig daran, dass Sie das Wissen, das Sie in Ihren Schwerpunktvorlesungen vermittelt bekommen, auch anwenden lernen. Das verliert man leicht aus den Augen, wenn man sich mit ganz neuem Stoff beschäftigt.

Vielleicht haben Ihre Schwerpunktklausuren aber auch ein ganz anderes Format? Essays statt Gutachten? Eine Quellenanalyse oder Digestenexegese? Finden Sie heraus, was erwartet wird und bitten Sie Ihre Dozent*innen um Hinweise, wie die Klausuren in Ihrem Schwerpunktbereich aufgebaut sind. Begründen Sie die Nachfrage vielleicht damit, dass Sie Klausuren in dieser Art noch nicht geschrieben haben. Das ist nicht allen immer bewusst.

Crashkurs: Schwerpunkt

- Recherchieren Sie die verschiedenen Schwerpunktbereiche, die für Sie in Betracht kommen und informieren Sie sich über zu erbringende Leistungen.
- Machen Sie einen Zeitplan für Ihren Schwerpunkt mit Anmeldefristen.

- Üben Sie das Schreiben von Themenhausarbeiten in Seminaren, besuchen Sie Veranstaltungen zur Vorbereitung.
- Wählen Sie möglichst einen Schwerpunkt, der Sie begeistert.
- Machen Sie einen Zeitplan für die Erstellung der Schwerpunktarbeit und planen Sie ausreichend Zeit zum Überarbeiten und zum Korrekturlesen ein.
- Recherchieren Sie umfangreich, werden Sie ein Experte für Ihr Thema.
- Halten Sie sich an die vorgegebenen Formalien und zitieren Sie einheitlich.
- Berücksichtigen Sie Rechtsprechung.
- Halten Sie aktuelle Entwicklungen sowohl an den Gerichten als auch beim Gesetzgeber im Auge.
- Schreiben Sie klar, stringent und verständlich.
- Gliederung, Schwerpunktsetzung und klare Argumentation sind wesentliche Kriterien einer guten Arbeit.
- Nehmen Sie begründet Stellung!
- Wenn Sie einen Vortrag vor Studierenden zu Ihrem Thema halten, achten Sie besonders auf Verständlichkeit, wenn Sie vor der Professorin sprechen, konzentrieren Sie sich auf die besonders spannenden Aspekte der Arbeit.
- Wenn es vor dem Vortrag Feedback zur Arbeit gab: berücksichtigen.
- Präsentieren Sie Ihre Arbeit in angemessener Form.
- Machen Sie sich mit dem Format, den Besonderheiten und der Dauer der Schwerpunktklausuren vertraut und bereiten Sie sich darauf vor.

11 Noch einmal

Gibt Antworten auf die Fragen: Soll ich einen Verbesserungsversuch machen? Wie gehe ich damit um, wenn ich durchgefallen bin?

Verbesserungsversuch

Wer unzufrieden mit der Examensnote ist, der stellt sich oft die Frage nach einem Verbesserungsversuch. Dazu haben wir auch unsere Teilnehmenden befragt. 18 Personen haben den Verbesserungsversuch abgelegt. Davon haben immerhin 15 ihre Note auch verbessern können, 10 sogar um eine Notenstufe oder mehr. Sie sehen also, es gibt durchaus die Möglichkeit, sich tatsächlich zu verbessern. Das verlangt aber einen ganz erheblichen neuen Aufwand und es ist nicht garantiert, dass man erfolgreich ist. Mir sind Fälle bekannt, in denen die Kandidaten in den Klausuren Pech hatten, in der mündlichen Prüfung dann aber gut abschnitten. Im Verbesserungsversuch waren die Klausuren dann teilweise besser, aber die Kommissionen in der mündlichen Prüfung weniger großzügig. Überlegen Sie also gut, ob sich der Aufwand für Sie lohnt.

Dafür spricht sicherlich, dass es eine Chance ohne Risiko ist. Verschlechtern können Sie sich nicht. Wenn Sie den Freischuss „auf gut Glück" ohne große Vorbereitung geschrieben haben oder in Ihrem Durchgang einen Satz Klausuren hatten, die Ihnen nicht lagen, dann ist es gut denkbar, dass es sich lohnt. Vielleicht bereuen Sie es sonst später einmal, dass Sie die Chance nicht wahrgenommen haben.

Auf der anderen Seite setzt ein erfolgreicher Verbesserungsversuch i.d.R. weitere Lerninvestition voraus. Sie müssen selbstkritisch die eigene Strategie hinterfragen, neu planen und wieder Klausuren schreiben. Das nervt Sie vielleicht jetzt schon. Können Sie sich noch einmal motivieren, alles zu geben? Sie sollten außerdem überlegen, wie sich ein Verbesserungsversuch auf Ihre Zeitplanung für den Schwerpunkt, Referendariat, vielleicht eine Promotion, Familiengründung und den Berufseinstieg auswirkt. Lassen Sie sich nicht verrückt machen, ein halbes Jahr mehr oder weniger macht für Ihren weiteren Weg in Beruf und Familie selten einen Unterschied. Sie müssen sich aber über die Verschiebung Ihrer Zeitpläne bewusst sein. Schließlich sollte Ihnen klar sein, dass sich mit einem Verbesserungsversuch die Wege Ihrer Mitstudierenden trennen. Das wird früher oder später ohnehin passieren, aber es kann unangenehm sein, wenn alle weiterziehen und Sie nochmal schreiben. Sie müssen entscheiden, ob es Ihnen das wert ist. Schließlich, last but not least, müssen Sie überlegen, wie Sie die Zeit bis zum Verbesserungsversuch finanzieren wollen.

Durchgefallen – Was nun?

Die Stimme der Prüferin:

„Die juristische Community hat keine Fehlerkultur und keine Kultur des Scheiterns. Der Glaube an das System der Staatsprüfungen und die Aussagekraft der Noten ist weitgehend ungebrochen, obwohl jeder Jurist weiß oder wissen könnte, wie viel letztlich vom Zufall abhängt. Außerdem: Das aktuelle Prüfungssystem bildet bestimmte Aspekte sehr gut ab, die für die juristische Arbeit wichtig sind, insbesondere die Fähigkeit zu schneller Analyse komplexer Fragestellungen mit Ziel der Entwicklung von pragmatischen Lösungen, die halbwegs auf der Linie des Meinungsmainstreams liegen. Dagegen ist kritische Reflexion des Stoffs, eigenständiges Denken und Originalität jedenfalls in den Klausuren begrenzt förderlich, manchmal sogar gefährlich. Die geltenden Prüfungsformate honorieren im Übrigen belastbare Nerven und eine gewisse Leidensbereitschaft in der Phase der Prüfungsvorbereitung. Die immer wieder zu beobachtende Neigung mancher akademischen Lehrer und Prüfer aus Universität und Praxis, den juristischen Nachwuchs nicht wohlwollend und wertschätzend zu fördern, sondern erst einmal „klein zu machen", wird von anderen Berufsgruppen mit Erstaunen und Befremden wahrgenommen. Wie kann man auf hohe Durchfallquoten stolz sein? Wie kann man eine Notenskala praktizieren, in der nach einer langen Ausbildung nicht einmal ganz 20% der Absolvent*innen das Prädikat erreichen und nur knapp 2% ein „gut". Warum stellt sich kaum ein Jurist die an sich doch naheliegende Frage, ob hinter einer hohen Durchfallquote nicht auch eine suboptimale Lehre oder ungeeignete Prüfungsaufgaben stecken? Sind wirklich mehr als 50% der Studienanfänger für das Studium ungeeignet? Über diese Fragen wird viel zu wenig diskutiert, obwohl abzusehen ist, dass es in nicht allzu ferner Zukunft in allen juristischen Berufen Nachwuchsprobleme geben wird. Vorläufig ist aber die Grundeinstellung vieler erfolgreicher Juristen ungetrübt: „Richtig Mensch wird man doch erst mit dem Assessor", bemerkte kürzlich ein Freund über seinen künftigen Schwiegersohn. Mein Großvater hätte das ähnlich formuliert. Mein Vater, Ingenieur und Volkswirt, hielt wie viele Nichtjuristen nicht viel von Juristen, auch wenn er seinen Schwiegervater sehr schätzte und mochte.

Warum diese lange Vorrede? Sie kann vielleicht greifbarer machen, warum das Durchfallen im Examen für Juristen und unter Juristen als Katastrophe erlebt wird. Das Selbstwertgefühl gerät auf den Tiefststand, man erlebt sich als Vollversager, der Daueralbtraum der Examensvorbereitung wird „Realität". Mit der realen „Realität" außerhalb der juristischen Community hat dies aber wenig zu tun. Es gibt ein Leben ohne Prädikatsexamen. Es gibt ein Leben ganz ohne juristisches Examen. Vor allem gibt es ein Leben nach dem Durchfallen. Der Arbeitsmarkt ist viel reicher und auch differenzierter, als man sich das in der Blase der Examensvorbereitung vorstellt. Nach meiner festen Überzeugung hat jeder Mensch Potenzial, das gebraucht wird und entfaltet werden soll.

11 Noch einmal

Wie geht es also weiter nach dem Schock? Nachdem Sie Ihre Wunden geleckt und Trost von lieben Menschen bekommen haben, müssen Sie wieder denken, klar denken und einen kühlen Kopf zurückgewinnen. Wiederholen? Noch mal Karteikarten wiederholen, Klausuren schreiben, sich dem Prüfungsstress aussetzen? Na klar! Das macht sicher keinen Spaß. Aber schlimmer kann es kaum werden. Andererseits würden sie sich möglicherweise nie verzeihen, es nicht versucht zu haben. Am Anfang steht also die Selbstüberwindung, die Entscheidung für den Wiederholungsversuch.

Der zweite Schritt ist schwieriger. Sie müssen herausfinden, woran es denn nun eigentlich gelegen hat. Nehmen Sie Einsicht in Ihre Examensakten, analysieren Sie die Klausuren. Setzen Sie sich mit Ihren Fehlern auseinander. Das tut weh, muss aber sein. Was ergibt die Analyse? Nur Pech? Das ist ganz unwahrscheinlich bei so vielen unterschiedlichen Prüfungsleistungen und Prüfern. Pech kann eine Note kosten, aber einen Durchfall nicht ausreichend erklären. Haben Sie nicht genug Klausuren geschrieben? Das kann man nachholen. Fehlte Ihnen erforderliches Fachwissen? Dann müssen Sie nachlegen, aber bitte intelligent und fokussiert auf relevanten Stoff. Lassen Sie sich von klugen Menschen beraten, die Erfahrung haben. Am wahrscheinlichsten ist, dass sie zwar (zu) viel gearbeitet haben, aber nicht ausreichend zielführend. Haben Sie sich genug mit dem juristischen Handwerkszeug beschäftigt? Arbeiten Sie in Ihren Klausuren mit Wortlaut und Systematik des Gesetzes? Haben Sie intensiv darüber nachgedacht, welches Sachproblem hinter einem ausdifferenzierten Theorienstreit steht, worum es also wirklich geht? Haben Sie überhaupt ausreichend „nachgedacht" und nicht nur „gelernt"? Nach meiner Erfahrung scheitert eine Klausur ganz selten am Wissen, es fehlt fast immer an der Fähigkeit, das Wissen mithilfe des juristischen Handwerkszeugs in einem geordneten juristischen Gedankengang einer pragmatischen Lösung zuzuführen. (Das alles gilt selbstverständlich entsprechend für den Notenverbesserungsversuch).

Es kann sein, dass Sie am Ende doch zu dem Ergebnis kommen, dass Jura nicht Ihr Ding ist und es vielleicht auch nie war. Das tut weh, so viel Zeit und Kraft für den „falschen Film". Machen Sie einen Schnitt, werfen Sie Bücher und Unterlagen weg und gehen Sie dann weiter. Ich bin fest davon überzeugt, dass das Leben für jeden wunderbare Möglichkeiten bereithält, die Sie vielleicht sogar glücklicher machen können als ein Berufsleben als Jurist. Mit einigen meiner Studierenden, die ihr Glück außerhalb der juristischen Berufswelt gefunden haben, bin ich immer noch in Kontakt, über ihre Lebenszeichen freue ich mich ganz besonders."

Ergänzungen

Wenn Sie in Deutschland das Examen nicht mehr machen können oder wollen, gibt es noch den Weg über das EU-Ausland, z.B. Österreich, um in Deutschland in einem Beruf arbeiten zu können, für den man ein Staatsexamen braucht. Wenn Sie einen juristischen

Abschluss in einem anderen EU-Land gemacht haben, können Sie in Deutschland eine Anerkennungsprüfung ablegen, die aber dann wieder verlangt, dass Sie deutsche Klausuren schreiben, um zu zeigen, dass Sie im deutschen Recht fit sind. Über die Einzelheiten müssen Sie sich informieren, aber das ist ein fordernder Weg, denn Sie müssen immerhin erst einmal in einem anderen Land studieren und auch die deutschen Klausuren für die Anerkennung sind nicht einfach.

Juristische Studienleistungen können in manchen anderen Studiengängen angerechnet werden, z.B. in einem Bachelor mit juristischem Anteil. Informieren Sie sich in der Studienberatung, welche Möglichkeiten es gibt.

12 Wie geht es weiter?

Sie haben es geschafft?! Großartig! Wir sind stolz auf Sie und freuen uns sehr!

Wie geht es nun weiter? Leider muss man sagen, dass Sie, jedenfalls wenn Sie eine Tätigkeit in Anwaltschaft, Notariat und Justiz anstreben, noch das zweite Examen vor sich haben. Seufz! Und leider sind die Noten der ersten Staatsprüfung für die Praxis gar nicht so wichtig wie die des zweiten Examens. Sie haben also noch viel vor sich. Behalten Sie aber auch dabei so viel Freude an der Materie wie möglich. Nutzen Sie das Referendariat gut, um einen Beruf zu finden, der zu Ihnen passt. Planen Sie Ihre Stationen sorgfältig, schauen Sie sich geeignete Arbeitgeber an und knüpfen Sie Kontakte für einen späteren Berufseinstieg.

Die Stimme der Prüferin:

„Es hat unter Jurist*innen Tradition, die schlechten Berufsaussichten und vor allem die Anwaltsschwemme zu beklagen; ohne Prädikat geht gar nichts, so lautet eine weit verbreitete Formel. Sie ist für viele Studierende in der Examensphase angstbesetzt und demotivierend, erreichen doch bekanntlich nur knapp 20% der Examenskandidat*innen das Prädikat.

Die Realität ist viel differenzierter. Es gibt sicherlich ein Auf und Ab am juristischen Arbeitsmarkt. Der Assessor meines Großvaters fiel in die Weltwirtschaftskrise 1929, da ging eine Weile gar nichts. Derzeit wird wegen Corona nicht so schnell eingestellt und nicht ganz so gut bezahlt. Das ändert aber nichts daran, dass Jurist*innen gebraucht werden, in vielen Bereichen eher mehr Jurist*innen als früher. Allein die Compliance-Bewegung, die so schnell nicht wieder abebben wird, hat eine Fülle neuer Tätigkeitsbereiche und Arbeitsplätze für Jurist*innen in der Wirtschaft hervorgebracht, ein Ende ist nicht absehbar. Auch jenseits des Prädikats gibt es gute Chancen, in der Wirtschaft, in der Anwaltschaft, neuerdings auch wieder in Verwaltung und Justiz, die einer Pensionierungswelle entgegensehen. Nach meiner Erfahrung ist wichtig, dass sich die jungen Nachwuchsjurist*innen spätestens während der Referendarzeit Klarheit darüber verschaffen, was sie gern tun, wo ihre Stärken liegen, auch jenseits der juristischen Qualitäten. So gut wie immer finden sich dann gute oder jedenfalls akzeptable Optionen. Der berühmte taxifahrende Jurist ist mir persönlich in meiner Berufslaufbahn nicht begegnet. Studierende und Doktoranden, die ich über einen längeren Zeitraum begleiten durfte und die mir auch noch nach Abschluss der Examen ab und zu ein Feedback gegeben haben, haben alle ihren Platz im Leben gefunden, mit oder ohne Prädikatsexamen.

Die gute Nachricht lautet: Prädikatsjurist*innen können fast alles bekommen, von dem sie träumen (und werden dann in aller Regel noch nicht einmal ganz schlecht bezahlt), Richter, Anwalt, Syndikus, Journalistin bei der FAZ, Diplomat... etwas ganz anderes. Das Schöne an unserem Fach ist ja, dass man letztlich vielseitig einsetzbar ist und sich in viele Bereiche einarbeiten kann. Allerdings zählt nach meiner Wahrnehmung nicht nur die Note. Fließend Englisch in Wort und Schrift *ist für viele Positionen mit Aufstiegschancen heute unverzichtbar. Aufenthalte im Ausland können wichtig werden, praktische Erfahrungen, nicht nur in juristischen Bereichen, Kommunikationsfähigkeit, Dienstleistungsbereitschaft, Interesse für zukunftsträchtige Bereiche. Wenn Sie Spaß haben an der Digitalisierung, legen Sie einen Akzent legal tech. Interessieren Sie sich für wirtschaftliche Zusammenhänge! Als Anwalt/Anwältin werden Sie nur Erfolg haben, wenn Sie neben der erforderlichen juristischen Qualifikation auch unternehmerisches Talent haben."*

Ausklang

Viele Vertreter*innen anderer Fächer erinnern sich an ihre Studienjahre als die schönste Zeit ihres Lebens und beklagen aber im Hinblick auf das Berufsleben nicht selten Routine und eine gewisse Enge. Bei vielen Jurist*innen ist es umgekehrt. Das Studium wurde häufig als nicht sehr anregend wahrgenommen, man ging zum kommerziellen Repetitor, kämpfte sich durchs Examen, wusste aber noch nicht so richtig, was das alles sollte. Die Erleuchtung kam häufig erst in der Referendarzeit mit echten menschlichen Problemen und realen Akten. Plötzlich erschloss sich, warum man was gelernt hatte, warum es sich lohnt, höchstrichterliche Rechtsprechung zu lesen, wozu Fußnoten und Zitate gut und notwendig sind. Richtig spannend und begeisternd kann es dann im Berufsleben werden. In kaum einem anderen Fach gibt es so viele Möglichkeiten, eine erfüllende Aufgabe für ganz unterschiedliche Persönlichkeiten zu finden, vielleicht noch einmal den Beruf zu wechseln, neue Felder zu entdecken, ein Leben lang zu lernen.

Sicher bekommt man nicht jedes Erfolgserlebnis, jede Chance und jeden Traumjob im Leben, den man sich wünscht. Das geht uns nicht anders als Ihnen. Manchmal muss man seinen Weg erst finden und sich ein wenig durchbeißen. Manchmal bekommt man aber auch ganz besondere Chancen und Erfolgserlebnisse geschenkt. Das hört für Sie mit dem Examen nicht auf.

Sie sind viel mehr als Ihre Examensnote und viel mehr als nur Jurist*in. Vergessen Sie das nie und finden Sie einen Weg, der Sie glücklich macht, während Sie ihn gehen, auch wenn er manchmal steinig ist und anders, als Sie ihn sich vorgestellt haben.

Dafür wünschen wir Ihnen alles Gute!

Anhang mit weiterführender Literatur

Weiterführende Literatur zum SPB

Becker/Pordzik, Das wissenschaftliche Schreiben, JURA 2019, 617
Becker/Pordzik, Die juristische Hausarbeit, JURA 2019, 750
Becker/Pordzik, Die Studienarbeit im Rahmen der Universitätsprüfung, JURA 2019, 851
Büdenbender/Bachert/Humbert, Hinweise für das Verfassen von Seminararbeiten, JuS 2002, 24
Noltensmeier/Schuhr, Hinweise zum Abfassen von (Pro-)Seminararbeiten, JA 2008, 576
Scherpe, Die Studienarbeit im Schwerpunkt – Struktur und Inhalt, JuS 2017, 203
Scherpe, Die Studienarbeit im Schwerpunkt – Formalia und Sprache, JuS-Extra 2017, 10

Allgemein zum Studium und Examensvorbereitung

Zum Studium:

Beurskens, Jura auf leichte(re) Art lernen, BJR 2016, 2
Jochum, Wie man sich das Recht zu eigen macht, JuS 2013, 586
Lammers, Lernen im Jurastudium und in der Examensvorbereitung, JuS 2015, 289
Lange, Jurastudium erfolgreich, 8. Aufl. 2015

Zur Examensvorbereitung:

Bäcker, Juristisches Begründen, JuS 2019, 321
Jung/Ottensmeier/Wiesner, Die Phasen der Examensvorbereitung, Ad Legendum 2016, 349
Kröpil, Was im Examen wirklich geprüft wird – Anforderungsanalyse anhand zweier strafrechtlicher Originalklausuren, JuS 2012, 596
Meier/Jocham, Wie man Argumente gewinnt, JuS 2015, 490
Möhle, Die Vorbereitung auf die Examensklausuren und der Umgang mit der Nervosität, Ad Legendum 2019, 85
Sanders/Dauner-Lieb, Lernlust statt Examensfrust – Strategien und Tipps erfolgreicher Absolventen, JuS 2013, 380
Scraback, Wie organisiert man die Examensvorbereitung? JA 2017, 1409
Michael Armbruster/Thorsten Deppner/Prisca Feihle/Matthias Lehnert/Cara Röhner/Friederike Wapler, Examen ohne Repetitorium, 5. Aufl. 2020
Philipp ter Haar/Carsten Lutz/Matthias Wiedenfels, Prädikatsexamen, 5. Aufl. 2021

Zum Prüfungsgespräch:

Ebeling/Gusy, Die mündliche Prüfung in der staatlichen Pflichtfachprüfung, Ad Legendum 2011, 263
Kästner, Prüfungssimulation als Gruppenaufgabe: Studierende gestalten mündliche Prüfungen, ZDRW 2017, 40

Zum Vortrag:

Krüger/Ebeling/Gusy, Der Vortrag in der staatlichen Pflichtfachprüfung, Ad Legendum 2013, 292

Quellen: Ganz persönlich – Prof. Dr. Dr. hc. Barbara Dauner-Lieb

Thomas Möllers, Juristische Methodenlehre 2. Auflage 2019 – unfassbar spannend und anschaulich
LTO-Daily – immer aktuell, da werden viele Fälle aufgegriffen (www.lto.de)

Reflexive Praxis – man sollte auch einmal über die eigene Arbeit und das eigene Handwerkszeug nachgedacht haben (https://www.reflexive-praxis-jura.de/)

Irgendwas-mit-Recht – wenn man Podcasts mag und gern Informationen aus erster Hand und von interessanten Persönlichkeiten bekommt. https://www.irgendwasmitrecht.de/

Dieter Medicus/Jens Petersen, Das Bürgerliche Recht, 27. Auflage 2019 – Immer noch unverzichtbar, auch wenn das Buch inzwischen viel zu dick ist und einmal gründlich von vorn bis hinten überarbeitet werden müsste

Rudolf von Jhering, Scherz und Ernst in der Jurisprudenz, 1884 – es hat sich in den letzten 150 Jahren nicht so sehr viel geändert

Tobias Helms/Jens Martin Zeppernik, Sachenrecht I und II, jeweils 4. Aufl. 2018/2020 – alles, was man braucht, verständlich und übersichtlich auf knappstem Raum

Thomas Darnstädt, Verschlusssache Karlsruhe, 2. Auflage 2019 – so wird Staatsrecht (noch) spannender

Quellen: Ganz persönlich – Prof. Dr. Anne Sanders, M.Jur: Populärwissenschaftliche Literatur zum Thema Lernen und Produktivität

Shawn Achor, The Happiness Advantage, 2010 = Das Happiness-Prinzip, 2020

Shawn Achor, Big Potential, 2018

Chris Bailey, The Productivity Project, 2016

Carol Dwek, Mindset – Changing the Way You Think to Fulfil Your Potential, 2017 = Selbstbild – Wie unser Denken Erfolge oder Niederlagen bewirkt

Ryan Holiday, The Obstacle is the Way, 2014 = Das Hindernis ist der Weg

Ryan Holiday, Ego is the Enemy, 2017 = Dein Ego ist Dein Feind

Lynn F. Jacobs/Jeremy S. Hyman, Professor's Guide to Getting Good Grades in College, 2006

John Medina, Brain Rules 2014 (2. Auflage) = Gehirn und Erfolg, 2012

Cal Newport, How to become a Straight A student, 2006

Cal Newport, Deep Work, 2016 = Konzentriert Arbeiten 2017

Cal Newport, Digital Minimalism, 2019

John J. Ratey, Spark – the revolutionary new science of exercise and the brain, 2008

Shawn Stevenson, Sleep Smarter, 2016 = Jeder Mensch kann schlafen lernen, 2017

Matthew Walker, Why we sleep, 2018 = Das große Buch vom Schlaf

Kathryne M. Young, How to be (sort of) happy in Law School, 2018

Scott H. Young, Ultralearning, 2019